LA PHILOSOPHIE
DE
LA LIBERTÉ.

COURS DE PHILOSOPHIE MORALE

FAIT A LAUSANNE

PAR CHARLES SECRÉTAN,

ANCIEN PROFESSEUR DE PHILOSOPHIE A L'ACADÉMIE DU CANTON DE VAUD.

TOME PREMIER.

LAUSANNE,
CHEZ GEORGES BRIDEL.
—
1849

LA

PHILOSOPHIE DE LA LIBERTÉ.

I.

LA PHILOSOPHIE

DE

LA LIBERTÉ.

COURS DE PHILOSOPHIE MORALE

FAIT A LAUSANNE

PAR CHARLES SECRÉTAN,

ANCIEN PROFESSEUR DE PHILOSOPHIE A L'ACADÉMIE DU CANTON DE VAUD

TOME PREMIER.

PARIS,
CHEZ L. HACHETTE ET Cie,
RUE PIERRE-SARRAZIN, 12.

LAUSANNE,
CHEZ GEORGES BRIDEL.

1849

LAUSANNE. IMPRIMERIE DELISLE.

PRÉFACE.

Cet ouvrage est, comme son titre l'annonce, l'esquisse d'un système de philosophie. L'auteur, convaincu par des considérations psychologiques et surtout par des considérations morales que le principe universel est un principe de liberté, s'est efforcé de justifier son opinion en recherchant les conditions auxquelles doit satisfaire l'idée de l'être pour qu'il soit évident que l'objet en existe de lui-même. Cette analyse l'a conduit en effet à reconnaître dans la pure liberté l'essence absolue et la cause suprême, comme l'ont fait, à des époques différentes, Duns Scot, Descartes et M. de Schelling. Il a essayé ensuite d'expliquer le monde réel au moyen de ce principe et de résoudre, par une méthode découlant du principe lui-même, non pas toutes les questions que l'expérience suggère, mais les questions les plus pressantes, celles qui intéressent le plus directement l'humanité, celles que nous ne pouvons pas laisser dans le doute, parce que notre activité pratique dépend de leur solution.

Cette marche l'a conduit sur le terrain des idées religieuses. Considérant le Monde comme le résultat d'un acte volontaire, il a dû chercher dans le Monde lui-même le motif et le but de la création; mais sa pensée n'a pu s'arrêter que sur un motif compatible avec le principe absolu. L'amour seul répond à cette condition. D'un côté l'amour suppose la liberté de l'être qui aime et par conséquent il la manifeste ; de l'autre, il est évident que le monde est une manifestation de la liberté absolue, puisque la pensée des habitants de ce monde arrive, en s'analysant elle-même, à reconnaître la liberté absolue comme le principe premier. L'amour est donc le motif de la création : tout autre serait arbitraire, tout autre contredirait l'idée même d'un motif. Des raisons purement philosophiques ayant ainsi porté l'auteur à placer dans un acte absolu d'amour le fondement de toute explication positive, il a trouvé dans cet acte la raison d'être *a priori* de la liberté humaine que l'expérience constate comme un fait. Pour concilier l'état présent du monde avec l'amour créateur, il a dû admettre une altération de toutes choses produite par un mauvais emploi de la liberté de l'être créé. L'amour pris dans un sens absolu implique l'impossibilité qu'une telle faute empêche la créature d'arriver à sa fin ; et cependant l'idée que la créature est libre par l'effet d'un décret absolu emporte que les décisions de cette créature libre déploieront leurs conséquences. Il y a donc opposition dans l'Amour lui-même par la faute de la créature ; mais il faut que l'Amour surmonte cette opposition. Les doctrines de la Création, de la Chute, de la Rédemption, de la Trinité, se présentent ainsi d'elles-mêmes, par le mouvement naturel de la pensée philosophique appliquée à l'interprétation des faits de l'histoire et de la conscience.

La valeur de ces résultats n'est pas subordonnée à la question de savoir si le christianisme les a suggérés ou s'ils se fussent produits de la même manière dans un esprit qui n'aurait pas connu cette religion : il suffit, pour établir leur légitimité philosophique, qu'ils soient conclus régulièrement des vérités nécessaires de la raison et des données de l'expérience. Mais s'ils le sont en effet, si la raison ne réussit à s'expliquer les faits considérés à la lumière de la conscience, qu'en reproduisant le contenu des dogmes chrétiens, il y a là une preuve directe, immédiate et positive de la vérité du christianisme. Une telle démonstration répondrait mieux que toutes les autres aux besoins de l'intelligence et du cœur, et peut-être notre siècle est-il arrivé au point de ne pouvoir se contenter d'aucune autre espèce d'apologie.

L'on n'objectera pas sérieusement qu'une vérité révélée ne saurait être l'objet d'une démonstration philosophique, attendu que Dieu n'aurait pas révélé ce que l'esprit humain peut découvrir par ses propres forces. En réalité nous ne savons point quand l'esprit humain est livré à ses propres forces et quand il ne l'est pas. Mais ce que nous savons, c'est que la sphère de l'expérience s'agrandit chaque jour. Peut-être serait-il vrai de dire que la raison change elle-même, si du moins les axiomes de la philosophie doivent être pris pour l'ouvrage et pour l'expression de la raison : ne voyons-nous pas les philosophes postérieurs au christianisme les plus jaloux de la pureté de la science, poser hardiment en principe la création absolue, à laquelle la philosophie grecque ne s'est jamais élevée et qui renverse ses axiomes les plus évidents? Ainsi le fait à expliquer a varié; l'instrument des découvertes s'est modifié, et si le christianisme n'est pas étranger à ces transformations, l'objection tombe d'elle-même. On ne dira pas qu'il est impossible à l'intelligence humaine d'atteindre la vérité révélée, mais on dira qu'il fallait que Dieu révélât la vérité pour que l'intelligence humaine pût la comprendre et la démontrer.

Un système philosophique indépendant, dont les conclusions s'accordent avec la religion chrétienne, témoigne en faveur de la vérité et par conséquent de la divinité du christianisme. Ce livre est en quelque sens un essai d'apologie; c'est sous ce point de vue que j'aime surtout à le considérer.

Cependant une philosophie qui fait tout relever de la liberté ne saurait déduire les faits par une nécessité de la pensée. Les idées dont nous avons fait mention n'ont pas été découvertes *a priori*, mais par le besoin d'expliquer ce qui existe. La Révélation a pour centre un fait historique : la vie, la mort et la résurrection de Jésus-Christ. La divinité de Jésus-Christ est l'objet propre de la foi chrétienne. Mais si les principes généraux du christianisme s'imposent à la raison guidée par la conscience, il y a là, comme nous venons de le faire voir, un motif puissant de croire au christianisme tout entier. Nous tenons donc pour vrai le fait qu'il annonce; dès lors un nouveau problème s'offre à notre étude : nous devons chercher la signification de ce fait, dont nous avons reconnu la vérité. Nous devons essayer de l'expliquer à l'aide de nos principes, d'une manière satisfaisante pour la raison et surtout pour la conscience morale, qui est à nos yeux le critère absolu de la vérité philosophique comme elle est le fondement de la foi. Une philosophie qui laisse la religion hors de sa sphère rejette la religion ou se contredit elle-même, car les principes de la philosophie ne sauraient être vrais s'ils ne sont universels. Ainsi les dogmes chrétiens entraient nécessairement dans mon cadre. Je me suis efforcé de les comprendre sans les altérer. Ai-je réussi? je l'ignore. Peut-être un vif sentiment de l'erreur des doctrines qui compromettent la liberté humaine en lui refusant toute part dans l'œuvre de la rédemption, m'a-t-il poussé dans un excès contraire. Peut-être n'ai-je pas su garder cet équilibre qui ne peut s'obtenir qu'en surmontant les oppositions, et saisir dans une pensée claire et distincte la synthèse parfaite que l'âme chrétienne aperçoit et réclame sans la formuler; mais du moins je crois avoir indiqué nettement le problème essentiel de la théologie, en cherchant l'harmonie absolue du dogme et de la conscience.

La question ne saurait être posée autrement. Si la conscience

PRÉFACE.

nous amène au christianisme, le christianisme à son tour doit satisfaire la conscience. Quand leur accord deviendra manifeste, la Dogmatique sera achevée et l'Apologie avec elle.

Des circonstances accidentelles ont déterminé la forme de cet ouvrage. Le programme de ma chaire de Lausanne m'appelait à traiter la philosophie morale et toute l'histoire de la philosophie dans un temps assez limité. Il ne donnait pas de place à la métaphysique. Pour ne pas supprimer entièrement le fond même de la science dont j'étais le seul représentant à l'Académie, j'ai donc été obligé de faire rentrer la métaphysique dans la recherche du principe moral. Cette marche convenait du reste assez bien à l'exposition d'un système qui envisage la liberté comme la manifestation la plus élevée de l'être et la conscience morale comme le critère supérieur de la vérité. Pendant les huit années de mon enseignement officiel, j'ai fait deux fois le cours de philosophie morale : en 1842 et en 1845. Eloigné de ma chaire à la suite de la révolution vaudoise, avec mes honorables collègues, MM. Vinet, Porchat, Melegari, Edouard Secrétan, Zündel, de Fellenberg et Wartmann [1], j'ai répété, sans modifications considérables, les leçons de 1845 dans le courant de l'année 1847, à quelques-uns de nos élèves qui ont désiré entendre encore leurs anciens professeurs. Ce cours de 1845 et de 1847 a servi de texte à la publication actuelle. J'y ai ajouté quelques compléments, en particulier la leçon sur Descartes, dont les dernières expositions m'ont fait sentir vivement la nécessité de rétablir la pensée, parce que je puis invoquer l'autorité de son grand nom dans des questions con-

---

[1] MM. Herzog et Chappuis venaient de donner leur démission par l'effet des troubles ecclésiastiques que cette révolution a fait naître. Un seul professeur de l'Académie a été maintenu dans ses fonctions.

sidérables de méthode et de doctrine où je me sépare des soi-disant cartésiens d'aujourd'hui. A part cela j'ai changé peu de chose au canevas de ces leçons. C'est mon cours que mes élèves m'ont demandé, et c'est mon cours que je leur offre avec toutes ses imperfections. Eussé-je voulu faire autrement, je ne l'aurais pas pu. Quoique cette publication ait été fort retardée, des travaux d'un genre entièrement différent, des préoccupations multipliées m'ont empêché de la corriger comme j'en avais le dessein.

Ces détails étaient nécessaires pour excuser la forme du livre et pour en expliquer la marche. Il ne se compose que de la première partie d'un cours de Morale, et cependant il présente, dans le fond, un tout complet. L'exposition directe du système commence à la quinzième leçon. A partir de là, les développements sont un peu plus abondants que dans les leçons qui précèdent ; je me suis efforcé de donner à ma pensée la clarté dont elle est susceptible, en un mot, de parler pour tout le monde. Les lecteurs qui n'ont pas fait de la philosophie une étude particulière feront bien, je crois, de commencer à cet endroit. Les trois premières leçons ont pour but de rattacher l'objet principal au but d'un cours de Morale, en examinant les conditions à remplir pour que la science morale soit organisée. Les onze leçons qui suivent font voir comment le principe de la liberté s'est développé dans l'histoire de la philosophie. Le but de l'ouvrage a déterminé les proportions de cette revue très-abrégée, très-condensée et trop incomplète. J'ai dû m'étendre davantage sur les auteurs dont relève ma pensée. J'ai supposé la connaissance des textes : la nature même du travail m'interdisait de m'y replonger; aussi ne saurais-je promettre qu'il ne me soit pas échappé quelques erreurs. Cette partie est surtout à l'adresse des personnes en mesure d'en corriger, au besoin, les détails. Elle a pour but de légitimer mon système au point de vue de l'histoire de la philosophie. Si l'on eût traité celle-ci pour elle-même, il aurait fallu s'y prendre autrement.

Le système esquissé dans ce livre a, je crois, l'espèce d'originalité qu'on peut demander à la philosophie, c'est-à-dire qu'il est le développement indépendant d'une pensée, dont les éléments se trouvent disséminés dans l'histoire. Scot, Descartes, Kant, M. de Schelling sont mes principaux maîtres; mais après eux il faudrait citer une foule de noms encore pour rendre un compte exact de l'origine de ma théorie. On pourrait l'appeler un éclectisme, si toute philosophie n'était pas éclectique dans ce sens. Une doctrine qui répond à quelque besoin permanent de l'esprit humain ne saurait manquer d'antécédents historiques; une doctrine qui fait faire un progrès à l'intelligence doit concilier en elle les éléments de vérité contenus dans les systèmes antérieurs. Cet éclectisme de fait diffère profondément, il est à peine besoin de le dire, de l'éclectisme considéré comme méthode.

J'ai mis à profit, pour la composition de mes leçons, un certain nombre de travaux contemporains. Il faut rendre compte de ces emprunts, dont quelques-uns ont besoin d'excuse. Je n'en saurais alléguer d'autre que les nécessités d'un travail rapide sur un sujet immense, et l'attrait qu'ont exercé sur mon esprit des idées analogues à celles que je cherchais. Une fois ces éléments étrangers introduits dans mon texte, je n'ai plus su comment les élaguer, et à vrai dire je n'ai pas essayé de le faire. La plupart sont liés si étroitement au développement de ma pensée, qu'il m'eût été impossible de séparer mon bien du bien d'autrui.

Dans la partie critique j'ai mis à profit çà et là les cours de M. de Schelling, l'Histoire de la philosophie moderne de M. Erdmann, et l'Introduction à cette histoire par M. Braniss. Ce dernier ouvrage m'a servi surtout pour les leçons sur la philosophie du moyen âge. Je lui ai fait plus loin deux emprunts de quelque importance, signalés dans le texte. Le premier est relatif à l'essence et aux fonctions du paganisme et du judaïsme. Cette citation abrégée et modifiée a pour but de combler provisoirement une lacune en réservant mon opinion. Le second extrait, sur le mouvement de l'histoire moderne dans la sphère sociale et dans la sphère intellectuelle, ne contient rien qui ne découlât naturellement de l'ensemble de mes idées. L'articulation la plus importante de tout le système est peut-être l'idée que l'amour est la manifestation parfaite de la liberté. J'ai trouvé cette vue développée d'une manière très-intéressante dans un article de M. le professeur Chalybaeus, qui a paru, en 1841, si je ne me trompe, dans le journal philosophique de M. J.-H. Fichte, sous ce titre : « Des catégories morales de la métaphysique. » L'idée principale de ce travail se liait si intimement aux opinions que j'exprimais alors dans mes cours, que je ne saurais indiquer jusqu'à quel point elle a influé sur leur disposition systématique. Je lus cet article avec un plaisir tout sympathique et je le mis à profit de mon mieux. J'y ai pris, en l'abrégeant, la discussion sur le rapport des trois sphères de l'activité humaine, qui forme la première partie de la dernière leçon. Ici encore l'identité du point de départ devait amener forcément à des conclusions pareilles ; mais l'enchaînement dialectique dont mon résumé laisse subsister au moins quelques traces, appartient à M. Chalybaeus.

Enfin je dois beaucoup à la conversation d'un savant dont le nom n'est connu ni par des publications étendues, ni par un enseignement public, mais qui a toujours répandu beaucoup d'idées dans les cercles où il a vécu et qui a fait preuve d'un génie créateur dans toutes les branches de la science dont il s'est occupé. La part qu'ont eue ces entretiens à la formation de mes opinions est de telle nature qu'il faudrait me condamner à un complet silence si je voulais ne leur rien emprunter. J'en ai tiré ce que je dis sur les époques de la Terre ainsi que sur le développement de la vie organique, et généralement tout ce qui, dans ma manière de considérer la Nature, ne rentre pas absolument dans le domaine commun. Le germe de ma théorie sur l'individualité appartient à la même source. Les pensées de l'ami dont je parle sur la philosophie de la Nature, n'ont pas été publiées par leur auteur. J'ignore le sort qui les attend, et si le peu que j'en ai laissé entrevoir n'est pas approuvé, la faute en est sans doute à celui qui, par l'effet d'une nécessité facile à comprendre, a présenté quelques idées générales en les détachant de leur ensemble et de leurs preuves, et qui, peut-être, les a altérées en se les assimilant. Ces motifs m'empêchent de placer ici le nom de mon maître. Si les vues que je lui dois paraissent justes et fécondes, il me sera doux de lui rendre hommage.

Et maintenant, le système que je propose répond-il à quelque besoin de l'intelligence et de l'âme, répond-il par les applications où il conduit, par les sentiments qu'il doit inspirer, à quelque besoin de la société? J'ai sujet de le penser en considérant cette époque d'orage et d'affaiblissement, que le scepticisme dévore, et qui maudit son mal sans vouloir en guérir. Cependant je connais ma faiblesse. Je sens aussi qu'une raison impartiale n'est pas la source la plus profonde de nos répugnances, et que notre apparente indifférence est trop souvent une hostilité qui redouterait d'être convaincue. Mais il y a des doutes sincères, il y a des cœurs de bonne volonté. Puisse ma pensée les atteindre, puisse-t-elle les satisfaire, puisse-t-elle surtout ne pas les blesser.

LAUSANNE, 18 mars 1849.

Fautes à corriger dans le premier volume.

Page 27, ligne 7; l'absolu est en même temps l'unité des choses *ou* la cause première, lisez : l'unité des choses *et* la cause première.

P. 60, l. 9; pourraient, lisez : *pourrait*.

P. 71, l. 19; attributs divers, lisez : *divins*.

P. 95, l. 23; plus célèbres, lisez : *les* plus célèbres.

P. 106, l. 10; *les* vérités, lisez : *ces* vérités.

P. 112, l. 13; *la* philosophie, lisez : *sa* philosophie.

P. 125, l. 25; *La* définition, lisez : *Sa* définition.

P. 129, l. 4; *fonder* le cartésianisme, lisez : *continuer*.

Même page, l. 20; *d'un* principe, lisez : *du* principe.

P. 158, l. 24; *la* trouver, lisez : *se* trouver.

P. 168, l. 10; l'unité *qu'elle* leur impose, lisez : *qu'il* leur impose.

P. 195, l. 7; dans ce qu'il y a d'inintelligible, lisez : dans ce qu'il y a d'inintelligible *en lui*.

Même page, l. 8; pourrions, lisez : *pouvons*.

P. 196, l. 25; harmonieusement, lisez : *harmoniquement*.

P. 202, l. 4 et 5; la seule manière possible, lisez : *la condition indispensable de cet avènement*.

P. 203, l. 15; devait, lisez : *doit*.

P. 208, l. 7; directement, lisez : *distinctement*.

P. 209, l. 18 du sommaire; dans *sa* pensée, lisez : dans *la* pensée.

P. 233, l. 11; forme, lisez : *essence*.

P. 280, l. 2; l'objet, lisez : l'objet *connu*.

P. 316, l. 25; effacez le mot *mais*.

P. 322, l. 26; celui *que*, lisez : celui *qui*.

P. 545, l. 2 de la note; *un* organisme, lisez : *en* organisme.

LA PHILOSOPHIE

DE LA

LIBERTÉ.

INTRODUCTION.

PREMIÈRE LEÇON.

De la place de la morale dans la science. — La Philosophie cherche à connaitre les choses par leur principe. Elle exige une recherche préalable de ce principe et comprend ainsi deux disciplines : la philosophie régressive et la philosophie progressive. — La morale cherche la règle de la volonté humaine. Pour obtenir une morale scientifique, il faut la déduire de la science du principe premier. Critique des systèmes qui traitent la morale comme une science indépendante.

Messieurs,

Des événements dans lesquels nous ne voulons voir les uns et les autres qu'une dispensation providentielle m'ont exclu de la chaire que j'occupais à l'Académie depuis huit ans. Votre bienveillance m'appelle à continuer dans cette modeste salle l'enseignement que je vous offrais naguère de la part de l'Etat. Je vous en remercie, Messieurs, du fond du cœur! Vous me connaissez comme je vous connais, il n'est pas besoin d'en dire davantage. Le déplacement que je rappelle pour la première et la dernière fois n'exercera aucune influence ni sur l'esprit de ces leçons ni sur leur forme. Veuillez accorder à votre ami l'attention sur laquelle votre professeur avait pris la douce habitude de compter, et s'il en abuse quelquefois, ne vous en plaignez pas trop haut. Je n'ai pas seulement besoin de votre indulgence, j'ai besoin de votre appui.

Le sujet de notre cours est le plus élevé qui se puisse imaginer : la philosophie morale. Il a pour but direct d'exciter, de fortifier, de fonder sur des convictions solides les résolutions du cœur que l'éducation tout entière cherche à produire ; nobles et saintes aspirations, semence féconde de la vie ! L'intérêt des études et de la culture en général, l'intérêt particulier de la philosophie, si les Grecs l'ont bien nommée, se concentrent donc ici comme dans un foyer.

Cet hiver, Messieurs, je ne pourrai que vous introduire dans la philosophie morale en en marquant la place, en en déterminant le principe. Ce dessein m'oblige à remonter assez haut. La science que nous abordons s'annonce comme une partie d'un tout plus vaste. Pour comprendre la partie, il faut jeter un coup-d'œil sur le tout. Qu'est-ce donc que la Philosophie ? L'usage ne permet pas de comprendre sous ce beau nom toute la science, et cet usage, à le bien examiner, se fonde sur la nature de la science elle-même comme sur la nature de l'agent qui la crée, l'esprit humain. La science a pour objet tout ce qui existe pour l'esprit, tout ce qui le frappe et tout ce qu'il peut atteindre. L'esprit de l'homme s'éveille au milieu du monde; assailli par une foule de sensations diverses, il réagit bientôt sur elles; il s'efforce de les saisir, de les fixer. Il les constate, et guidé par des lois qu'il ignore, il assigne à chacune d'elles une cause, un objet. Enumérer, décrire les objets, les êtres qui l'entourent et les changements que ces êtres subissent comme ceux qu'il éprouve lui-même, en un mot constater des faits, telle est la première occupation de l'esprit. De ce travail naît une science, la science expérimentale, la science d'observation, une dans sa méthode et dans son but, quelle que soit la diversité des objets qu'elle embrasse. Cette science s'étend chaque jour, il est impossible de lui assigner de limites.

Mais les eussions-nous atteintes, ces limites, eussions-nous recueilli tous les faits, nommé tous les êtres, la curiosité de l'esprit n'en serait point satisfaite et le but de cette curiosité ne serait pas obtenu. Nous ne voulons pas seulement connaître ce qui est et ce qui se passe, nous voulons le comprendre. Si nous accordons notre intérêt aux faits, c'est que nous en espérons l'intelligence. Comprendre donc, comprendre tous les faits fournis par l'observation, comprendre l'expérience : tel est le but de la pensée. La vraie science est intelligence. Cette science s'appelle la philosophie; nous pouvons la définir: l'intelligence de l'univers. Est-il peut-être besoin de dire ce que c'est que comprendre? Ce mot est clair par lui-même et son étymologie en marque le sens. C'est réunir, c'est concentrer, c'est lier les faits, saisir leurs rapports, leur unité, leur principe. C'est ramener à l'unité la pluralité des perceptions et des choses. L'esprit a besoin de cette unité, et par sa constitution même il l'affirme. Cette affirmation est au fond de l'intelligence ou plutôt elle en est le fond, elle en constitue la faculté la plus intime et la plus élevée à la fois : on la nomme la raison.

Nous pouvons différer d'opinion sur la nature du principe universel; car, avant les recherches de la science, nous ignorons ce qu'il est, mais nous ne pouvons pas, en continuant d'affirmer et de penser quoi que ce soit, mettre en doute qu'il y ait un tel principe. Les athées eux-mêmes n'en contestent point la réalité; tout ce qu'ils contestent, c'est que ce principe soit revêtu des qualités qui permettent à l'homme de soutenir avec lui des rapports moraux et de le nommer du nom de Dieu qui implique de tels rapports.

Ignorant si la philosophie existe déjà ou si elle est encore à faire, nous ne pouvons la définir que par son idéal, c'est-à-dire par l'intention de l'esprit qui cherche à la produire. L'idéal de la philosophie n'est autre chose que l'intelligence parfaite, l'intelligence des choses telles qu'elles sont réellement. La philosophie doit donc comprendre l'essence du principe universel et comprendre toutes choses comme découlant du principe universel conformément à sa nature. Elle expliquera les choses particulières telles qu'elles sont pour le principe universel, car c'est là leur vérité vraie et la philosophie doit nous enseigner la vérité vraie. Dès lors elle conformera sa marche à la marche de la réalité; ses premières propositions auront pour objet ce qui est le premier dans l'ordre réel, puis elle passera à ce qui dans l'ordre réel vient ensuite, et les liens qu'elle établira pour la pensée entre les divers objets dont elle s'occupe seront l'expression fidèle des rapports qui unissent les sphères diverses de la réalité. En un mot, elle reproduira dans son ordre et dans son enchaînement l'ordre et l'enchaînement de l'univers. L'intelligence des effets par leur cause, voilà la philosophie que l'esprit humain a cherché dès son premier essor, qu'il s'est efforcé d'atteindre dans toutes les époques vraiment fécondes, et qu'il poursuivra jusqu'à ce qu'il l'obtienne ou qu'il s'éteigne. La philosophie descend du principe universel aux choses particulières. Suivant l'exemple d'un illustre philosophe contemporain [1], nous exprimerons par un seul mot cette idée en disant qu'elle est *progressive*.

Cependant nous ne pouvons pas entreprendre une telle philosophie sans un travail préliminaire. Pour exposer la nature du principe universel et la manière dont il produit ses conséquences, il faut connaître ce principe avec certitude et clarté; la diversité des religions et des systèmes contradictoires fait assez voir que nous ne le connaissons pas ainsi au début de nos recherches. Sa réalité est évidente, son essence est un problème, le problème par excellence, au sein duquel est renfermée la solution de tous les autres. Descendre de l'universel au particulier, de l'absolu au relatif, voilà le but.

S'élever à l'absolu et à l'universel est la condition.

Si nous ne voulons renoncer au but, nous ne saurions nous affranchir de la condition. Nous aspirons à l'intelligence des effets par leur cause, mais nous connaissons, le plus souvent du moins, les effets avant d'en comprendre la

---

[1] M. de Schelling.

cause. Il faut donc remonter des conséquences au principe. Avant d'atteindre la philosophie progressive, qui seule peut réaliser notre idéal, il faut construire l'édifice, l'échafaudage si vous voulez, d'une philosophie *régressive*. La science régressive seule est insuffisante, la science progressive seule est impossible. L'idée de la Science réclame l'une et l'autre. Ce double mouvement de régression et de progression, d'induction et de déduction, est marqué plus ou moins distinctement dans tous les systèmes ; il résulte de la nature même de l'esprit humain.

Voilà, Messieurs, en quelques traits l'idée générale de la philosophie. Ce n'est qu'un cadre ou plutôt le contour extérieur d'un cadre dont nous n'avons point dessiné les compartiments ; mais il suffit de cet aperçu pour que nous puissions aborder notre sujet particulier. Quelle est la place de la philosophie morale? A laquelle des deux grandes divisions que nous venons de marquer appartient-elle d'après la nature de son objet? Et d'abord, quel est cet objet?

La morale est l'art de régler l'activité libre de l'homme, l'art de la vie. Comme tout art, elle suppose avant elle une science ; cette science ne peut être que celle du but de la vie. Le mot *philosophie morale* signifie dans notre langage philosophie de la morale ou morale philosophique, tout simplement. Ces idées semblent suffire pour répondre à notre question.

Nous passons notre vie dans le monde, il agit sur nous et nous agissons sur lui ; pour savoir réellement ce que nous sommes, il faut savoir ce qu'il est, et pour connaître notre but, il faut connaître le sien. Mais au problème des destinées s'enlace le problème des origines. Savoir une chose c'est en connaître le commencement, le milieu et la fin. Nous n'aurons l'idée de nous-même et du monde que si nous connaissons l'auteur du monde et notre auteur. La morale se place donc tout naturellement dans la philosophie progressive, elle en est le faîte et la couronne, car la perfection de la vie est le but dernier de tous les travaux de la pensée ; ceci, Messieurs, n'a pas besoin de preuve et nous rougirions d'en chercher.

Pour mériter le nom de science, la morale doit être déduite d'un principe. Elle devient philosophique lorsqu'on déduit son principe lui-même du principe universel. La philosophie morale dépend donc de la science du principe universel ou de la métaphysique, puisque tel est le nom qu'on donne à cette haute discipline.

Tout cela s'entend assez de soi-même. Il faut voir maintenant ce que la morale attend de la métaphysique, ou ce dont la morale a besoin pour être constituée et pouvoir marcher. Ici nous sortons des questions de forme et de nomenclature ; vous ne m'accuserez pas, Messieurs, de vous y avoir retenu trop longtemps. Nous entrons déjà dans le fond des choses, l'intérêt commence, les difficultés commenceront peut-être aussi.

La morale, disons-nous, est l'art de régler l'activité humaine. Pour que cette idée ait un objet, pour que la morale soit possible, il faut deux choses : il faut d'abord que la volonté soit libre, puis il faut au-dessus d'elle un principe propre à servir de règle à sa liberté.

Si la volonté n'était pas libre, il n'y aurait pas de morale, et plus généralement il n'y aurait pas d'art. La science de la volonté se bornerait à la description de ses phénomènes, à la théorie de ses lois nécessaires. La morale est autre chose. Si la liberté n'était pas réglée intérieurement, dans son essence, la prétention de lui imposer une règle serait une folie. La science, même la science pratique, ne produit rien qui ne soit avant elle ; elle constate ce qui est, soit l'existence manifeste, soit la puissance cachée. En révélant cette puissance, elle concourt sans doute à sa réalisation, mais elle ne la crée pas. Une morale que les philosophes auraient faite serait une morale factice. La science ne dicte point des devoirs à la volonté, elle lui fait connaître *ses* devoirs. Les deux conditions que nous venons d'énoncer sont donc bien réelles. Mais est-il besoin de métaphysique pour les remplir ? A quoi bon, direz-vous peut-être, remonter jusqu'au principe de toutes choses ? Ne trouvons-nous pas en nous-même tout ce qu'il faut : la certitude immédiate de notre liberté et le sentiment d'une obligation ? Toute la morale n'est-elle pas dans ces deux faits intérieurs, et ne pouvons-nous pas la déployer sans sortir de l'ame, comme une science indépendante ?

Je m'empresse de reconnaître que nous trouvons en nous ces deux grandes choses : la liberté et le devoir. Ces faits ont une immense valeur dans le sujet qui nous occupe. La morale repose sur eux toute entière ; mais conclure de là qu'il faille la détacher du tronc de la philosophie, ce serait non pas exagérer, mais affaiblir l'importance de ces principes et tomber dans une assez grave erreur. J'ai l'espoir de vous en convaincre si vous me suivez avec attention.

Remarquez-le d'abord, l'idée d'appuyer la morale uniquement sur des vérités psychologiques paraît une suggestion du découragement, j'ai presque dit du désespoir. La philosophie ne peut consentir à aucune émancipation de ses provinces. Elle est une ou elle n'est pas. Le principe de l'être et le principe de la connaissance se confondent nécessairement en elle. Son altier programme est l'explication universelle par le principe universel. Rien de plus, rien de moins. Fonder la morale exclusivement sur des faits de conscience, comme on les appelle, ce serait donc renoncer à la philosophie et la déclarer impossible [1], à moins peut-être que l'on ne prétendît l'absorber toute entière dans la morale en élevant le sujet de la conscience, l'esprit individuel, le *moi*, en un mot, au rang du principe universel et absolu. Ce point de vue qu'on a mis en avant [2] ne pèche assurément pas par un excès de timidité, vous seriez tentés plutôt de lui reprocher autre chose ; cependant, Messieurs, nous ne l'écarterons pas au moyen de l'ordre du jour, nous l'examinerons quand le moment sera venu.

A ceux qui désespèrent de la philosophie, nous répondrons d'abord qu'il sera toujours temps de les écouter lorsque nous aurons tenté l'aventure, mais surtout nous leur répondrons qu'il faut, s'ils ont raison, désespérer également de la morale, comme science du moins, car l'idée

---

[1] Hume, Kant, les Ecossais.
[2] Fichte.

d'une morale indépendante contredit son propre point de départ. Ce point de départ, c'est le sentiment d'une obligation intérieure d'agir. Nous trouvons en nous ce sentiment d'obligation, et nous sommes contraints de lui reconnaître une autorité péremptoire. Tel est le fait; mais de ce fait, que pouvons-nous, que devons-nous forcément conclure? Une obligation ne se conçoit pas sans un être qui oblige; une loi de la liberté suppose un législateur, une sentence suppose un juge. N'eussions-nous aucun autre moyen de connaître Dieu, ce qui est bien possible, nous le connaîtrions par le cri de notre conscience. La conscience est une méthode qui conduit à Dieu; mais si nous reconnaissons un Dieu, nous sommes forcés de nous en occuper et de chercher la science de Dieu, nous nous posons nécessairement le problème de la métaphysique, et la morale n'est plus une science indépendante; car du moment que la métaphysique existera, il faudra bien qu'elle produise sa morale. La loi du devoir écrite dans notre cœur nous atteste notre dépendance, elle nous révèle l'existence d'un principe supérieur à l'humanité. Dès lors nous nous abuserions volontairement si nous refusions de tenir compte de ce principe et de le mettre à sa place dans la science.

Je ne sais, Messieurs, si cette argumentation vous paraît claire, mais l'histoire de la science nous fait assez voir qu'elle ne manque pas de force. Les auteurs qui ont essayé d'arracher la morale à l'empire de la métaphysique se sont efforcés de lui échapper, les uns en niant le devoir, les autres en niant que le devoir implique l'idée d'un principe supérieur à l'homme. Réglons d'abord notre compte avec les premiers au plus vite et pour n'y plus revenir.

La négation du devoir est une erreur de fait, une violation du devoir lui-même, un outrage à l'humanité. Ensuite elle rend toute morale impossible. Où trouverons-nous la règle de la volonté si la volonté n'a pas de règle en elle-même ? La chercherons-nous avec les utilitaires plus bas que la volonté, dans les conséquences agréables ou désagréables des actions ? Ce chemin ne saurait nous conduire au but. L'expérience m'enseigne la manière d'atteindre certains résultats dans la supposition que je les veuille, mais elle ne peut pas faire que je les veuille. S'il me plaît de négliger mon profit, personne n'a rien à me dire, l'utilitaire moins que personne. Il part de ce fait supposé, que l'homme cherche toujours son avantage particulier ; le fait est faux, et fût-il vrai, cet accord de nos désirs ne serait qu'un accident si nous sommes libres. La morale utilitaire n'a de valeur que relativement à ce fait accidentel ; or la morale digne de ce nom ne porte pas sur une volonté déjà déterminée dans sa direction, la morale est absolue, nous demandons une règle qui nous enseigne ce qu'il faut vouloir. Ainsi l'utilitarisme n'est pas une morale. Où la morale finit l'utilitarisme commence. L'utilitarisme ne serait vrai que si la volonté n'était pas libre dans le choix des buts qu'elle se propose ; mais alors encore, alors surtout, il n'y aurait pas de morale au sens de notre définition.

Des observateurs plus attentifs et plus sincères de notre âme [1] ont reconnu que la volonté se sent à la fois libre et obligée par une loi qui ne cesse pas d'être absolue, quoiqu'on

---

[1] Fichte et Kant.

puisse lui désobéir. Mais voulant à tout prix renfermer l'objet de la science dans l'esprit qui l'élabore et trouver en lui son unité, ils refusent de conclure du fait de l'obligation à l'existence d'un être envers qui nous soyons obligés, et s'efforcent de trouver la règle de la liberté dans la liberté elle-même. Système ingénieux et profond, dont il est facile d'indiquer le vice, difficile d'estimer la valeur assez haut. Dans ce point de vue l'homme est isolé de tout. Il ne connaît que lui-même. Il ne relève que de lui-même, car ce qu'il ne saurait connaître n'est rien pour lui. Il se sent obligé et cependant il est libre, son essence est la liberté. Il n'y a rien au-dessus de sa liberté. Cette liberté qui lui paraît limitée, il faut prouver qu'elle est réellement illimitée, disons mieux, il faut la rendre illimitée. Tel est le sens de la loi morale, le devoir n'est autre chose que l'impulsion qui nous porte à l'affranchissement absolu. — Supposons qu'il en soit ainsi, admettons la parfaite régularité du système, admettons-en la conclusion; je ne demande que la permission de l'analyser.

Si le système dont il s'agit est vrai, voici, Messieurs, ce qui est prouvé : C'est que, pour se réaliser sans contradiction, la liberté doit suivre une ligne déterminée que nous appellerons le bien moral. Il y a une règle inhérente à la liberté dans ce sens que, pour se maintenir, pour se développer, pour se réaliser pleinement, la liberté doit se conformer à cette règle. Ou bien la liberté l'accomplira, ou bien elle se mettra en contradiction avec elle-même; elle se détruira, elle s'anéantira. Mais pourquoi la liberté, la puissance de faire ou de ne pas faire est-elle obligée de se maintenir et de se développer? — En se contredisant elle s'anéantit. — Je vous l'accorde, mais pourquoi ne pourrait-elle pas s'anéantir? L'expérience nous atteste qu'elle en a le pouvoir, et vous le reconnaissez, mais vous lui défendez d'en user. De quel droit? — Apparemment du droit de la raison. Il est absurde que la liberté se contredise et se suicide. — Mais pourquoi voulez-vous que la liberté ne soit pas absurde? Cela n'est pas compris dans l'idée pure et simple de la liberté. En réalité vous ne partez pas de l'idée de la liberté pure et simple, vous partez de l'idée de la liberté chargée de l'obligation de se maintenir et de se réaliser ; votre analyse a ramené la richesse de la vérité morale à l'abstraction de la vérité logique, vous avez montré que tous les devoirs de la volonté libre se résument pour elle en un seul devoir, celui de ne point se contredire ; mais en revanche vous avez revêtu le principe de la vérité logique d'un caractère moral qui demeure absolument inexpliqué. Vous supposez tacitement dès l'abord que la volonté conséquente est le bien, que la volonté inconséquente est le mal; c'est-à-dire qu'au lieu de déduire les idées du bien et du mal moral de la pure liberté selon votre promesse, vous partez d'une volonté pour laquelle il existe dès le principe un bien et un mal, en d'autres termes d'une volonté soumise à une obligation. L'obligation que vous prétendiez faire sortir de la volonté plane toujours au-dessus d'elle. Votre principe, en un mot, ne peut pas s'écrire : JE SUIS LIBERTÉ, mais : *la liberté doit être*. Votre liberté reste affectée d'un devoir inexpliqué, il vous reste à faire comprendre pourquoi la liberté est obligée envers elle-même. Je ne dis pas, Messieurs, que cette morale ne soit pas excellente et qu'il ne soit pas fort beau de résumer tous les devoirs dans ce seul mot : la liberté doit être. Je prétends simplement qu'il faudrait nous dire pourquoi. Il ne suffit pas d'invoquer ici la logique, puisque la question est précisément de savoir d'où vient le caractère moral de la vérité logique. La chose ne paraît évidente de soi que pour celui qui ne saisit pas où gît le véritable problème. Pour avoir voulu se passer de métaphysique, la morale dont nous parlons se change elle-même en métaphysique et perd son caractère essentiel. Elle se nomme à bon escient transcendante, car elle passe derrière son objet, mais en passant derrière elle le perd. Elle recherche quels éléments, quels facteurs donneront comme produit l'obligation morale primitive. L'obligation morale que nous sentons devient pour elle un phénomène ; elle explique ce phénomène, mais elle en détruit la portée en l'expliquant. Elle nous fait voir que le mal moral est en dernière analyse une contradiction logique : je le crois volontiers ; mais si l'idée morale est complétement absorbée par l'idée logique, qu'est-ce à dire, sinon qu'au fond la sphère morale n'a pas de réalité propre? Ce n'est pas le résultat que l'on cherchait et qu'il fallait chercher.

Les observations que je viens de présenter portent sur le système de morale indépendante le plus scientifique et le plus conséquent, le système idéaliste. Toute morale analogue conçue en dehors de l'idéalisme et qui prétendrait néanmoins à une valeur définitive, reposerait sur un vice de méthode. Elle serait écartée par cette simple observation : Si vous reconnaissez un principe de l'être supérieur au moi, vous devez en tirer votre science du moi et les règles de sa conduite, sans cela vous choquez les règles de l'intelligence et vous ne pouvez obtenir aucun résultat vraiment certain.

Ce n'est pas sans intention que j'attire d'abord votre attention sur ces questions de forme. Elles ont une importance décisive.

En nous rapprochant du fond, nous reconnaîtrons dans tous les systèmes de morale exclusivement fondés sur le sentiment intime un défaut facile à prévoir. Ce défaut c'est précisément l'absence de fond, de substance, de contenu positif. Ils prouvent éloquemment qu'il y a un devoir, proposition peu contredite ; ils en établissent à merveille la valeur absolue ou la sainteté, et puis c'est fini. Quand il s'agit de dire en quoi ce devoir consiste, vous les voyez dans un cruel embarras. Ils allèguent bien, mais ils ne prouvent guère et surtout ils ne prouvent pas ce qu'il faudrait prouver.

Un principe n'est digne de ce nom que s'il produit ses conséquences de lui-même. Le devoir en général n'est rien : il faut qu'il se fractionne et se débite dans la pluralité des devoirs. Si le sentiment général du devoir est notre unique principe, nous devons trouver dans ce sentiment l'idée de nos devoirs particuliers et par conséquent l'idée des relations morales ou des sphères d'activité dans lesquelles ces devoirs s'exercent. Fichte seul a compris la grandeur du problème et s'est efforcé de le résoudre. De la conscience morale il conclut à la nécessité des sexes, de la famille, de l'État, de l'Église, et les introduit ainsi dans la pensée. Sa déduction est insuffisante, arbitraire, artificielle, mais enfin c'est une déduction. La foule des moralistes vulgaires n'a pas pris tant de peine ; ils n'y ont pas même songé. Ils empruntent à l'expérience l'idée des diverses relations morales et donnent à l'individu, sur la manière dont il doit se conduire dans cet ensemble de relations, des conseils plus sages en eux-mêmes que rigoureusement motivés. Cela ne suffit pas plus aux besoins de la pratique qu'à ceux de la science. En effet les relations dont il s'agit, les sphères où s'applique le devoir sont elles-mêmes un produit de la liberté morale. L'essentiel n'est donc pas de me dire ce que je dois faire dans la famille, dans l'Etat, dans l'Eglise, etc., tels qu'ils sont aujourd'hui ; il n'est guère besoin de science pour cela. L'essentiel est de m'enseigner ce que doivent être la famille, l'Eglise et l'Etat. Si l'expérience nous l'apprend seule, notre morale sera régie par l'histoire, tandis qu'elle devrait en ordonner les mouvements. Changeant d'un siècle et d'un climat à l'autre sous l'empire d'une loi étrangère qu'elle ne comprend pas, elle ne saurait acquérir l'autorité d'une science, elle demeure incapable de faire avancer l'humanité.

Nous ne séparerons donc pas l'art de la vie de la science des choses, nous ne renoncerons pas à l'unité que la pensée réclame, avant d'y être forcés, nous ne déserterons pas sans combat le drapeau de la philosophie. Nous demanderons avec Descartes l'intelligence des effets par les causes. Nous chercherons la loi de notre activité dans le but de notre existence, si du moins notre existence a sa raison dans un but, et cette raison, nous la chercherons dans le principe absolu. Nous laisserons la morale à sa place dans l'organisme de la science, nous la traiterons comme un corollaire de la métaphysique, de la philosophie première, quand nous aurons une philosophie première.

DEUXIÈME LEÇON.

La morale doit être déduite du principe universel. Elle suppose que ce principe est un être libre, car les effets d'une cause nécessaire le seraient également. La connaissance du premier principe est le but de la philosophie régressive, qui part de l'ensemble des vérités immédiates, savoir : les faits d'expérience sensible, les faits d'expérience psychologique, les vérités nécessaires de l'ordre rationel et les vérités nécessaires de l'ordre moral. — L'expérience sensible consultée seule ne fournit aucune connaissance du principe premier. — Dans la conscience du moi, l'expérience psychologique nous donne l'idée de l'être ; les vérités nécessaires de l'ordre rationel se résument dans la notion de l'inconditionnel, objet de la raison. — L'idée de l'être inconditionnel est le point de départ de la philosophie. — Il faut déterminer cette idée de manière à ce qu'elle rende compte des faits d'expérience en général et des vérités nécessaires de l'ordre moral. — Celles-ci nous obligent à reconnaître la liberté du premier principe en attestant en nous le devoir, qui suppose notre propre liberté.

Messieurs,

L'idée de morale implique notre liberté et l'existence d'un principe supérieur à nous. Le second point n'est pas moins nécessaire que le premier. Nous l'avons vu dans la leçon dernière. Si nous cherchons la règle de la liberté dans la liberté elle-même, peut-être réussirions-nous à l'y découvrir ; mais, comme nous l'avons expliqué, l'élément essentiel, l'obligation s'évanouirait. Une morale scientifique suppose donc la connaissance scientifique de la liberté humaine et d'un principe supérieur d'obligation. Nous trouvons ces deux vérités écrites au fond de notre âme ; nous pouvons espérer dès lors que la science expliquera ce témoignage intime, et nous avons besoin qu'il en soit ainsi. En effet, les notions que l'évidence rationnelle et la conscience morale nous fournissent sur le principe suprême avant toute recherche, sont trop vagues, trop incomplètes pour suffire aux besoins d'une discipline précise et rigoureuse. Il est nécessaire avant tout de les concilier entr'elles, car leur accord est un problème. La liberté, elle aussi, doit passer au creuset de la pensée. Nous sommes certains de sa réalité lorsque nous sommes certains du devoir ; nous la connaissons comme fait avec une pleine lumière ; mais un fait n'est pas propre à entrer immédiatement dans l'édifice de la philosophie. C'est une pierre brute ; nous ne pouvons employer que des pierres taillées. La vraie science est celle des effets par leur cause ; notre liberté a une cause, il faut l'y chercher. Nous ne la connaîtrons comme il faut la connaître que si nous la trouvons à sa place dans l'ordre universel, si nous l'expliquons par le principe universel, si nous voyons en elle une conséquence de la nature de ce principe ou le produit de son action. Il appartient donc à la métaphysique de nous faire comprendre la liberté humaine. Faisons des vœux pour qu'elle y réussisse, car la morale est à ce prix.

La liberté humaine suppose, Messieurs, l'absolue liberté,

ou, si vous me permettez cette expression qui n'est pas encore justifiée, la liberté divine. Nous ne pouvons pas confondre notre être avec le principe de toute chose, parce que nous nous sentons limité; or le principe absolu étant un, comme la raison nous l'enseigne évidemment, il est nécessairement illimité, dans ce sens du moins qu'il n'est restreint par aucun autre.

Les conséquences de ce principe illimité sont des actes libres ou bien elles résultent d'une nécessité intérieure de sa nature. Il n'y a pas d'autre alternative. La prétention souvent affichée de concilier la liberté et la nécessité dans une idée supérieure ne se justifie pas. Cette idée soi-disant supérieure n'est jamais que celle d'une activité nécessaire, nécessité spontanée, nécessité intelligente, nécessité de perfection si l'on veut, mais enfin c'est la nécessité.

Eh bien, si nous concevons le monde comme résultant de l'action nécessaire d'un principe infini, il est impossible que nous trouvions une place en lui pour la liberté humaine. La portée des actes d'un être infini est elle-même infinie. Si l'univers est le produit d'une activité nécessaire, il est nécessairement ce qu'il est jusque dans ses derniers détails, nous sommes nécessairement ce que nous sommes, et nos actes particuliers ne sont que la traduction, la manifestation, le déroulement dans le temps de cette essence déterminée.

Cette conséquence est inévitable; en vain chercherait-on à l'éluder en expliquant notre liberté par l'imperfection inhérente à tout être fini. Si Dieu ne peut pas agir autrement qu'il n'agit parce qu'il est parfait, l'œuvre où cette perfection se révèle ne peut être que ce qu'elle est; or la présence de la liberté implique dans un monde qui ne peut être que ce qu'il est. La réalité de la liberté consiste précisément en ceci : que le monde puisse être autrement qu'il n'est, si les agents libres le veulent. Expliquer la liberté par l'imperfection, c'est la faire évanouir comme une fumée.

Je désire être bien compris, je ne prétends pas que de la liberté divine on puisse déduire immédiatement la liberté humaine; je dis seulement que sans la liberté divine il est impossible de concevoir la liberté humaine.

On pourrait inférer de là directement que le principe absolu est une activité libre, puisque la foi de l'homme à sa liberté est nécessaire à l'accomplissement du devoir, à la vérité de la conscience morale que nous ne pouvons suspecter sans lui faire injure. Cette conclusion fort importante, nous ne la tirons pas encore d'une manière expresse. Nous établissons seulement ceci, que, pour pouvoir servir de base à la morale ou nous donner une morale, la métaphysique doit démontrer la liberté du principe absolu. Il nous reste à examiner comment la métaphysique peut arriver à un résultat pareil. Ceci nous conduit à jeter un coup-d'œil sur l'ensemble de la philosophie régressive, dont l'unique objet est de formuler l'idée du principe.

La marche de cette discipline est réglée par son point de départ et par son but. Le but, nous le connaissons. Le point de départ est évidemment l'ensemble des vérités immédiatement certaines. Nous appelons vérités immédiatement certaines non-seulement celles que l'esprit possède avant tout travail, ce qui se réduirait à excessivement peu de chose, mais toutes celles que nous possédons légitimement au début des recherches philosophiques, au moment où nous nous posons le problème de la philosophie, tel que nous l'avons circonscrit. Ces données premières sont assez complexes ; elles embrassent des faits extérieurs perçus par les sens, des faits intellectuels perçus par la conscience, des vérités nécessaires de l'ordre rationel et des vérités nécessaires de l'ordre moral.

Les faits sensibles sont l'objet des sciences naturelles ; les faits de conscience sont l'objet de la psychologie, qui constate aussi les deux genres de vérités nécessaires dont nous venons de parler. Les quatre membres de notre classification se ramènent donc à la dualité sous un double point de vue. Quant à la manière de constater les faits, nous opposons l'expérience sensible à l'analyse intérieure. — Quant à la nature même des vérités immédiates, nous trouvons d'un côté des faits contingents, variables, *a posteriori*; de l'autre des connaissances nécessaires, immuables, *a priori*. Il importe de ne pas confondre ces deux divisions, qui partent de principes bien distincts.

Nous ne nous compromettrions pas beaucoup en disant, MM., que, pour arriver à la première vérité dans l'ordre des choses, il faut tenir compte avec un égal souci de toutes les données du problème que nous venons d'énumérer ou de toutes les vérités premières dans l'ordre de l'acquisition de nos connaissances. Ce lieu commun prend de l'importance par la revue exacte dont nous l'avons fait précéder. Celle-ci n'a du lieu commun que l'apparence. L'esprit n'a pas toujours accordé la même attention aux éléments qu'elle embrasse. Préoccupé tantôt des uns, tantôt des autres, ne les distinguant pas toujours, il a tenté d'asseoir exclusivement sur quelques-uns d'entr'eux l'édifice de la science. De là vient la diversité des systèmes, car comme la logique est la même pour tout le monde, si le point de départ était identique, il faudrait bien que le résultat le fût aussi. Il en est de la philosophie comme des mathématiques. Si les données sont trop insuffisantes, le problème ne peut recevoir aucune solution ; s'il manque une donnée, on arrive à une formule applicable à plusieurs quantités entre lesquelles le choix est arbitraire.

L'expérience sensible consultée seule ne fournit point de philosophie. Et d'abord, Messieurs, les sens isolés, considérés d'une manière abstraite, ne donnent aucune espèce de notion. Il n'y a point de connaissance sensible rigoureusement parlant. Pour constater un fait extérieur quelconque, il faut appliquer aux données des sens l'intelligence et les idées universelles nécessaires *a priori* qui constituent l'intelligence : ainsi les notions de substance, de cause, de possibilité, de réalité, que l'expérience sensible ne fournit point, mais que nous appliquons instinctivement aux sensations et dont nous n'obtenons une conscience distincte que par cet emploi réitéré. Ces vérités-là sont acquises, aussi n'insisterons-nous pas. Nous acceptons l'expérience telle qu'elle est, sans discuter son origine. Nous prenons la science de la nature dans toute sa grandeur, dans sa merveilleuse beauté, et nous répétons qu'elle ne donne pas de philosophie. Cela, Messieurs, pour deux raisons : La science expérimentale n'est pas certaine par elle-même, puis elle ne conduit à rien d'inconditionnel.

La science expérimentale n'est pas certaine par elle-même, pas du moins dans le sens qu'il faudrait. On ne peut pas douter que nous ne voyions ce que nous voyons, mais on peut douter que ce que nous voyons existe indépendamment de nous. La preuve c'est qu'on en a douté. On a mis en question la réalité du monde extérieur en général. Or lorsqu'il s'agit de lever un doute qui porte sur l'expérience en général, il est clair qu'on ne saurait en appeler à l'expérience. Tout doit être rigoureux dans la science. Rigoureusement il faut une métaphysique pour légitimer l'expérience sensible; l'expérience sensible ne suffit donc pas pour fonder la métaphysique.

La science expérimentale ne conduit à aucun principe inconditionnel et nécessaire. Les faits que l'expérience constate directement ne peuvent être constatés que comme faits. Nous voyons qu'ils sont, nous ne voyons pas qu'ils soient nécessaires. Les causes des phénomènes que nous percevons sont du même ordre que ces phénomènes eux-mêmes. Les procédés de la science empirique ne peuvent nous conduire au delà de l'accidentel. Certains effets ont lieu, donc ils sont produits par certaines forces. Ainsi la chaleur, la lumière, l'électricité, le magnétisme, la force organique, ces puissances dont l'action explique une multitude de phénomènes divers, sont elles-mêmes des faits à expliquer. Peut-être l'esprit saisira-t-il un jour leur unité, peut-être deviendra-t-il évident que toutes ces forces ne sont que des manifestations d'une seule force dont l'action varie selon les circonstances dans lesquelles elle est placée.

Mais cette force plus générale ne sera qu'un fait, un accident, dont il faudra chercher la cause, et décidément la dernière cause ne peut résider dans rien d'accidentel. Ni l'expérience ni la réflexion qui part de l'expérience ne sauraient nous conduire à un principe inconditionnel, parce qu'elles ne sauraient établir qu'il soit inconditionnel. L'expérience peut bien nous montrer la présence d'une intelligence dans le monde par exemple, mais elle ne nous apprendra jamais si cette intelligence est véritablement le premier principe ou si elle émane elle-même d'un principe supérieur. L'inconditionnel est nécessairement infini; or dans le champ de l'expérience nous ne trouvons rien d'infini; le monde que nous connaissons, à le prendre tout entier, ne l'est pas réellement, et si d'un effet fini nous voulions conclure à l'existence d'une cause infinie, cette conclusion dépasserait les prémisses.

La plupart de ces considérations portent également sur les données de l'expérience interne, de la conscience psychologique. En dirigeant notre attention sur nous-mêmes, nous constatons une autre espèce de phénomènes passagers, limités et contingents, dont nous ne pouvons rien conclure au-delà du contingent et du limité. Il est donc permis de dire, si l'on désigne sous le nom d'expérience la connaissance des faits particuliers, que l'expérience ne nous donne par elle-même aucune notion du premier principe; nous ne pourrions pas même induire l'existence d'un tel principe des données qu'elle nous fournit, si nous n'en étions assurés d'avance.

Mais le mot *expérience* est équivoque. Toute connaissance est expérimentale en quelque façon, puisqu'en pensant nous sentons notre pensée. La conscience psychologique nous atteste non-seulement des faits particuliers et variables, mais des faits immuables et constamment identiques; elle nous fournit des notions que nous ne pouvons pas concevoir sans concevoir en même temps leur nécessité. Les modifications de notre âme sont l'objet d'un sens intérieur, et la connaissance que nous en avons ressemble à beaucoup d'égards à la connaissance sensible. Mais pour savoir ce qui se passe en nous-même, il faut que nous nous connaissions indépendamment de ces modifications passagères, il faut que nous ayons l'idée de cette unité permanente de notre être que nous appelons *moi*. Nous la possédons en effet immédiatement. Le moi n'est pas une connaissance déduite, le moi n'est pas la conclusion d'un raisonnement; cependant il n'a rien pour nous de contingent ni de variable. Indispensable à l'exercice du sens intérieur, l'idée du moi ne provient pas d'un sens, mais elle est l'objet d'une intuition permanente. C'est la forme pure de l'activité réfléchie. Par cette intuition, nous apercevons directement le fond de notre être, du moins cela nous paraît ainsi, car il nous est impossible de supposer qu'il y ait derrière le moi autre chose que le moi. Le moi est un acte ou la forme d'un acte, le moi est notre substance. Les idées d'être, de substance, de force, d'acte, de cause, toutes ces notions universelles dans leur emploi, qui sont pour ainsi dire les rayons de notre intelligence, partent de l'intuition du moi. Nous saisissons immédiatement leur réalité dans le moi, et sans en avoir la même intuition, nous les appliquons au dehors, par analogie si l'on veut, mais par une analogie instinctivement aperçue. Nous les appliquons avant de nous en rendre compte et nous arrivons à les connaître dans leur généralité par cet emploi. Nous les dégageons par l'abstraction des propositions particulières de la science expérimentale; mais lorsque, après les avoir ainsi obtenues par l'abstraction, nous les considérons en elles-mêmes, un examen attentif nous fait reconnaître en elles l'élément nécessaire, immuable, *a priori* de la science expérimentale et de tous nos jugements. Les *catégories* (c'est le nom qu'on leur donne) sont l'expression de l'intelligence arrivant peu à peu à la conscience d'elle-même. Primitivement les catégories sont des lois. Les idées générales de substance et de cause, par exemple, ne sont que l'expression abstraite de la nécessité intérieure qui nous oblige à mettre à la base de tous les phénomènes un sujet persistant, à reconnaître une raison d'être de toutes les existences et de tous leurs changements. Ces lois ne sont ni les seules ni les plus élevées, et l'intelligence qui s'arrête aux catégories ne se connaît pas encore dans son intimité. Il est aisé de s'en convaincre lorsqu'on voit, en suivant les indications de Kant et de ses successeurs, que les catégories et leurs lois appliquées à la rigueur conduisent à des résultats inadmissibles ou contradictoires. Ainsi le principe résumé dans l'idée de cause se traduirait comme suit : « tout ce qui est ou qui arrive a une cause »; il faut donc, après la cause de l'effet dont on part, trouver la cause de la cause, et ainsi de suite à l'infini. Si le principe de causalité est absolument vrai, il exclut l'idée d'une cause première, car celle-ci serait un être ou un acte sans cause, qui dérogerait au principe et le renverserait. L'idée de cause et la vérité qu'elle exprime n'ont donc qu'une valeur limitée et relative. Une première observation de nous-même le constate : le premier besoin de la pensée et sa suprême loi est d'atteindre l'infini et l'absolu. Primitivement et par son essence même la raison affirme l'absolu, c'est-à-dire un être qui existe par lui-même, qui n'a besoin de rien pour exister. L'absolu est en même temps l'unité des choses ou la cause première. Il existe par lui-même et tout existe par lui. La loi fondamentale de l'esprit n'est donc pas ce qu'on appelle le principe de causalité, car ce principe n'est pas vrai; il conduit à une série infinie que l'intelligence repousse. La véritable expression du principe fondamental est celle-ci : « ce qui a sa cause hors de soi n'est pas la réalité véritable ; le réel est l'inconditionnel, l'être qui possède en lui-même toutes les conditions de son existence. » Nous appellerions ce principe le principe de *l'inconditionnalité*, s'il était besoin pour le désigner clairement d'un terme aussi barbare. Heureusement nous pouvons nous en passer : son nom est tout trouvé, c'est la Raison. En allant au fond de l'intelligence, nous y trouvons la Raison, c'est-à-dire l'affirmation *a priori*, nécessaire de l'unité et de l'absolu, le besoin de remonter en toute chose à l'unité et à l'absolu. Les sens ne donnent que l'accidentel et le limité, la logique partant des sens ne nous conduit pas au delà du limité et de l'accidentel, mais la raison pose immédiatement en face du limité et de l'accidentel l'infini et le nécessaire. La tâche de la science est d'unir ces deux termes en approfondissant l'un et l'autre.

Maintenant cet être inconditionnel ou nécessaire posé par la raison est-il identique à l'être que la conscience du moi nous fait apercevoir? L'idéaliste tend à les confondre, et cette réduction paraît d'abord plausible, car, relativement à nous-même, l'être attesté par la conscience du moi n'a rien d'accidentel. Cependant cette apparente simplification du problème est une erreur. En effet, l'objet de la conscience du moi est limité, tandis que l'être absolu ne saurait être limité, puisque rien ne le limite. La raison pose l'infini à côté du moi fini comme l'être inconditionnel qui est sa cause à lui-même à côté du monde accidentel qui cherche sa cause hors de lui; et ces mots, inconditionnel, infini, n'expriment pas deux idées, mais deux aspects d'une seule et même idée.

Nous trouvons dans ces lois nécessaires de l'intelligence, dans ces vérités *a priori* que l'observation de l'esprit nous fait découvrir, le point de départ que la philosophie régressive demande vainement à l'expérience. Ce point de départ, Messieurs, c'est l'ensemble des vérités immédiates *a priori*, c'est-à-dire l'esprit humain tout entier. La conscience nous donne l'intuition de l'être. La raison nous suggère le besoin d'atteindre l'absolu, et le problème de la science se pose ainsi : « Déterminer l'idée de l'être absolu. » Je dis : en déterminer l'idée, et non pas en prouver l'existence; car nous n'en possédons pas encore l'idée, puisque l'être que nous comprenons n'est point absolu, tandis que nous sommes certains de son existence dès l'entrée; et si nous n'en étions pas certains dès l'entrée, nous ne la démontrerions jamais, nous marcherions de contradiction en contradiction, d'accidentel en accidentel, sans jamais atteindre le terme.

On peut, sans les altérer, formuler ces idées d'une autre manière. La conscience du moi nous donne l'intuition de l'*être*, mais de l'être fini ; l'être fini est limité par son contraire, en dernière analyse la limitation aboutit à la contradiction. De quelque côté qu'on le prenne, l'être fini est pétri de contradictions. On ne peut rien affirmer de lui d'une manière pure et simple ; rien affirmer sans restreindre ce qu'on avance, c'est-à-dire, sans le nier. Mais la contradiction répugne à la raison. Le travail de l'esprit doit le purger des contradictions dont il est infesté. Déterminer l'idée de l'être absolu revient donc à ceci : concevoir l'être de telle manière qu'il puisse exister par lui-même sans contradiction. Voilà, Messieurs, l'objet de la métaphysique, considérée comme une science purement rationelle, purement *a priori*.

La métaphysique commence avec ces données de la conscience et de la raison pure ; l'être ou l'acte, l'être absolu. Mais elle ne saurait demeurer sur ces sommets déserts, voilée dans son austérité, loin de tout contact avec le monde de l'expérience et les questions que ce monde fait naître. Une science spéculative sans rapport avec l'expérience n'aurait aucun prix pour l'humanité. L'expérience seule ne donne point de philosophie, il n'y en a pas non plus sans son concours. Ce que nous demandons à la philosophie, c'est l'explication des faits. Ainsi le problème se complique ; il ne s'agit pas seulement de concevoir l'être absolu sans contradiction ; il s'agit de déterminer l'idée de l'être absolu de telle manière qu'elle rende raison des faits en en faisant comprendre la nécessité, ou du moins la possibilité réelle. La science que nous cherchons, la seule qui puisse nous satisfaire, est celle qui nous fera voir dans la totalité de l'expérience la conséquence régulière du principe universel. Nous ne saurions donc faire abstraction de l'expérience en cherchant cette idée suprême. L'expérience est la pierre de touche des systèmes. Ils sont jugés d'après la manière dont ils rendent compte des faits. Tous travaillent à les expliquer, mais ils n'acceptent pas tous cette tâche dans la même étendue, et ils n'y réussissent pas également.

La question abstraite de l'être sans contradiction serait peut-être susceptible de plusieurs solutions différentes ; mais lorsqu'il s'agit d'une idée capable d'expliquer le monde réel, le choix se resserre, et la pensée est contrainte de s'élever pour s'élargir. Les deux sources de connaissance se confondent dans le même fleuve. Les données de l'expérience et celles de la raison se combinent. L'on ne saurait trouver un principe nécessaire que dans la pensée *a priori*; on ne saurait déterminer, enrichir, développer cette idée *a priori* de l'être sans consulter l'expérience.

Nous sommes donc sur le chemin qui conduit à la métaphysique, ou plutôt, Messieurs, nous entrevoyons ce chemin; mais ce que nous trouverons au terme, sera-ce la métaphysique que nous cherchons, une métaphysique propre à servir de base à la morale, une métaphysique qui nous fasse comprendre que le principe absolu des choses est un être libre?

Nous ne saurions dire qu'un tel résultat soit impossible, mais il nous est permis de douter qu'il soit immanquable. On s'avancerait beaucoup en affirmant qu'il y a une contradiction dans l'idée que l'être absolu est nécessairement ce qu'il est et qu'il agit nécessairement comme il agit. Et quant à l'expérience, il ne s'entend pas non plus de soi-même qu'un Dieu libre soit indispensable pour rendre l'expérience intelligible.

Une silencieuse destinée préside aux révolutions de la nature, une loi pareille s'accomplit dans l'humanité. Acteurs d'un drame que nous ne comprenons pas, nous ne trouvons point les lois de l'histoire d'accord avec les lois écrites dans notre propre cœur. Rarement la couronne du bonheur et de la gloire ceint le front de la vertu. Les soupirs de la conscience sont étouffés par le flot qui nous emporte. Le flambeau de la civilisation passe lentement de climats en climats, sans se rallumer aux lieux qu'il a quittés. Etats, religions, langues et races, tout cela naît, fleurit comme l'herbe des champs, tout cela meurt comme elle sans savoir pourquoi. Tout a sa raison d'être dans le monde, mais cette raison est-elle une loi qui s'ignore, est-ce un but compris et voulu? — Ignorants et savants sont égaux en face de cette question solennelle, chacun la résout suivant son secret désir. L'expérience ne nous dicte pas de réponse. L'histoire, la nature même nous suggèrent sans doute l'idée de liberté, mais elles n'en contiennent aucune trace irrécusable. Pour trouver la liberté il faut descendre dans notre propre cœur.

Et ce témoignage lui-même, ne pourrait-il pas être contesté? Le fait certain que nous nous sentons libres suffit-il pour prouver que nous le sommes réellement? Il est permis d'en douter. Le sentiment intime peut avoir ses illusions comme les sens extérieurs. Si notre liberté d'action était incompatible avec d'autres vérités clairement et distinctement reconnues, le sentiment que nous avons d'être libres suffirait à peine pour faire rejeter ces vérités. On nous ferait observer d'abord que la réflexion psychologique ne jette qu'un faible rayon dans l'abîme que nous sommes. Nous ne nous connaissons jamais tout entiers et jusqu'au fond ; le fataliste nous en arracherait facilement l'aveu. Puis, décomposant l'idée de la liberté, il y trouverait deux éléments : la spontanéité et le choix. Il accorderait la réalité de la première pour concentrer son attaque sur le second. Il dirait : « nous sommes le principe de nos propres actions; notre volonté est une force réelle ; nous sentons la spontanéité de cette force et nous l'appelons avec raison notre liberté. Toute notre liberté est là. Avant d'agir, durant l'action elle-même et depuis, il nous semble à la vérité que nous pourrions faire autre chose que ce que nous faisons réellement ; mais c'est une illusion, nous agissons conformément à notre nature que nous ne connaissons pas entièrement ; s'il y a plusieurs possibilités, il n'y en a qu'une à la fois. Nous nous dirigeons toujours d'après des motifs, et le motif le plus puissant l'emporte. En réalité nous ne connaissons pas toujours nos vrais motifs, ni ce qui en fait la force prépondérante, parce nous sommes un mystère pour nous-mêmes. »

Je sais bien, Messieurs, ce qu'il y aurait à répliquer, mais je crois que sur ce terrain la question pourrait rester longtemps suspendue. D'ailleurs il ne serait peut-être pas prudent de se fier sans réserve au sentiment intime. Son témoignage pourrait bien varier et nous faire défaut. Il ne faut pas chercher bien loin le fataliste que j'ai fait parler. Ce fataliste, tout homme qui s'observe le découvrira quelque jour dans un repli de son propre cœur. Nous sommes ingénieux à fuir le sentiment de nos fautes. Tour à tour nos pensées nous condamnent et nous excusent.

Vous le voyez, Messieurs, la nature, l'histoire, la conscience psychologique, les données *a priori* de la raison pure semblent insuffisantes pour déterminer précisément la solution du problème de la métaphysique. Plusieurs chemins s'ouvrent à la pensée spéculative, et le choix entre ces chemins est incertain. On peut concevoir le principe suprême comme une activité immuable dans sa perfection, on peut concevoir les choses comme enchaînées par un lien de nécessité. Loi, pensée, raison, nature, peu importent les noms de ce principe et de ce lien, l'idée est toujours la même. Les phénomènes s'expliqueront selon cette idée, il est permis de s'y attendre, et l'histoire des opinions humaines nous autorise à l'affirmer. Les choses sont ce qu'elles sont; la prétention d'un système de liberté, c'est qu'elles pourraient être autrement. Rigoureusement il est impossible de le prouver; la manière même dont le problème est posé rend cette impossibilité manifeste. Il y a plus, Messieurs : un préjugé naturel s'élève contre le système de la liberté. Il n'a pas fait fortune dans la science, et cela se comprend : il est contraire à l'intérêt scientifique. Que cherche la science, en effet? Elle cherche le pourquoi de toutes choses, et la liberté est précisément ce qui n'a pas de pourquoi. La science comprend les effets par leurs causes, elle veut prévoir; or l'acte libre est la seule chose qu'on ne puisse absolument pas prévoir. On ne peut le connaître qu'après coup, lorsqu'il est accompli. — Si les effets ne procèdent pas de leur cause par une nécessité logique, la logique ne suffira pas pour les manifester dans leur cause.

L'idée de la liberté dans le premier principe vient donc troubler l'espoir d'une science progressive. Elle augmente tout au moins singulièrement la difficulté de la tâche. La pensée veut tout embrasser dans l'unité d'un système ; les plus forts liens ne sont-ils pas les liens de la nécessité ?

Cependant, s'il est impossible de prouver que les choses pourraient suivre un autre cours, il ne l'est guère moins de prouver le contraire, et cette idée peut, elle aussi, invoquer en sa faveur un préjugé instinctif. Cet instinct existe dans toutes les âmes, il est puissant dans les nobles cœurs. Quels que soient les rapports qui unissent entr'eux les éléments du monde matériel et moral, ce monde tout entier peut n'être qu'un grand accident, que sais-je, une grande infortune ! Si la liberté du Créateur nous permettait de concevoir celle de la créature, il y aurait là aussi peut-être une explication. C'est la solution religieuse, l'antique tradition de l'humanité ; il vaudrait la peine de la sonder. A la première vue du moins, la raison n'a pas d'objection insurmontable contre l'idée d'une suprême liberté, car cette idée ne contient pas de contradiction. L'expérience ne saurait réfuter directement ce point de vue, et si l'on arrivait à la conclusion que la dernière raison de tous les faits ne peut pas être indiquée avec certitude, il faudrait bien en passer par là.

Ainsi la pensée demeure indécise entre deux routes divergentes, nulle conciliation n'est possible, et le choix semble arbitraire. En quelque sorte il l'est en effet, et nous pouvons dire avec un illustre philosophe [1], que si nous nous décidons pour le système de la liberté, c'est que nous le voulons ainsi.

Cependant nous n'avons pas rassemblé toutes les valeurs connues qui fixent le problème. Dans l'énumération des vérités immédiatement certaines qui doivent servir d'appui à la pensée spéculative et lui fournir les matériaux de son édifice, nous en avons négligé une. Parlons mieux, nous l'avons à dessein mise en réserve parce qu'elle est d'une nature tout à fait particulière. Cette donnée primitive, c'est la conscience morale. En dirigeant notre attention sur nous-mêmes, nous y lisons la loi du devoir. Nous la déchiffrons avec peine, nous demandons à la science de nous en expliquer l'origine, de nous en développer le contenu, mais nous savons que c'est une loi. Le devoir, s'il est certain, prouve notre liberté, car il la suppose. Il ne saurait être question de devoir pour celui dont les actes ne seraient pas libres. Si nous sommes libres, Dieu est libre, car la liberté dans le monde implique la liberté dans son principe.

Notre choix entre les deux systèmes qui se proposent à la raison n'est donc pas une affaire de caprice ou de hasard. Il est dicté par un motif impérieux. Aussi longtemps que tous les éléments de la pensée ne sont pas présents, la direction à suivre reste incertaine; lorsque chacun est mis à sa place, la ligne est déterminée, il n'y a plus qu'à les réunir.

Mais est-il vrai que le devoir soit absolument certain ?

[1] M. de Schelling, dans ses leçons inédites.

Si l'on peut mettre en question le témoignage du sentiment intime, ne peut-on pas mettre en question le sentiment qui nous atteste le devoir? Ce doute, Messieurs, l'intelligence s'efforcerait en vain de le dissiper; le cœur en triomphe sans peine. La science ne s'est jamais montrée plus grande que le jour où, par la bouche d'un penseur généreux, elle a répété comme une humble écolière la réponse que dicte le cœur : « Oui certes, il est possible de douter du devoir et de sa valeur absolue, mais ce doute est criminel et nous ne voulons pas l'accueillir. »

Ainsi le choix de notre système de philosophie est obligatoire ou facultatif, selon qu'on voudra l'entendre. Facultatif pour l'intelligence désintéressée, impartiale, indifférente; obligatoire pour les honnêtes gens. Ce que l'intelligence demande, c'est une explication conséquente. Ce que le devoir commande, c'est le respect. Nous sommes libres d'écouter la conscience ou de l'endormir, et rien ne l'endormira mieux que le fatalisme. Mais si nous voulons croire au devoir, nous devons chercher un système dans lequel le devoir s'explique comme une réalité et non pas comme une illusion.

TROISIÈME LEÇON.

Nous avons acquis la certitude de la liberté divine, mais non l'intelligence de cette liberté; pour l'obtenir, il faut arriver à la liberté par le développement de l'idée de l'absolu. — Objection critique : l'idée de l'absolu est inhérente à notre raison, mais il ne s'en suit pas qu'elle corresponde à la réalité. — Réfutation. — La théorie de la connaissance, fixée par les systèmes successifs de Descartes, de Locke, de Kant et de Fichte, nous prouve que toute affirmation se fonde sur la foi de l'esprit en lui-même. On n'est pas en droit de douter de la raison sans douter du témoignage des sens et de toute vérité quelconque, scepticisme irréfutable, mais impossible. — Nous croyons donc à la raison et par conséquent à la réalité de l'absolu. — Nous étudierons le développement de l'idée de l'absolu dans l'histoire.

Messieurs,

La morale n'est pas une science indépendante, parce qu'il n'y a qu'une science, du tronc de laquelle toutes les branches doivent partir : c'est la science de l'unité, la philosophie première; mais il y a quelque chose de primitif dans la morale, et la philosophie première ne saurait se développer dans une direction certaine sans tenir compte de cet élément moral primitif. Quand la plante a parcouru toutes les phases de son développement, la semence se retrouve dans le fruit mûr. La volonté morale cherche à se comprendre afin de se réaliser, et pour arriver à cette intelligence d'elle-même, elle produit la science universelle, qui, dans son commencement, dans son cours et dans son terme, est l'œuvre de la volonté. La part de l'élément moral à la recherche du principe est une initiative souveraine. La conscience choisit le système qui peut seul répondre à ses besoins. Nous ne marchons donc pas à l'aventure, nous cherchons ce que nous voulons. La philosophie de la liberté commence par un acte libre.

Cependant, Messieurs, parce que le but est marqué d'avance, il ne faudrait pas s'imaginer qu'il soit atteint et que nous n'ayons plus rien à faire. Notre métaphysique n'est pas achevée, disons mieux, elle n'est pas même commencée, quoique nous en connaissions le but, qui est la liberté de Dieu. Pour notre conscience, pour notre cœur, la liberté de Dieu est certaine, mais nous ne savons pas comment elle est possible. C'est là ce qu'il s'agit de faire voir, c'est-à-dire qu'il nous faut déterminer *a priori*, spéculativement, l'idée d'absolue liberté dont nous avons établi la valeur réelle par un raisonnement *a posteriori*, en partant de notre conscience personnelle. Nous croyons à bon droit à la liberté de Dieu; il faut chercher à la comprendre, il faut voir tout au moins s'il est possible de la comprendre, et pour cela il faut essayer. Il n'y a rien eu de spéculatif jusqu'ici dans nos raisonnements. En prouvant la liberté de Dieu par la nôtre, et celle-ci par le sentiment du devoir, nous n'avons fait qu'affirmer des attributs connus d'avance. de sujets donnés également, sans acquérir par là aucune intuition ni des uns ni des autres. La philosophie spéculative, au contraire, se fonde sur l'intuition de son objet et produit elle-même dans son cours les idées qu'elle emploie. C'est la grande faute de Descartes d'avoir rapporté aux jugements seuls son doute régénérateur en en exceptant les idées, comme si les idées étaient tombées du ciel et ne provenaient pas elles-mêmes du jugement.

Il est immédiatement évident pour la raison, nous l'avons déjà remarqué, qu'il existe un être absolu, un être qui contient en lui-même toutes les conditions de son existence. Nous chercherons à prouver spéculativement que l'être absolu est libre, en d'autres termes que l'idée d'être absolu, attentivement considérée, se trouve renfermer en elle la notion de liberté, ou que, pour concevoir comment l'être peut avoir en lui-même toutes les conditions de son existence, il faut concevoir sa liberté. Nous cherchons donc à fonder la liberté de Dieu sur une nécessité dialectique. Ce dessein paraît contraire à ce que nous avancions tout à l'heure, que la préférence donnée au système de la liberté est l'effet d'un libre choix; nous parviendrons, je l'espère, à lever cette difficulté. Toute démonstration repose sur l'évidence, c'est-à-dire sur la nécessité de la pensée; il est impossible que la philosophie, dans son cours, ne fasse pas appel à cette nécessité; mais l'évidence dont il s'agit n'est pas immédiate, sans cela tout le monde serait d'accord sur le principe des choses, et la philosophie n'exigerait aucun travail de l'esprit. Lorsque les intermédiaires convenables sont découverts, alors naît l'évidence ; mais, pour les obtenir, il faut les chercher. Si, dès l'origine, nous ne voulions pas une philosophie de liberté, nous n'arriverions point à la démonstration qui nous la donne. Tous les systèmes, Messieurs, sont fondés sur l'évidence; la question est de savoir d'où ils partent et s'ils poussent la pensée jusqu'au bout. Eh bien! la volonté intervient dans le choix du point de départ, et la force qui fait marcher la pensée ou qui l'arrête, c'est encore la volonté.

La méthode que nous nous proposons de suivre est légitime au même titre que notre point de départ. C'est par l'évidence intérieure que nous comptons procéder en analysant l'idée de l'être inconditionnel. C'est sur l'autorité de l'évidence intérieure que nous affirmons la réalité d'un tel être.

On pourrait nous contester à la fois notre méthode et notre point de départ. J'accorde, nous dira-t-on peut-être, que la raison se représente nécessairement une cause première existant par elle-même, et qu'en creusant cette idée, elle la développe et la détermine de plus en plus ; mais cette soi-disant cause des choses, n'est-ce pas la cause des représentations ? cet être que votre raison aperçoit, n'est-ce pas votre raison elle-même qui se contemple comme en un miroir sans reconnaître son image? En un mot, la raison n'est-elle pas la dupe d'une illusion? Les choses que nous concevons nécessairement sont-elles vraies par cela même? Ces questions expriment sous une forme particulière l'objection du scepticisme, puisque ce qui est mis en doute, c'est que l'évidence rationnelle soit une preuve de la vérité. Nous répondrons au scepticisme dès l'entrée, afin de n'y plus revenir, mais nous le ferons brièvement. Il me tarde, Messieurs, de sortir de ces landes si souvent parcourues et de vous conduire dans la moisson.

La théorie de la connaissance est un des problèmes philosophiques sur lesquels les efforts de la pensée moderne se sont plus particulièrement concentrés. Ces efforts n'ont pas été tout à fait stériles. Si la solution n'est pas encore complète, les grandes lignes en sont pourtant arrêtées. Nous laisserons donc parler l'histoire.

La question de la réalité de nos connaissances, ou, comme on dit, de leur valeur objective, a parcouru depuis Descartes jusqu'à nous une série de révolutions que l'on représenterait assez bien par une ligne circulaire. Descartes et Spinosa, les pères de notre philosophie, ne mettaient point en doute que ce que nous concevons nécessairement ne soit vrai. Ils faisaient de l'évidence intellectuelle le critère de la vérité. Descartes fortifiait après coup ce critère par la réflexion que Dieu, l'être parfait, est nécessairement véridique, et qu'il ne saurait dès lors nous avoir suggéré des idées pour nous tromper; mais comme l'évidence intellectuelle est la seule autorité qui garantisse au philosophe Descartes l'existence de Dieu, il est clair que, dès le commencement, avant de s'être demandé s'il y a un Dieu, Descartes croit fermement et définitivement à la valeur de l'évidence intellectuelle. Aussi n'invoque-t-il guère la véracité de Dieu que pour confirmer le témoignage des sens [1]. Malebranche et

[1] Nous nous attachons ici à l'enchaînement réel du système cartésien sans nous arrêter aux explications peu concordantes et embarrassées

Spinosa n'estiment pas plus que lui qu'il soit besoin d'une recherche préliminaire pour s'assurer que la Raison a raison dans ses jugements.

Le XVIIIme siècle reprit avec beaucoup d'appareil la question de l'origine de nos idées, ce qui conduisit naturellement la pensée à s'interroger sur leur valeur et sur leur autorité. La philosophie du XVIIIme siècle avait une tendance décidée, et qui se prononce de plus en plus, à faire venir toutes nos idées du dehors, en d'autres termes à considérer l'intelligence comme un résultat et un phénomène, non comme une cause et comme un principe réel.

Kant commença une réaction énergique contre cette philosophie, il rendit les esprits attentifs au caractère de nécessité inhérent à certaines idées dont nous ne pouvons décidément pas faire abstraction, et il démontra facilement que les idées empreintes de cette nécessité, les idées que nous ne pouvons pas ne pas avoir, ne sauraient venir du dehors. Nos idées nécessaires, dit Kant, viennent évidemment de nous-mêmes ; elles sont l'expression de notre constitution intellectuelle, elles sont en nous *a priori*. Kant rétablit donc contre le XVIIIme siècle la certitude de cette vérité, qu'il existe des idées nécessaires *a priori ;* mais, remarquons-le bien, il ne rétablit pas l'autorité, la valeur objective de ces idées dans le sens où l'admettaient Descartes

---

de l'auteur sur les rapports des deux critères. Ces explications ont été fort bien résumées et fort bien jugées par M. Damiron : *Essai sur l'histoire de la philosophie en France au XVIIme siècle.* Tome Ier, p. 131-145.

et son école avant que la question de leur origine eût attiré si fortement l'attention. Au contraire, l'opinion de Kant, c'est que ces idées nécessaires, venant de nous-mêmes, n'ont de valeur que pour nous. Elles expriment notre organisation intellectuelle, mais elles ne nous apprennent rien sur la vérité des choses telles qu'elles sont indépendamment de nous. Ce sont, dirais-je volontiers, des lunettes taillées et colorées qui changent l'aspect des objets, mais il est impossible de les ôter et de savoir ce que sont les objets pour un œil qui verrait sans lunettes. Kant laisse l'esprit en face d'un objet réel indépendant de lui, mais dont il est absolument séparé par les facultés mêmes qui semblent destinées à l'en rapprocher. Les choses qui sont, nous ne les connaissons pas ; les choses que nous connaissons ne sont pas : tel est en deux mots, Messieurs, le résultat du criticisme de Kant. Le principe qui le conduit à ce résultat est celui de la subjectivité de nos idées *a priori*, de nos idées nécessaires. Elles ne nous apprennent pas ce que sont les choses, puisque ce sont des lois de notre esprit tout à fait indépendantes des choses. Cet argument paraissait sans réplique.

Les successeurs de Kant allèrent plus loin encore dans la même direction, et croyant marcher toujours en ligne droite, ils se trouvèrent avoir fait le tour du problème. Ils ramènent sans s'en douter l'esprit à son point de départ, la foi à l'évidence, la foi en lui-même.

Kant prétendait que nos jugments n'ont qu'une valeur subjective ou relative à nous. Mais la subjectivité attribuée à nos représentations et à nos jugements, n'a de sens que par le contraste avec une réalité qu'on suppose exister en dehors de notre sphère. Du moment où cette opposition cesse, du moment où le mot subjectif perd son contraire et son jumeau, l'objectif, le mot subjectif n'a plus de sens. Pour mener la donnée de Kant jusqu'au bout, il fallait détruire le reste d'objectivité qu'il conservait encore. Fichte conçut ce dessein et l'exécuta; il fit voir que l'idée d'une réalité indépendante de nous, d'une *chose en soi* (c'est le mot technique) n'a elle-même d'autre fondement qu'un jugement nécessaire, un jugement *a priori* de l'esprit humain, par conséquent un jugement subjectif. Selon Kant, nous n'apercevons nullement la chose en soi. Nous supposons qu'elle existe pour expliquer ce qu'il y a de variable et de contingent dans nos représentations. Nous la supposons pour trouver la raison suffisante des phénomènes qui se passent en nous. Nous la supposons en vertu du principe de causalité. Mais si le principe de causalité n'a qu'une valeur subjective dans toutes les applications que nous pouvons en faire, il n'y a pas d'exception pour la *chose en soi*. La conséquence ne peut pas avoir une valeur supérieure à celle du principe. La chose en soi n'est qu'un phénomène de l'intelligence. Hors de l'intelligence, il n'y a rien pour l'intelligence. Nous ne demanderons plus désormais d'où vient l'objet; il n'est pas, la chose est prouvée. Il n'existe rien que le sujet, le moi, l'esprit et ses représentations. Ce que l'on peut demander encore; c'est d'où vient l'esprit, d'où vient le sujet, le moi limité, qui se sent et se sait limité? Cette question donne naissance à une nouvelle recherche philosophique très-sérieuse.

La science n'est donc pas achevée, mais le problème de la connaissance est épuisé. Toutes les solutions ont été tentées et l'on est arrivé à un résultat auquel l'esprit conséquent est contraint, bon gré, mal gré, de s'arrêter. La théorie de la connaissance, telle que la science l'a faite, est décidément idéaliste. Rien ne peut s'introduire du dehors dans l'âme. Toutes nos représentations, toutes nos idées, tout ce que renferme l'intelligence en un mot est produit par l'intelligence elle-même agissant selon ses lois.

Cette manière de voir est la seule compatible avec l'opinion que l'esprit est une force pure, immatérielle; elle est la seule qui s'accorde avec un examen attentif des faits. Il implique qu'une activité pure soit jamais passive au sens propre du mot. Dans la perception sensible elle-même, l'intelligence n'est point passive. Non-seulement son activité spontanée est nécessaire pour transformer la sensation en connaissance, mais la sensation elle-même résulte de cette activité. La sensation est un acte de l'âme et non pas un acte du monde extérieur sur l'âme, seulement nous nous sentons contraints à cet acte, tandis que dans d'autres circonstances nous agissons librement. Il est aisé de s'en convaincre si l'on réfléchit que les phénomènes de la sensation se reproduisent souvent identiquement dans l'absence des objets extérieurs auxquels nous les rapportons, par exemple dans les rêves. Un minimum d'attention est requis pour que la sensation se produise. Enfin, Messieurs, la physiologie elle-même constate cette spontanéité dans l'activité des sens. Disons-le donc hardiment, quelle que soit la force du préjugé contraire, le monde de nos représenlations est notre ouvage. L'esprit n'aperçoit jamais que ses représentations ; il ne sort jamais de lui-même.

Ces réflexions n'ont pas la portée dangereuse qu'on pourrait leur attribuer au premier coup d'œil. L'idéalisme en psychologie et l'idéalisme en métaphysique sont deux choses absolument différentes. De ce que nous n'apercevons que notre esprit et ses actes, il ne suit pas nécessairement que ce soit là l'unique réalité, ce qui est le système de l'idéalisme proprement dit, de l'idéalisme métaphysique. Cette conséquence est possible, mais non certaine. Ce qu'il est, en un sens, permis de dire, c'est que nous ignorons s'il existe autre chose que nous et si notre irrésistible instinct ne nous trompe point. Le scepticisme serait légitime ; au point de vue rigoureusement démonstratif ce serait même la seule conclusion légitime ; mais nous n'avons pas besoin ici d'une démontration rigoureuse, nous n'avons besoin d'aucune démonstration, la nature y a mis ordre.

Le sens commun nous dit que les choses sont hors de nous et que nous les voyons telles qu'elles sont ; il ne peut pas être question de le démentir : la tâche est de le comprendre et de le concilier avec la science, qui prétend que nos représentations sont le produit de notre activité. Il suffit à cette fin de traduire le sens commun en langage scientifique. Le sens commun est une affirmation sans preuve. Il nous dit que les résultats de notre activité intellectuelle régulièrement conduite correspondent à une réalité existant indépendamment de nous et l'expriment fidèlement. Il faut pour cela que les lois de l'intelligence soient aussi les lois de la réalité hors de nous ou de l'Univers. Cette opinion n'a rien de contraire à la théorie idéaliste de la perception ; elle ne s'applique pas à la connaissance du monde extérieur seulement, mais à toutes nos facultés et à leurs produits. Elle est sans preuve, et nous ne saurions quelle preuve en donner, car c'est la base de toute espèce de démonstration. La science commence donc par une affirmation sans preuve, c'est-à-dire, par un acte de volonté, ou par un acte de foi : la foi de l'esprit en lui-même, la ferme assurance qu'il existe une vérité et que nous sommes faits pour l'atteindre. La volonté, vous le voyez, est à la base de l'intelligence. Nous la trouvons au commencement de tout.

Mais la volonté ne saurait être contrainte. Si quelqu'un refuse de croire que ce qui paraît évident à lui-même et à tout le monde soit vrai, il est impossible de lui prouver qu'il se trompe. A quoi s'adresserait cette preuve, sinon à son intelligence, dont il doute ? Le scepticisme absolu est donc irréfutable. Heureusement, Messieurs, il est impossible, ce qui en diminue beaucoup le danger. On peut bien s'imaginer un moment qu'on est sceptique, on ne peut pas l'être sérieusement. J'ai dit que la foi à l'évidence est un acte de volonté; ajoutons que cette volonté appartient à notre essence : on n'est pas homme sans l'avoir.

Ce qui réprimerait bientôt nos velléités de scepticisme, ce qui rend pareillement l'idéalisme impossible, c'est la nécessité d'agir inhérente à notre nature. Du moment où nous devons agir, nous croyons à notre raison, nous croyons aussi à nos sens, à la réalité des rapports au milieu desquels nous nous trouvons, à la réalité du monde.

Nous n'avons donc point sujet de craindre la théorie

idéaliste de la connaissance. Elle a trait à la manière dont se produit en nous l'idée des objets et non point à ce qu'ils sont en eux-mêmes. Le bon sens affirme que les choses sont ; il est tout à fait incompétent pour décider comment nous arrivons à les connaître, et il n'y a jamais prétendu.

En revanche, cette théorie idéaliste nous rend un grand service, en faisant voir que toute espèce de certitude repose en dernière analyse sur l'évidence intérieure et sur la foi de l'homme en ses facultés. Il n'y a point de faculté privilégiée qui puisse se passer de cette adhésion. La perception sensible en a besoin plus qu'aucune autre ; tous les penseurs sérieux l'ont compris. La foi que nous accordons au témoignage des sens n'est ni moins arbitraire ni plus nécessaire que la foi au témoignage de la raison. Nos perceptions sensibles sont notre ouvrage, et c'est par un jugement de l'intelligence que nous les rapportons à des objets extérieurs dont nous affirmons l'existence. Croire au témoignage des sens, c'est donc croire au témoignage de l'intelligence. Aussi, Messieurs, si le scepticisme absolu est irréfutable, il n'en est pas de même du scepticisme partiel qui nie l'infini et n'admet de science que celle des choses matérielles. Celui-ci, la réflexion le renverse sans peine en le forçant d'être conséquent. A celui qui ne veut croire que ce qu'il voit, il est facile de prouver qu'il est encore beaucoup trop crédule, cela suffit.

Ainsi la réalité de l'être absolu est aussi certaine que la réalité du soleil qui nous éclaire. Je me trompe, Messieurs, elle est beaucoup plus certaine. J'affirme l'un et l'autre sur l'autorité de ma pensée, en vertu du même principe ; le second comme cause des phénomènes accidentels de chaleur et de lumière qui se produisent en moi, le premier comme cause nécessaire de toute existence. Je puis faire abstraction des objets de l'expérience sensible, je puis supposer qu'ils n'existent pas ; mais je ne puis pas supposer que l'absolu ne soit pas. Les êtres particuliers sont unis à ma raison par un lien accidentel, l'absolu par un lien nécessaire. Les preuves de l'existence de Dieu n'ont d'autre utilité que de mettre en relief, de rendre sensible cette nécessité ; car si elle n'existait pas, s'il fallait réellement prouver Dieu, nous n'y réussirions jamais.

Voici donc notre réponse à ceux qui mettent en doute l'existence d'un principe absolu : Douter de l'absolu, c'est douter de votre raison ; mais si vous doutez de votre raison dans ses applications les plus élevées, vous devez en douter également dans ses applications les plus ordinaires ; vous devez douter également de l'expérience, vous devez douter de tout ; faites-le si vous pouvez ; quant à nous, nous passons outre.

La question n'est pas de savoir s'il y a un principe absolu, mais ce qu'il est.

La philosophie regressive en cherche l'idée, la philosophie progressive applique cette idée à la solution des problèmes de la nature, de l'histoire et du cœur humain. Tous les systèmes ont une partie progressive plus ou moins développée, car il faut bien qu'ils essaient de rendre compte de l'expérience ; ils ne sont faits que pour cela. Mais il est clair que la tentative de résoudre les questions concrètes au moyen d'un principe faux, ne saurait réussir. La philosophie progressive est donc la contre-épreuve de la regressive, et les systèmes imparfaits dont l'histoire nous offre une longue série ne conservent de valeur que dans leur partie analytique. Ce sont les échelons par lesquels l'esprit humain s'élève lentement à la conception du principe universel ; il faut leur demander les éléments de cette pensée et non l'explication des phénomènes. Le livre du monde est déployé devant nous, mais les pages en sont couvertes de caractères mystérieux. Il faut attendre pour le lire que le chiffre soit trouvé.

Les esprits frivoles ne voient dans l'histoire de la philosophie qu'un informe chaos d'opinions contradictoires sur des choses que l'homme ne peut pas savoir. Une école de littérateurs indifférents y admire le retour périodique des mêmes contrastes, qu'elle essaie de fondre dans une nuance indécise. Lorsqu'on l'étudie avec un esprit convaincu, on y trouve un constant progrès.

Ce progrès, il nous importe, Messieurs, de le constater. Tout système de philosophie doit commencer par le commencement et ne relever que de lui-même. Cependant s'il y a une philosophie, c'est qu'il y a des lois générales. Le développement de la pensée humaine est soumis lui-même à des lois que la philosophie doit comprendre. Un système nouveau doit expliquer ceux qui l'ont précédé et se mettre lui-même en règle avec eux. Il doit savoir quelle place il occupe, quel besoin de l'esprit il prétend satisfaire, et quelle est la source de ce besoin. Il doit présenter, sinon ses lettres de noblesse, du moins son acte d'origine régulier. Pour se faire accueillir, il doit prouver qu'il fait faire un pas à la pensée générale de son siècle, qu'il résout la difficulté devant laquelle ses devanciers se sont arrêtés, qu'il donne la réponse à la question demeurée suspendue. A cet effet, il importe d'établir d'abord où l'on en est.

Nous consacrerons quelques séances à relever les comptes de la philosophie, dont les systèmes principaux vous sont familiers. Nous ne les exposerons point, mais nous nous efforcerons de saisir dans son intimité la pensée qui les a produits. Nous en grouperons les traits principaux, afin de voir comment l'idée de l'absolu s'est lentement élaborée durant le cours des âges, et comment nous sommes conduits par le courant de la pensée spéculative à concevoir aujourd'hui l'absolue liberté.

Les limites étroites dans lesquelles nous sommes obligés de nous renfermer rendent cette étude difficile. Je n'invite à m'y suivre que ceux d'entre vous qui s'y trouvent préparés; elle n'est pas rigoureusement indispensable à l'intelligence de mon point de vue. Si je l'essaie, c'est moins pour faire entendre mes idées que pour en établir en quelque sorte la légitimité. Je sens le besoin, Messieurs, de faire voir qu'elles n'ont rien d'arbitraire et que l'histoire de la science nous amène à poser le problème de la même façon que nous l'avons déjà fait en réfléchissant à sa nature éternelle.

RECHERCHE DU PRINCIPE ABSOLU.

QUATRIÈME LEÇON.

Fonction de la philosophie dans l'humanité. Son rapport avec la religion. Philosophie ancienne. Philosophie moderne, double courant dans celle-ci. Coup d'œil sur la philosophie grecque. Ioniens, Pythagoriciens, Eléates : ces derniers posent le problème : l'absolu; reste à le comprendre. Sophistes, premier scepticisme. Socrate le surmonte par un appel à la conscience morale. — Platon résume la philosophie antérieure. Lacune au sommet. Il arrive à l'unité de Parménide et repart du Dieu de Socrate. — Par son principe : l'acte pur ou la pure pensée, Aristote explique l'ordre du monde, mais non son origine. Il ne s'élève pas au-dessus du dualisme. — Les Néoplatoniciens combinent Platon et Aristote. Ils expliquent l'origine du monde par l'émanatisme qui a l'idéalisme à sa base, mais qui renferme une contradiction. Importance universelle du néoplatonisme. — Philosophie chrétienne. Les Pères de l'Eglise formulent le dogme à l'aide de la philosophie ancienne. La scolastique l'accepte et le démontre. Oppositions dans la scolastique. La scolastique pure pose la distinction entre les vérités démontrables et les vérités indémontrables, et par là ouvre la porte au rationalisme. Preuves de l'existence de Dieu.

Messieurs,

Si nous croyons saisir une loi progressive dans l'histoire de la pensée humaine, nous n'entendons pas ce progrès comme le panthéisme idéaliste, pour lequel la philosophie est la réalisation de l'esprit absolu. L'intelligence n'est à nos yeux que la réflexion de la volonté sur elle-même. Cette réflexion suppose un premier exercice, un premier déploiement, une première détermination de la volonté qui donne à l'être tout entier son caractère et fixe la nature de l'intelligence.

Puis la volonté humaine n'est pas son propre principe, elle n'est pas le principe de l'être, elle se déploie dans des conditions qu'elle n'a pas produites et dont il ne dépend pas d'elle de s'affranchir. De là résulte pour l'intelligence une limitation nouvelle, dont elle ne saurait se rendre compte aussi longtemps qu'elle y est soumise, mais qu'elle peut reconnaître plus tard, lorsque les circonstances ont changé. La philosophie est un effort de l'esprit humain pour se comprendre lui-même; il ne peut se comprendre que tel qu'il est. La philosophie d'une époque répond à la condition générale de l'humanité durant cette époque; elle répond à ce qui fait la réalité de la vie, c'est-à-dire au rapport qui nous unit au principe de toutes choses et qui se traduit d'abord par la religion.

La doctrine de la nécessité plane sur les religions antiques, parce que l'Humanité s'est asservie à un joug fatal; aussi ne voyons-nous pas que la philosophie ancienne se soit réellement élevée au-dessus de l'idée de la nécessité. La liberté de Dieu y apparaît un instant, mais on ne sait d'où elle vient, elle n'est point justifiée et contredit tout le reste.

La condition de la philosophie chrétienne est différente. Le rapport essentiel entre l'homme et Dieu, la substance même de l'humanité est changée par les faits qui ont constitué le christianisme ; l'homme est rendu à la liberté ; aussi peut-il s'élever désormais à la conception de la liberté. Mais ce changement, universel en quelque sens, ne s'accomplit pourtant que chez ceux qui le veulent. Par l'effet du christianisme, il se forme pour ainsi dire deux humanités ; dès lors aussi deux sciences, deux philosophies, dont les courants se pressent dans le même lit sans confondre leurs flots. Distinctes, et cependant entrelacées, indispensables l'une à l'autre, l'une est la philosophie chrétienne, l'autre reproduit et continue la philosophie ancienne, qu'elle oppose au principe nouveau dans un esprit d'hostilité toujours plus prononcée, tout en le servant par cette opposition même. Nous distinguons ces deux philosophies, nous ne pouvons pas les séparer.

Le but de ces études nous conduit, Messieurs, à nous attacher essentiellement à la philosophie moderne, à partir du moment où elle s'est constituée comme science indépendante. Nous rappellerons en quelques mots les périodes antérieures, pour faciliter par ce rapprochement l'intelligence de la dernière. Laissant de côté les doctrines orientales, dont l'influence sur l'esprit moderne est réelle sans doute, mais difficile à nettement apprécier, jetons d'abord un coup d'œil sur la Grèce.

L'école d'Ionie ne conçut pas le problème de la science dans toute sa généralité. Elle cherche le principe du monde physique, et croit le trouver d'abord dans quelque chose d'analogue aux phénomènes dont elle doit rendre compte. Elle explique l'ensemble des faits sensibles par un fait du même ordre. Ses principes sont des substances ou des forces physiques : l'eau, l'air, le feu, l'attraction, la répulsion.

Les Pythagoriciens cherchent aussi la cause des phénomènes, non plus du monde physique seulement, mais aussi du monde moral. Leur pensée est assez mûre pour comprendre que les vrais principes des phénomènes ne peuvent pas appartenir eux-mêmes à l'ordre phénoménal ; aussi ne les cherchent-ils point parmi les choses corporelles ou dans les affections morales, mais dans le pur élément de la forme et de la pensée, qui semble appartenir également à toutes les sphères de la réalité. Ce ne sont plus l'air et le feu, l'amour et la haine, c'est l'impair et le pair : la monade, principe de l'unité, de la concentration, de la forme et de la pensée; la dyade, principe de la pluralité, de l'expansion et de la matière.

L'école d'Elée eut la gloire de placer la philosophie dans son centre, en lui assignant pour tâche le développement de l'idée de l'infini. L'infini existe : ce mot est le drapeau des Eléates ; c'est aussi, Messieurs, à peu près tout leur système.

La philosophie des Eléates a pour objet le déploiement d'une seule idée. Cette idée, ils ne la saisissent pas, puisque l'infini, tel qu'ils le comprennent, est incompatible avec l'existence du monde; lorsqu'il s'agit d'expliquer le monde, Parménide est obligé de recourir à d'autres principes.

Le sensualisme ionien, en laissant la vérité sans critère certain, la spéculation d'Elée, en niant les phénomènes, favorisèrent le développement d'un scepticisme dont les conséquences immorales blessèrent le noble cœur de Socrate. Socrate affirme qu'il y a une vérité, parce qu'il y a une vertu. Il l'affirme et il le prouve ! Se fondant sur les besoins les plus élevés de l'âme, il parle à ses amis de l'immortalité, d'un Dieu personnel et libre, sans résoudre les difficultés que ces grandes idées offrent à la raison.

Animé de la foi de Socrate, cherchant à réaliser son programme en l'élargissant, Platon s'élève, mais lentement et comme en frémissant, sur le chemin frayé par les Pythagoriciens, vers l'Unité de Parménide. Le caractère de sa philosophie se révèle dans la plus haute de ses idées : celle du Bien supérieur à toute intelligence, supérieur à l'être. Platon a d'excellentes raisons pour mettre le développement complet de cette métaphysique dans la bouche de Parménide. Le Dieu de Parménide est bien celui auquel conduit régulièrement la dialectique platonicienne. Cette idée apparaît distinctement dans plusieurs dialogues et dans les plus importants. De cette cime escarpée et déserte, il est impossible de redescendre aux choses particulières. Aussi Platon commence-t-il à redescendre en partant d'un point moins élevé. Quand il veut expliquer la réalité, il ne la déduit pas du principe premier, mais plutôt des intermédiaires qu'il a découverts en s'élevant des faits au principe. Dans ces intermédiaires, qu'il appelle les *Idées*, il voit les puissances réelles du monde intelligible et, jusqu'à un certain point, de notre monde, quoiqu'on ne s'explique pas bien en quoi consiste cette participation des choses terrestres aux Idées qui fait des choses ce qu'elles sont et joue un si grand rôle dans l'économie du système platonicien.

Les Idées essentielles sont le principe de l'identité ou de la réalité générale, et le principe de la différence ou de la privation : le *même* et l'*autre;* on trouve en elles une ressemblance un peu équivoque, indécise en tout cas, avec la monade et la dyade pythagoriciennes, auxquelles Platon recourt ailleurs. Celles-ci, nommées également l'illimité et le limité, lui fournissent les explications les plus profondes des phénomènes. Enfin, Messieurs, dans le célèbre dialogue où Platon se propose expressément de dire comment toutes choses procèdent du premier principe, il ne place point au commencement l'Unité de Parménide, mais un Dieu que sa dialectique ne lui a pas fourni, un Dieu que sa dialectique ne lui permettrait pas de considérer comme le principe premier, un Dieu qui réfléchit et qui délibère, un Dieu qui agit et qui se meut, le Dieu de Socrate, un $\delta\eta\mu\iota\upsilon\rho\gamma\acute{o}\varsigma$, excellent ordonnateur d'une matière préexistante. Platon retombe donc, comme son maître Parménide, dans un dualisme que ses maîtres pythagoriciens n'avaient pas surmonté non plus, malgré leur sincère effort. Platon n'explique pas, comme l'ont essayé les néoplatoniciens, ses très-libres interprètes, le rapport entre ce démiurge et l'unité absolue; non : il substitue purement et simplement le démiurge à l'ineffable unité. Il y a donc une lacune, une grande lacune, Messieurs, entre la métaphysique platonicienne et le récit de la création contenu dans le *Timée*. Ce récit exprime peut-être, dans ses grands traits du moins, les convictions personnelles de Platon, mais il ne fait pas corps avec sa philosophie. Il faut en convenir, bien qu'il en coûte, Platon n'a pas pu s'avancer jusqu'à la philosophie progressive ; — pourquoi ? parce que son travail regressif était insuffisant. Il voulait arriver à Dieu, il le cherchait, il ne l'a pas trouvé, du moins sur le chemin de la pensée.

Les deux moitiés de la doctrine platonicienne ne contrastent pas moins par la forme que par le fond. La forme de la première est la pure analyse des notions universelles, la dialectique la plus abstraite et la plus sévère. La forme de la seconde est le mythe ; c'était la seule possible.

Cette différence fait vivement ressortir chez Platon l'opposition des deux disciplines, la recherche du principe et l'explication des faits.

Chez Aristote, au contraire, cette distinction tend à s'effacer. Aristote commence par analyser les conditions d'existence d'un être particulier et s'élève graduellement à la conception de l'être parfait, qui possède en lui-même toutes les conditions de l'existence. Cet être, il le conçoit comme la forme pure et sans matière, comme l'activité pure ou 'acte pur. C'est une pensée qui n'a d'autre substance et d'autre objet qu'elle-même. La pensée qui se contemple elle-même : tel est le Dieu d'Aristote. Mais les êtres particuliers, pour qui le prince des naturalistes n'a point les dédains de l'école italique, comment naissent-ils de cette pure conscience de soi? voilà ce qu'Aristote ne se met pas même en devoir d'expliquer. Il essaie bien de faire comprendre les rapports que les êtres particuliers, une fois posés dans leur hiérarchie, soutiennent avec l'intelligence absolue. Il nous montre en Dieu le parfait régulateur de l'univers. Le Dieu d'Aristote gouverne le monde sans le connaître, sans y toucher, parce qu'il est l'entier accomplissement de l'être ; ainsi tout être imparfait, tendant à sa réalisation la plus complète, aspire naturellement à lui. Les choses étant données, la philosophie d'Aristote explique leur conservation et leur harmonie. L'ordre de l'univers est le même que celui de sa philosophie, tout converge vers le principe dans l'univers comme dans ses livres. Mais le problème des origines reste dans l'ombre, et si nous cherchons à écarter le voile qui le couvre, c'est encore le dualisme que nous apercevons derrière. Aristote pensait trouver sans doute la raison d'être du monde dans l'opposition primitive de l'être parfait et de l'être en puissance; mais on ne voit point comment l'être en puissance, le sujet des développements, la matière, pourraient procéder de l'être parfait. Le Dieu d'Aristote ne fait pas comprendre l'existence du fini. Le péripatétisme ne donne aucune réponse à la première question que se pose l'esprit lorsqu'il se met en quête d'un système : quel est le principe de l'être? Dans ce sens, le péripatétisme n'est pas un système, et c'est peut-être pour cela qu'il a pu subsister si longtemps en bonne harmonie avec la théologie chrétienne. Comme la question de la création n'est pas touchée dans Aristote, on fut longtemps sans paraître s'apercevoir que le Dieu d'Aristote n'est pas un Dieu créateur.

Cependant la science marche. L'idée de l'être inconditionnel se détermine peu à peu, les pertes apparentes qu'elle subit sont compensées par des progrès supérieurs. Dieu n'est plus, comme chez Platon, le foyer des oppositions, la source des idées; il a rompu tout lien avec la pluralité; en revanche, il a acquis la conscience de soi-même, qui est ici clairement comprise et formellement enseignée. Tout en conservant avec soin cette précieuse conquête, Plotin lui rendra sa fécondité et complétera la notion de l'intelligence.

Le néoplatonisme, auquel nous passons, Messieurs, sans nous arrêter aux systèmes d'Epicure et de Zénon, qui n'ont pas de métaphysique originale, le néoplatonisme, lui, pose franchement la question de l'origine des choses. Il la résout par l'émanation. Les puissances inférieures et les choses particulières découlent du principe suprême par émanation, c'est-à-dire par l'effet d'une production nécessaire, éternelle. Il appartient à l'essence de l'être réel de produire son semblable ; sa vie se passe à produire son semblable, ou plutôt la réalité de son être consiste en cela, car l'être c'est l'activité ; être c'est agir, c'est produire. L'être premier produit donc un être semblable à lui. J'ai dit semblable et non identique. Ils sont profondément distingués par cela seul que le second a une cause, tandis qu'il n'y a rien avant le premier. Il ne peut y avoir qu'un seul terme absolument parfait, le second déjà ne l'est plus ; or, comme être c'est produire, la production du second est moins parfaite, il se réalise moins complétement dans son image, en sorte que le troisième terme diffère plus du second que le second ne diffère du premier ; la distance qui sépare les échelons grandit toujours. Ainsi de l'unité absolument simple, incompréhensible, procède un principe moins pur, où nous trouvons déjà la dualité du sujet et de l'objet, du savoir et de l'être, sans laquelle il n'y a pas d'intelligence possible. De l'intelligence absolue naît à son tour le principe du mouvement, de la vie et de la volonté, c'est l'âme divine, le créateur. De l'âme universelle vient enfin le monde, c'est-à-dire la hiérarchie des esprits du monde, jusqu'à ce qu'on arrive à un principe trop imparfait, trop dépouillé pour pouvoir produire encore une image de lui-même. Cet être inerte et privé de l'être, c'est la matière.

Si l'on demandait aux néoplatoniciens par quelle voie ils obtiennent leur unité absolue et leur principe d'émanation, ils répondraient que c'est un mystère, un miracle, un suprême élan de l'âme contemplative qui s'élève à l'enthousiasme par la prière et s'unit immédiatement à Dieu dans l'extase. Nous ne les contredirons point, mais nous rappellerons avec l'excellent historien de l'école d'Alexandrie, M. Jules Simon, que l'unité absolue de Plotin, le simple, le Dieu supérieur à l'être, n'est autre chose que l'Être des Eléates et le Bien de la dialectique platonicienne, tandis que le second degré, la seconde hypostase de la divinité, l'intelligence, reproduit le Dieu d'Aristote enrichi par la doctrine platonicienne du monde idéal. Enfin, dans l'âme universelle, nous retrouvons le Dieu des mythes, le Dieu du Timée. Le principe du mouvement progressif, l'idée d'émanation ou de production nécessaire, se trouve également en germe dans la philosophie antérieure, qui avait aperçu et proclamé que l'activité est l'essence de l'être.

Le néoplatonisme a donc mis à profit toutes les conceptions précédentes, qu'il s'est efforcé de concilier. Il l'a fait avec une extrême grandeur. Résumant l'Orient et la Grèce, la pensée antique tout entière, il pèse d'un poids immense sur la philosophie moderne. Traduit par l'arianisme en langage chrétien, il a failli bouleverser le dogme; puis, s'infiltrant par de secrets canaux dans la pensée de saint Augustin, dont il forme la logique et la méthode, il circule comme une sève amère dans toute la théologie scientifique du moyen âge, dont la nôtre n'est qu'un débris. Il a brillé d'un nouvel éclat aux temps féconds de la Renaissance; il vit encore dans la philosophie contemporaine et jusque chez ceux qui s'en doutent le moins. La superstition néoplatonicienne de Leibnitz, de Hegel et de leurs disciples est l'un des principaux obstacles à l'avénement de la philosophie que nous cherchons, bien qu'à certains égards le néoplatonisme l'ait peut-être servie.

Permettez-moi de concentrer mes objections essentielles contre lui en un mot, que je livre à vos réflexions :

Une étude attentive de l'idée d'émanation fait voir qu'elle conduit à l'idéalisme, qu'il faut bien distinguer du spiritualisme véritable. Si toute activité est idéale, les produits ne peuvent être que des images, savoir : des images du principe actif. Les êtres dérivés seraient des ombres, des ombres d'ombres, et ainsi de suite. Toute création serait nécessaire, et l'activité créatrice se confondrait avec celle de la conscience. Mais le principe de l'idéalisme est gratuit. Nous pouvons admettre, comme nous le faisons, qu'être soit agir, qu'agir soit produire, sans arriver encore à l'image. L'acte constitutif de l'être n'est pas la production d'une image, c'est la production de soi-même. Puis, même en accordant que l'être n'existe qu'en créant incessamment un produit distinct de lui-même, nous n'arrivons point encore à la hiérarchie des émanations. L'explication néoplatonicienne du monde repose sur l'axiome que l'image est inférieure à son modèle, l'œuvre à l'ouvrier. Eh bien, cette proposition subrepticement introduite est une manifeste contradiction. S'il est vrai qu'être signifie : produire son image, la perfection de l'être réside dans la production parfaite ; l'image de l'être parfait est une parfaite image, c'est-à-dire, une image égale au modèle, ce qui nous conduit non point à la série décroissante des émanations de Plotin, mais à la trinité d'Athanase. L'élément vrai peut-être, de la pensée émanationiste ne contient pas l'explication des choses finies; il laisse subsister tout entier le problème de la création ; il n'efface pas le caractère accidentel du monde; il n'exclut pas la solution chrétienne, la liberté, que les Grecs ont entrevue sans pouvoir la saisir.

La philosophie ancienne n'a surmonté ni la fatalité ni le dualisme. Elle s'éteint, laissant la tâche inachevée. Tout est à recommencer, mais rien ne sera perdu.

L'Eglise chrétienne dans le monde ancien travaille à l'élaboration du dogme. La philosophie proprement dite se trouve dans les hérésies, et cette philosophie, c'est tout naturellement la philosophie des Grecs, la philosophie païenne. Il n'en reste que trop dans la pensée des Pères les plus orthodoxes. Cependant l'idée chrétienne se formule en même temps que la chrétienté prend racine. Cette idée, les auteurs chrétiens ne l'inventent pas, ils la trouvent en germe dans leur foi et se bornent à l'énoncer. La pensée chrétienne est très profonde ; elle n'est pas libre. Elle forme un système, non une science.

Quand l'humanité chrétienne fut constituée par la formation de nouveaux peuples, de langues et de lois nouvelles, l'opposition de la forme et du contenu, du dogme et de l'intelligence, se rétablit. Il ne s'agit pas de déterminer le dogme, il est arrêté, il est debout; il s'agit de le justifier aux yeux de la pensée, de le démontrer. Le dogme et la raison sont en présence l'un de l'autre, il faut les concilier.

C'est l'œuvre de la philosophie du moyen âge, de la scolastique, dont l'apparente uniformité recouvre de profondes oppositions. La plus générale s'établit d'assez bonne heure entre la scolastique pure, source commune du rationalisme et de l'orthodoxie, et la philosophie mystique, plus intimement chrétienne que sa rivale et plus indépendante par l'effet de cette intimité. L'une et l'autre reconnaissent l'autorité et la valeur absolue de la Révélation. Saint Anselme est à quelques égards leur auteur commun.

La scolastique proprement dite trouve dans saint Thomas d'Aquin son expression la plus pure et la plus parfaite. Son rival, Scot, « le docteur subtil, » la pousse au delà de ses propres limites et la conduit au mysticisme d'un côté, de l'autre à la libre spéculation. Le caractère particulier de la scolastique pure nous paraît marqué par la distinction, devenue si populaire, entre les vérités chrétiennes démontrables par la raison, et les vérités qui la passent. Cette distinction peu solide favorisait l'autorité de l'Eglise, dans l'intérêt de laquelle on l'imagina peut-être. Aussi longtemps que la divinité du christianisme était placée au-dessus du doute, il importait de soustraire à l'examen de la raison individuelle les vérités nécessaires au salut. Plus tard la raison s'étant graduellement émancipée, cette division fut conservée dans un esprit bien différent. Les principes que l'on croyait pouvoir prouver furent seuls maintenus sous le nom de religion naturelle; le reste fut éconduit, d'abord avec des révérences, puis autrement. La scolastique fit ainsi une œuvre à laquelle ses fondateurs ne songeaient point.

De toute cette métaphysique religieuse, rien n'est resté

plus populaire que les preuves de l'existence de Dieu, groupées depuis longtemps sous trois chefs : la preuve ontologique ou *a priori*, — la preuve cosmologique, tirée de l'existence du monde en général,—la preuve expérimentale, tirée de la considération des merveilles de la création.

Anselme a trouvé la première chez saint Augustin. Descartes se l'est appropriée, saint Thomas ne l'adopte pas. On peut la résumer ainsi : Nous avons l'idée d'un être parfait ; mais la perfection de l'être implique son existence réelle, l'idée d'un être parfait existant serait plus parfaite que celle d'un être parfait, abstraction faite de son existence ; donc l'être parfait dont nous avons l'idée, existe. Un contemporain de saint Anselme objectait déjà, comme Kant, que la conclusion est exorbitante. La conclusion légitime serait seulement : Nous avons l'idée d'un être parfait qui existe. S'il est vrai que l'existence réelle soit une perfection de l'idée, ce que je ne veux pas examiner, il en résulterait que l'existence de l'être parfait est nécessaire, s'il existe, ou que nous avons l'idée d'un être existant ; mais parce que nous trouvons en nous l'idée d'un être existant, la réalité de cette existence n'est pas encore établie. Cependant, comme Hegel le fait observer, l'argument ontologique n'est pourtant pas sans quelque valeur. Il ne prouve pas, mais il en appelle à une certitude immédiate. De ce que nous pensons nécessairement une chose, il ne résulte pas logiquement que cette chose soit : cela est vrai ; mais il n'est pas moins vrai de dire que toute certitude aboutit en dernier ressort à cette nécessité de penser les choses. La vérité de la logique elle-même n'a pas d'autre garantie, et ne se prouve pas logiquement. La question sérieuse serait de savoir si nous possédons réellement *a priori* l'idée déterminée d'un être parfait. A cette question nous sommes obligés de répondre : Non. Si l'idée de l'être parfait était immédiatement déterminée dans notre esprit, les religions et les philosophies ne la développeraient pas dans les directions les plus opposées.

La preuve *a priori* nous laisse en face de l'idée abstraite d'un être inconditionnel, d'un être existant de lui-même, quel qu'il soit, car c'est là ce que la pensée affirme immédiatement. Par ce résultat elle se rapproche beaucoup du second argument que voici : Le fait de l'existence contingente implique un être nécessaire. Tous les êtres ne peuvent pas avoir leur cause hors d'eux-mêmes; il y en a nécessairement un qui est sa propre cause. Le raisonnement est solide, mais il nous apprend peu de chose sur la nature de l'être premier, il ne résout point les difficultés entre le panthéisme et la religion.

Enfin, l'harmonie, la beauté de l'univers fournissent un texte à des considérations très-vulgaires ou très-spéculatives, selon le tour des esprits; elles nous conduisent à l'idée d'une sagesse excellente, mais non pas à celle d'un être infini; car le monde susceptible d'être connu par l'expérience est nécessairement fini. Il n'est donc pas besoin pour l'expliquer de supposer une cause infinie; mais, en logique, ce qui n'est pas indispensable n'est pas légitime non plus.

Les preuves que nous rappelons supposent l'idée de Dieu déjà présente, elles ne la produisent pas; elles ne suffiraient pas à elles seules pour nous faire connaître le Dieu des chrétiens.

Ceci s'applique à la religion soi-disant naturelle du dernier siècle plutôt qu'aux grands et sérieux travaux des docteurs du moyen âge. La nature divine fait l'objet essentiel de leurs réflexions. Ces études atteignirent un degré remarquable d'élévation et de profondeur chez ceux-là même qui avaient circonscrit la mission de la science dans des limites plus étroites.

Une grande idée domine la théologie de saint Thomas, c'est l'idée de saint Augustin, la nécessité de la perfection. Thomas la présente avec beaucoup de sagesse et de précautions, mais les distinctions et les réserves dont il l'entoure n'ont pas empêché le principe de porter ses fruits. Ceux-ci apparaissent assez distinctement dans la *Théodicée* de Leibnitz, ouvrage de scolastique ingénieuse que nous pouvons bien rappeler ici, puisque saint Thomas en a fourni la substance. D'après saint Thomas, Dieu, pure et parfaite activité, se produit lui-même par une volonté nécessaire, qui peut être connue *a priori* parce qu'elle résulte de son idée même; cette nécessité est absolue. La perfection de la volonté dont Dieu se veut lui-même, est la cause de la création, car Dieu se veut tel qu'il est, comme l'être parfait, comme la bonté suprême: la suprême bonté consiste à se communiquer. Dieu veut donc se communiquer, parce qu'il veut être. Ainsi la création est nécessaire, mais d'une nécessité dérivée, tandis que l'existence de Dieu est d'une nécessité absolue, bien qu'elle résulte de sa volonté comme la création.

Le point décisif étant tranché, le reste va de soi-même. La bonté de Dieu n'est autre chose que sa réalité, car en Dieu tous les attributs se confondent, ou plutôt il n'y a point d'attributs. Se communiquer, c'est répandre son être, c'est produire un être identique au sien. Mais l'être créé ne saurait être vraiment identique à Dieu, il ne peut que lui ressembler. Ce qui ressemble le plus à la parfaite unité, c'est la complète totalité, l'ensemble harmonieux de tous les degrés de l'être. Le monde accompli que Dieu crée et qu'il doit créer en vertu de sa bonté, unit donc tous les degrés de l'être; mais l'être, c'est le bien, nous l'avons vu; le non-être ou la limitation de l'être est donc le mal, et le mal appartient à l'essence de la création, le mal est impliqué dans l'idée même d'une création. Chaque être particulier est nécessairement mauvais pour autant qu'il est limité, et dans ce sens le mal, tous les degrés du mal, remontent à la causalité divine. Mais la pluralité des degrés de l'être est nécessaire à la perfection du tout. Ce que Dieu veut, c'est cette perfection. Dieu ne veut donc le mal qu'en vue du bien. Au point de vue de l'ensemble le mal est sans réalité, et comme chaque être particulier appartient à cet ensemble, il est par là-même affranchi du mal, de sorte que la bonté de Dieu se manifeste en lui pure et parfaite.

La hiérarchie de l'être part des corps et s'élève aux esprits. Sans la suivre jusqu'aux célestes puissances dont le «docteur angélique» a décrit l'armée avec un soin minutieux, arrêtons-nous un instant au degré qui nous intéresse le plus : L'âme humaine forme le lien entre le monde corporel et celui des esprits purs. Elle est aussi bien l'être naturel le plus parfait que l'esprit le moins élevé. Le but de sa volonté est déterminé par son essence : c'est la félicité, la parfaite réalité, la possession de Dieu; mais ce but n'est pas clairement aperçu. L'intelligence imparfaite nous présente plusieurs moyens apparents de l'atteindre, c'est-à-dire plusieurs buts prochains entre lesquels il faut choisir. Telle est l'origine, telle est la place de la liberté. La question du mal moral est résolue par ces principes. Les développements étendus qu'elle reçoit servent plutôt à voiler la solution qu'à l'éclaircir. Le mal moral résulte d'une erreur de l'intelligence; celle-ci est la suite de son imperfection primitive, de son défaut d'être, nécessaire à la réalisation de tous les degrés du possible, c'est-à-dire à la réalisation du monde parfait, à la manifestation de la bonté divine. Il faut croire que telle est la pensée chrétienne, puisque saint Augustin et Calvin sont ici d'accord avec le prince de l'École. Il faut croire que ce fondateur de la théologie orthodoxe enseigne la vérité philosophique, puisque Leibnitz le copie. Mais derrière Leibnitz je vois Spinosa, derrière Augustin je vois Plotin, et je doute. Je sais bien que si je crois en Dieu, il faudra finir par un optimisme, mais cet optimisme-ci ne satisfait pas aux besoins de ma conscience, j'en cherche un autre, qui peut-être est déjà trouvé depuis bien des siècles.

Le rival de saint Thomas au moyen âge, Jean Duns Scot, nous semble effectivement avoir posé dans la forme la plus simple et la plus précise, le principe de la philosophie à laquelle nous aspirons. Si la doctrine de Thomas peut se résumer dans cette formule : Dieu est l'être, l'esprit de celle de Scot s'exprimerait mieux en disant : L'être est Dieu [1]. Il y a une grande différence entre ces deux idées,

[1] « Conceptus deitatis in se perfectior est conceptu infinitatis, quod Deus concipi nequeat sine infinitate, bene vero infinitas sine deitate. » Scot.

qui conduisent à deux méthodes contraires. Saint Thomas et sa grande école s'efforcent de ramener à l'apparente simplicité de l'abstraction les rapports concrets du dogme et de la morale. Scot, au contraire, s'efforce de compléter, d'enrichir, d'élever et de transformer l'idée abstraite qui lui sert de point de départ : vivante spéculation, dont la pesanteur des formes scolastiques cache à demi les hardis mouvements. Ce qu'il cherche à comprendre, c'est ce qui, dans l'être infini, fait le caractère divin. Sa preuve de l'existence de Dieu est une vaste synthèse par laquelle il unit et combine en une seule idée tout ce que l'expérience et la raison nous font entrevoir sur la nature de l'absolu. Il prouve d'abord trois thèses différentes, puis il les ramène à une seule conception, enfin il démontre que cette idée totale ne convient qu'à un seul être. Il y a une première cause, un bien suprême, un être souverainement parfait; mais chacune de ces primautés (*primitates*) implique les autres. La cause première ne peut être que Dieu dans la totalité de ses attributs divers; telle est la thèse fondamentale, et toute l'argumentation de Duns Scot a pour but de développer l'idée de l'absolu en la tirant de la notion de cause. Après avoir établi sur la nécessité de la cause première la nécessité de l'existence de Dieu dans la triplicité de ses caractères essentiels d'être absolu, de cause absolue et de but absolu, caractères dont l'un comprend nécessairement les autres et qui, par cette pénétration réciproque, forment une parfaite unité; nous le voyons tirer de cette conception fondamentale les attributs ultérieurs de la Divinité. L'intelligence est impliquée dans l'idée de but, la volonté dans celle d'une cause dont aucune nécessité naturelle ne saurait déterminer l'action. La parfaite simplicité de l'être divin, l'infinité de sa puissance découlent de l'idée principale avec non moins de facilité. Du reste, tous ces attributs, abstractions de la pensée qui réfléchit sur la nature des êtres finis, reçoivent une valeur transcendante lorsqu'on les applique à Dieu. Scot ne se borne pas à répéter cette assertion un peu vague; il la prend au sérieux et la féconde. C'est ainsi qu'il résout avec une netteté parfaite l'idée de la toute-présence divine dans celle de la volonté, en faisant observer qu'avant la création il n'est point nécessaire de se représenter Dieu comme remplissant l'espace, attendu qu'il n'est pas nécessaire de se représenter l'espace comme existant avant la création. Dieu crée l'espace sans que pour cela son essence ait subi d'altération; il n'est donc en rapport avec l'espace que selon sa volonté. Tout en lui se résout en volonté. Si le savant minorite n'a pas donné à cette proposition sa forme suprême, il en a du moins aperçu la portée infinie.

Comme il s'élève à Dieu en partant du monde fini par l'intermédiaire de l'idée de cause, de même il prouve la liberté de Dieu par la présence de la liberté dans le monde fini, qui est, dit-il, une vérité indémontrable, mais immédiatement certaine. Il y a dans le monde des causes libres d'agir ou de ne pas agir, il y a des faits qui peuvent se produire ou ne pas se produire. Il y a quelque chose de contingent, nous ne saurions le mettre en doute, et la question n'est pas là, la question est de savoir comment cette contingence peut être expliquée. Eh bien! dit Scot, et nous ne pensons pas que ce raisonnement ait jamais été réfuté: pour comprendre comment il y a une contingence dans le monde, il faut absolument reconnaître la contingence de l'acte créateur; car si la cause première agit nécessairement, elle imprime à la seconde une action nécessaire, et ainsi la nécessité, une fois établie dans le premier principe, s'étend jusqu'aux extrémités. Si le monde n'est pas tout entier le résultat d'un acte libre, il ne peut y avoir aucune liberté dans le monde [1].

Le monde est le produit d'une volonté absolue. Nous nous élevons à l'idée de cette volonté en affranchissant celle de la nôtre des limitations que découvre en elle une pensée attentive. Ainsi notre volonté peut se diriger vers des objets opposés les uns aux autres, mais elle ne le peut que successivement; cette restriction naît de la loi du temps à laquelle elle est soumise. La volonté absolue peut poser les contraires et les pose en effet par un acte identique et simultané. La sagesse de Dieu vient se résoudre, comme sa toute-présence, dans cette absolue volonté. Il est absurde de demander si Dieu aurait pu créer un monde meilleur qu'il ne l'a fait. Cette question suppose un idéal distinct de Dieu, tandis que Dieu est avant tout. Dire que Dieu veut le bien est une tautologie, puisque la volonté de Dieu est la définition non moins que la source du bien. Le bien, c'est ce que Dieu veut.

La création du monde est donc un acte absolu de liberté; elle n'est déterminée par aucune nécessité résultant ni de l'intelligence de Dieu ni de son essence. Le monde pourrait être ou ne pas être, et la seule raison que l'on puisse assigner à son existence, c'est que Dieu le veut. Les idées des

---

[1] *Opus oxonicnse*, lib. I, fol. 25, comp. fol. 130, ed. Venet. 1519.

choses possibles sont sans doute éternellement présentes à la pensée suprême, mais dans l'infinité des possibles Dieu réalise ceux qu'il veut et comme il le veut. Par un acte absolu Dieu pose l'univers avec la totalité des oppositions qu'il renferme; le temps et l'espace sont les formes dans lesquelles se réalisent les contraires.

Cependant une volonté libre implique un but; nous ne prétendons point que la création soit sans but, et nous marquons ce but, plus expressément encore que ne le fait Thomas dans l'idée de l'amour de Dieu pour l'être dont il conçoit l'existence possible; mais nous ne prétendons pas, comme Thomas, épuiser par cette notion d'amour ou de bonté la nature essentielle de Dieu; ce serait le sûr moyen de l'altérer et de la perdre. Si la création est libre parce que la créature est libre, l'amour, qui seul explique cette création, est lui-même un libre amour. C'est l'expression du fait, c'est la forme suprême que revêt l'absolue volonté, c'est le but que Dieu s'est proposé, la première intention, qui se manifeste à nous comme la fin suprême.

J'insiste avec quelque force sur ces idées, parce que je les adopte, Messieurs. Les occasions d'y revenir ne sauraient nous manquer. J'en ai dit assez aujourd'hui pour faire voir jusqu'où l'intelligence fécondée par le christianisme s'était avancée dans la recherche de son objet au siècle qui bâtit les cathédrales.

Jean Scot mourut à Cologne. Sa tombe ignorée repose au pied des murs, alors fondés à peine, que de fidèles mains s'efforcent aujourd'hui de réunir en voûtes harmonieuses; mélancoliques débris d'un âge immense, où la pierre et la pensée semblaient fleurir au souffle puissant de l'infini.

CINQUIÈME LEÇON.

Parallèle entre saint Thomas et Duns Scot. Thomas dogmatique, Scot critique, Thomas fondé sur les notions nécessaires de la raison, Scot sur la conscience du moi. Par ce côté, il se rapproche du mysticisme. — Le mysticisme se fondant sur un mode particulier d'expérience intérieure, se détache de la philosophie pour laquelle il est un sujet sérieux d'étude. Hugues et Richard de St.-Victor. Importance de leurs travaux pour la psychologie. — Déduction de la trinité divine d'Anselme, fondée sur la notion de l'intelligence absolue. — Déduction de la trinité divine de Richard de St.-Victor fondée sur l'idée que Dieu est amour, parce que l'amour est la perfection, et que l'accomplissement de l'amour parfait exige trois personnes parfaites. — A la base de cette théorie est l'absolue liberté. Elle établit positivement la contingence du monde ou la gratuité de la création. Reymond de Sabeyde fait de l'intérêt moral le critère suprême de la vérité théorique. Ce point de vue revient au fond à celui d'Anselme, la conscience morale de l'humanité moderne étant fille du christianisme. Cette identité de la conscience morale et du christianisme fait la légitimité scientifique d'une philosophie chrétienne. — La négation du dogme comme tel était une phase nécessaire de l'affranchissement de la pensée. — Démolition du moyen âge, restauration de l'antiquité. Philosophie de la renaissance. Giordano Bruno. — Cabale. Elle considère la création comme une restriction particielle de l'existence absolue. Elle pose l'unité de l'être créé. — Mysticisme du XVIme siècle. — Jaques Böhm. La manière intuitive dont il expose l'acte de la vie divine fait apercevoir la conciliation des idées d'Anselme et de Richard de St.-Victor sur la Trinité.

Il y a, Messieurs, quelque chose de fort instructif dans l'opposition si connue et si rarement approfondie de Thomas et de Scot. Ce sont deux chefs d'école, au vrai sens du mot, car ils représentent deux tendances, deux besoins impérissables de l'esprit humain. La lutte des scotistes et des thomistes recommença sous d'autres noms après que la scolastique fut tombée dans l'oubli. Elle n'est point encore vidée. Leibnitz et Spinosa, M. Cousin, Hegel à quelques égards, sont thomistes aussi bien que M. l'abbé Rosmini; Kant était du parti de Scot. Si nous avions besoin d'autorités pour justifier notre préférence, celle-ci nous tiendrait lieu de beaucoup d'autres.

La clef du système de Scot est l'idée de cause; celle du système de Thomas, l'idée d'être. Cela explique leurs divergences. La notion de cause conduit directement à celles d'activité et de volonté. L'esprit de la philosophie de Scot est de tout résoudre en volonté; il tend à montrer qu'il n'y a en Dieu que pure volonté, dès lors que l'être est volonté, et que les différents ordres de l'existence ne sont que les degrés du développement de la volonté, les déterminations qu'elle se donne elle-même.

Thomas d'Aquin incline au contraire à voir dans la volonté, partout où elle se présente, une conséquence de la nature de l'être qui veut; ainsi la volonté divine est déterminée par l'essence divine, et le monde, déterminé dans son être, résulte de Dieu par la nécessité de cette essence. L'enchaînement universel est immuable. Tout ce qui est doit être; rien ne saurait être autrement qu'il n'est. Le spinosisme est au bout de la pente, disons mieux, Messieurs, le spinosisme est là tout entier, et nous comprenons parfaitement que les écrivains sensés qui acceptent de telles prémisses tremblent devant le spinosisme. C'est la fatalité des rationalismes de toutes couleurs : Tout est nature, tout est ce qu'il est, il n'y a d'initiative nulle part, le mouvement n'est qu'un mensonge. La pensée et le monde sont pris dans les glaces.

Tout est au fond libre action, — tout est nécessité naturelle : voilà les deux pôles de la philosophie ; il faut tourner le gouvernail vers l'un ou vers l'autre, on ne peut ni s'arrêter en chemin, ni trouver une voie mitoyenne. Les conciliations tentées entre la liberté et la nécessité sont toutes partielles ; elles ne montrent que l'inquiétude d'un fatalisme qui n'ose pas s'avouer, et qui souvent n'ose pas se comprendre lui-même.

Les deux systèmes que nous comparons sont opposés l'un à l'autre dans la manière dont ils considèrent le problème de la science aussi bien que dans la solution que chacun d'eux en donne. La théologie de Scot envisage Dieu surtout comme cause ou comme Dieu, *non sub ratione infinitatis, sed Deitatis.* Elle prend donc son sujet par un angle, sous le point de vue de ses relations avec le monde et avec nous. Sans que cette distinction fût aussi tranchée qu'elle l'est devenue de nos jours, on pourrait presque dire que le système de Scot est subjectif, par opposition à la pleine objectivité du thomisme. Scot essaie de faire voir ce qu'est Dieu pour nous, comment il faut le comprendre pour s'expliquer son rôle vis-à-vis de nous. Dans son plan, la science porte sur les rapports plutôt que sur l'essence ; sous ce point de vue, sa spéculation est moins ambitieuse, plus modeste que le rationalisme de saint Thomas, qui, fièrement assis au centre, enseigne ce qu'est l'être absolu en lui-même. Il y a dans l'idée dominante de Scot le germe d'une philosophie critique. La théologie de saint Thomas est le dogmatisme par excellence. Et pourtant c'est celui qui promet le moins qui donne le plus. Thomas est plus raisonnable peut-être, mais il y a dans le docteur anglais une flamme sans laquelle, en de tels sujets, la raison n'est pas lumineuse. On sent dans sa pensée un suprême effort. Aussi l'idée de Dieu qu'il nous donne nous paraît-elle plus haute, plus voisine de l'absolu que celle de son rival. Assurément elle est plus concrète et plus intuitive.

La tendance de saint Thomas et de son école est d'expliquer les différences qualitatives par des variations dans la quantité, de ramener les notions plus riches et plus compliquées à des éléments simples, mais pauvres, de résoudre en un mot le concret dans l'abstrait. L'être, dont il fait sa catégorie fondamentale est l'être abstrait, pris dans le sens de la définition générale du mot être, ou plutôt dans le sens indéfinissable que ce mot reçoit lorsqu'on l'applique indifféremment à tous les objets de notre pensée.

Scot, au contraire, luttant contre les habitudes de son siècle, voudrait expliquer l'abstrait, qui n'est point réel, par le concret, qui seul existe. L'être qu'il connaît et qu'il élève au rang de principe universel n'est pas celui de la définition, mais celui de la conscience. La seule conscience, en effet, nous fait sentir et toucher l'être; et cet être que nous percevons dans la conscience, cet être dont nous avons l'intuition, qu'est-il, Messieurs, sinon la volonté? La substance du moi n'est et ne peut être que volonté. Il est difficile de s'expliquer comment l'on a pu tarder si longtemps à le dire, et contester cette idée après qu'elle eût été énoncée; car, à la bien prendre, c'est là une vérité d'expérience.

Le péripatétisme a produit cette fâcheuse habitude, si fortement enracinée chez saint Thomas, de considérer toujours l'esprit sous l'attribut de l'intelligence, au point de faire de l'intelligence l'essence même de l'esprit. C'est la source fort peu cachée de l'idéalisme, car il est clair que l'intelligence ne peut produire que des idées. C'est aussi la source du déterminisme et du fatalisme ; la nécessité est la loi de l'intelligence, comme Scot le fait très-judicieusement observer. Que si donc la volonté trouve primitivement sa règle dans l'intelligence, elle est par là-même assujettie à la nécessité. « La dernière raison des déterminations libres de la volonté est en elle-même, dit M. Royer-Collard, et s'il était possible qu'on la découvrît ailleurs, cette découverte serait celle de la fatalité universelle. » La métaphysique doit tenir compte d'un mot si vrai. Eh bien ! si la dernière raison des actes de la volonté est en elle-même, c'est que la volonté a sa racine en elle-même, c'est qu'elle est substantielle, et comme l'intelligence ne peut être une autre substance, il faut reconnaître en elle un caractère, un attribut, un phénomène de la volonté. L'intelligence est la réflexion de la volonté sur elle-même, elle est déterminée de sa nature, déterminée par la volonté dont elle procède.

Ces vérités indispensables à la métaphysique, nous les trouverions dans une psychologie bien faite. La supériorité de Scot tient à la fidélité de son observation psychologique. La manière dont il conçoit le principe de l'être se fonde sur l'intuition de l'âme humaine aussi bien que sur les intérêts de la pensée morale et religieuse qui ordonnent, ainsi qu'il le dit, « de sauver la contingence du monde. » Par ce côté et par d'autres encore, Duns Scot se rapproche des mystiques du moyen âge, que nous aurions dû mentionner avant lui, si l'ordre des idées ne nous eût semblé plus important que celui des dates. Le mysticisme des Bonaventure, des Suso, des Tauler, des Ruysbroeck, des Gerson, est en effet d'origine plus ancienne que les Sentences du Lombard dont Thomas et Scot sont les plus illustres commentateurs; il procède de l'école de Saint-Victor au XIIme siècle, et les moines de Saint-Victor, Hugues et Richard, n'ont laissé que peu de chose à faire à la longue lignée de leurs disciples, aujourd'hui non moins oubliés que les maîtres. Ils méritaient tous une meilleure mémoire.

Il y a sur le mysticisme en général des jugements tout faits dont l'équité de l'histoire et l'intérêt de la science sollicitent la révision.

Si la base du mysticisme était aussi chimérique qu'on aime à le répéter, on s'expliquerait difficilement l'attrait qu'il a exercé sur des intelligences fort élevées. Lorsque les principaux écrivains de cette famille décriée ont à se prononcer sur des sujets étrangers à leurs contemplations favorites, lorsqu'ils sont placés sur le terrain commun à tous les penseurs, ils s'y meuvent avec assez d'aisance; ils ne paraissent ni obscurs, ni confus, ni préoccupés, encore moins étroits ou faibles. Au moyen âge c'est eux qui écrivent de la manière la plus claire et la plus humaine. Ils sont généralement plus lisibles que les scolastiques proprement dits. Leurs bonnes intentions et leur sincérité ne peuvent être mises en doute. Enfin l'on doit remarquer l'accord des solutions qu'ils présentent sur les plus mystérieux problèmes, sans que cet accord puisse toujours être expliqué par la tradition. Il n'est donc pas déraisonnable, et peut-être même, à le bien prendre, est-ce le parti le plus sensé, de croire que, lorsqu'ils en appellent à des expériences intérieures qu'ils ont faites, ces expériences ne sont pas dépourvues de toute espèce de réalité. La saine critique réclame cette concession, insuffisante d'ailleurs, je m'empresse de le reconnaître, pour faire accepter de plein droit comme vérités scientifiques les résultats obtenus par une méthode qui, de l'aveu de ceux qui l'emploient, n'est pas à l'usage de tout le monde. Le mysticisme n'est pas une autorité, c'est un phénomène, mais c'est un phénomène curieux, important, qui demande à ce titre une sérieuse attention et qui attend encore une explication véritable. Si l'on peut avec quelque raison donner au philosophe la recommandation de ne s'étonner de rien, le conseil de ne rien dédaigner est un avis plus sage encore. Trop souvent le dédain n'est qu'une défaite. Eh bien ! Messieurs, à prendre les choses froidement, sans affectation, sans préjugé d'admiration ni de mépris, l'étude du mysticisme nous ferait voir en lui un agrandissement de la psychologie. Les principaux écrits du chef de l'école mystique du XIIme siècle, Hugues, prieur de Saint-Victor, et ceux de son disciple Richard, ont pour objet la méthode scientifique et l'étude des facultés humaines. L'un et l'autre apportent dans ces sujets une puissance d'observation et d'analyse qu'on n'a point assez remarquée. L'école française, jalouse des gloires nationales, devrait un souvenir à ces deux moines qui philosophaient sous les préaux d'un couvent de Paris.

Les docteurs de Saint-Victor décrivent les procédés habituels de la pensée et ils en signalent les imperfections avec une grande liberté d'esprit. Chacun des degrés du développement intellectuel est marqué par des traits si précis, on se reconnaît si bien dans les sphères inférieures, on voit si bien ce qui en fait l'infériorité, enfin les intermédiaires sont ménagés avec un art si soigneux, que la pensée du lecteur s'élève sans trop d'effort aux régions inconnues de la contemplation pure et parfaite. Les livres *de l'Ame* de Hugues forment un traité de psychologie complet et remarquablement judicieux. Le *Benjamin major et minor* de Richard rappelle à la fois le *Banquet* de Platon, la *Phénoménologie* de Hegel et la *Critique de la Raison pure*. Mais, Messieurs, la question logique ou formelle n'est pas celle qui nous occupe, et les digressions nous sont peu permises. Ce qu'il nous importe de noter chez les mystiques, c'est la manière dont ils ont conçu l'objet capital de la science : l'idée de Dieu.

La théologie chrétienne a concentré ce problème dans le dogme de la Trinité. Les premiers docteurs du moyen âge ont essayé de transformer ce dogme en pensée. Ils ne s'étaient pas encore avisés de faire un départ entre les vérités chrétiennes démontrables à la raison et les vérités accessibles à la foi seule, parce qu'ils ne reconnaissaient pas le principe de cette distinction. A leurs yeux la raison est impuissante sans la foi. Le commencement n'est pas, selon eux, la raison pure, la raison vide, abstraction artificielle dont on n'a pas toujours compris la portée; leur commencement, c'est l'homme tout entier, tel que l'a fait son histoire; c'est le chrétien possédé du besoin de comprendre ce qu'il croit; c'est la raison fécondée par la foi.

Tel était le point de vue des premiers scolastiques, Abélard et Anselme. Les mystiques lui sont restés fidèles et l'ont complété. Chez Abélard cependant l'équilibre des deux principes n'est pas parfait, et leur unité tend à se rompre par des motifs que font assez deviner la vie et le caractère de cet illustre infortuné. Sa raison n'est pas la raison chrétienne; il n'a pas les méthodes qui conduisent au but; aussi il le manque, et renouvelle l'hérésie de Sabellius. Sa trinité n'est qu'une trinité d'attributs : la puissance, la sagesse et la bonté. Il l'explique par des similitudes qui ne donnent aucune intuition.

Anselme entre plus profondément dans l'esprit du sujet; sa méthode est beaucoup plus libre. Marchant sur les traces de saint Augustin dans la voie où l'Ecole l'a suivi sans se demander quelle en est l'issue, Anselme voit dans l'intelligence l'attribut essentiel de la Divinité. Le problème qu'il pose peut être formulé en ces termes : « A quelles conditions est-il possible de concevoir une intelligence absolue?» Ce problème, il le résout spéculativement, en contemplant la vie de l'intelligence, puis en élevant le résultat de cette intuition à la puissance de l'infini.

L'intelligence absolue est cause d'elle-même, elle se produit par sa pensée. L'acte constitutif de la Divinité, pour ainsi dire, est la conscience de soi; il faut donc distinguer en lui, comme en toute conscience, le sujet pensant de la pensée elle-même ou de l'objet pensé; mais comme la conscience est ici parfaite, il faut reconnaître en même temps que la pensée est parfaitement identique à son sujet, substantielle comme son sujet. Dans un acte absolu de conscience, l'identité du sujet et de l'objet est absolue, la distinction entre les deux termes ne l'est pas moins. Il est donc nécessaire de considérer Dieu à la fois comme unité et comme dualité. Une fois cette nécessité comprise, on aperçoit également l'impossibilité de s'arrêter là. La conscience de l'unité persiste dans l'éternelle distinction, et cette unité n'est pas seulement sentie, elle est voulue. Incessamment distingués par l'acte éternel de la conscience, le Père et le Fils se réunissent incessamment par l'acte de la volonté. Cette volonté commune, c'est la volonté d'être un, volonté féconde, volonté absolue, dont l'effet possède par conséquent, lui aussi, l'absolue réalité. Ce produit éternel de l'amour réciproque du Père et du Fils, identique à l'acte même de son éternelle production, c'est le Saint-Esprit [1].

[1] Quelques explications né seront pas déplacées : Les scolastiques disent avec beaucoup de sens que, pour former l'idée de l'infini, il faut le revêtir des qualités des êtres finis, en les affranchissant de leur limitation. Il ne suffit pas d'indiquer cette transformation, il faut l'accomplir. C'est là ce qu'Anselme a essayé pour l'intelligence. Nous trouvons en nous-mêmes l'image imparfaite de l'intelligence, et, de cette image, nous remontons au type absolu. Nous aussi, nous semblons être cause de nous-mêmes et produire le moi en le pensant; mais ce n'est qu'une forme, une apparence, car, en réalité, nous avons notre cause hors de nous; nous sommes posés avant de nous poser, comme on dirait en Allemagne; c'est pourquoi la conscience du moi n'est chez nous qu'une production idéale, une image, et non pas une production substantielle. Ajoutons qu'elle est une image fort imparfaite, car nous ne nous connaissons jamais tout entiers. La réflexion n'est en nous qu'à l'état d'ébauche impuissante. Elle ne va jamais à fond; le moi pensé n'est qu'une ombre effacée du moi pensant, dont il devrait être l'image sincère. La chose se passe autrement dans l'être qui est sa propre cause au sens absolu, dans le moi parfait. La conscience qu'il a de lui-même est une véritable production, puisqu'il n'a d'autre cause que cet acte; ainsi l'objet est idéal et substantiel en même temps; et comme cette con-

Le fond de la théorie que nous venons de résumer se trouve déjà dans Athanase et dans les Pères de la Cappadoce, dans Grégoire de Nysse en particulier. La plupart des intermédiaires par lesquels Anselme s'efforce de la rendre

science est parfaite, l'objet est égal au sujet, plein, concret, parfait comme lui, divin comme lui. La conscience est une distinction, une opposition au sein de l'être ; nous distinguons en nous-mêmes le moi qui pense du moi pensé ; mais en nous l'opposition ne va pas jusqu'au fond, précisément par la même raison qui empêche la parfaite identité des deux termes, parce que nous sommes *un* naturellement avant de produire en nous cette dualité. Dans l'absolu, au contraire, si l'intelligence en est la forme, la distinction s'accomplit entièrement, attendu que l'être absolu n'existe que par elle ; et l'unité véritable ou substantielle de l'*être* ne se réalise que dans la trinité personnelle de *Dieu*. La dualité sort de l'unité virtuelle, mais elle précède l'unité réelle. L'unité divine n'existe que par la commune volonté des deux premiers principes, qui deviennent ainsi deux *personnes* en produisant la troisième. L'homme se sent un, malgré les contradictions qui le déchirent, par le fait d'un principe supérieur à lui. Dieu se pose par son propre fait comme l'unité absolue où se résolvent toutes les oppositions. — Il y a deux méthodes pour concilier les contradictions de la pensée : l'une consiste à les neutraliser dans le vague, dans l'abstraction, dans l'indifférence ; c'est le procédé du faux mysticisme payen, du panthéisme, où toute idée distincte s'évanouit ; — l'autre les surmonte en les conservant, dans la conception la plus concrète, la plus riche, la plus vivante et la plus articulée où l'esprit puisse s'élever ; c'est le procédé de la philosophie chrétienne, qui sans doute n'atteint pas le but du premier coup, mais qui ne le perd du moins jamais de vue. Notre jugement sur la théorie d'Anselme et des Pères grecs est implicitement renfermé dans ce que nous avons déjà dit plus haut ; il ressortira plus complètement de ce qui nous reste à dire ; mais, sans adopter cette théorie, on est obligé de reconnaître qu'elle a droit au sérieux examen des métaphysiciens. En effet, elle se présente à nous comme le résultat de la méthode philosophiquement légitime, disons mieux, philosophiquement nécessaire, qui applique la raison, ou la notion de l'infini, aux données de l'expérience intérieure.

intelligible, sont empruntés à saint Augustin. La forme seule est nouvelle, mais cette nouveauté de la forme est un pas immense vers l'émancipation de la philosophie. Dans l'exposition d'Anselme nous voyons le bronze ardent de la pensée, suivant sa pente naturelle, couler de lui-même dans le moule du dogme chrétien. Cette théologie est de la philosophie toute pure. Qu'Anselme soit inspiré par sa foi, je le veux, mais il ne fait appel qu'à la raison du lecteur. La doctrine de la Trinité se présente dans ses écrits comme le déploiement naturel et nécessaire, la vivante définition de l'idée d'une intelligence infinie.

Richard de Saint-Victor a essayé une déduction de la trinité de Dieu fort différente de celle-ci, mais qui présente le même caractère de nécessité logique, la prémisse une fois admise, comme elle peut l'être, par la raison et par la conscience indépendamment de toute autorité. Cette prémisse de la simple religion comme de la pensée spéculative est exprimée dans le mot toujours nouveau de Jean le Théologien : *Dieu est amour.*

Pour comprendre cette parole et pour la féconder, il faut la prendre dans le sens absolu. L'amour est ce qu'il y a de plus excellent, l'amour est la perfection, donc l'amour est l'essence divine. Ainsi, l'idée de Dieu, c'est l'idée de l'amour élevée à l'absolu, ou l'idée de l'amour absolu, de l'amour parfait. Mais l'amour réclame un objet et l'amour parfait un objet parfait, c'est-à-dire, d'après la définition de la perfection que nous venons de proposer, un objet dans lequel réside également la plénitude de l'amour. L'idée d'amour, considérée comme exprimant l'essence de Dieu, conduit donc nécessairement, elle aussi, à une dualité de personnes divines, de personnes, puisque l'amour suppose la personnalité, de personnes divines, puisqu'il est divin. Mais ce n'est pas tout, la notion n'est pas épuisée, elle n'est pas réalisée. Un amour exclusif dans sa réciprocité n'est pas la charité parfaite, et nous n'avons pas encore satisfait aux conditions de la donnée première. L'être parfait, aimé d'un amour suprême, ne peut pas, en raison de son essence même, qui est d'aimer, vouloir concentrer sur lui cet amour dont il sent la valeur infinie. Il veut le répandre, et par conséquent il réclame l'existence d'un nouveau sujet propre à le partager avec lui. Celui dont il est aimé consent à ce désir parce qu'il en est capable; il peut étendre sa dilection sans qu'elle perde rien de sa plénitude, mais il faut que le troisième, objet d'une double charité, soit capable de la recevoir, c'est-à-dire qu'il faut qu'il soit divin, lui aussi. Ainsi les deux premières personnes reportent d'un commun accord leur amour sur une troisième, qui provient également de l'une et de l'autre; par là l'amour de chacune d'elles est parfait, et la divinité réside également dans chacune d'elles. Comme Dieu est l'amour parfait et que l'amour parfait ne peut se trouver qu'en trois personnes, il faut que Dieu soit en trois personnes.

« *Summe dilectorum, summe diligendorum uterque oportet ut pari voto condilectum requirat, pari concordiâ pro voto possideat. Vides ergo quomodo charitatis consommatio personarum trinitatem requirat, sine quâ in plenitudinis suæ integritate subsistere nequit.* »

Cette théorie, conforme à l'esprit du mysticisme, n'est cependant pas mystique au sens propre du mot. Son ambition ne va qu'à justifier le dogme par le raisonnement. Le principe sur lequel la déduction se fonde est peut-être évident pour le cœur, qui abrége les calculs de la pensée, mais il ne serait pas impossible de le démontrer logiquement en faisant voir que l'amour, l'amour gratuit, la pure charité dont parle Richard, est la liberté réalisée. On concilierait ainsi dans une seule conception les deux idées les plus hautes, peut-être, que la philosophie ait conçues dans les grands siècles de la foi.

Si l'amour, perfection réalisée, manifeste la pure essence de la liberté, ainsi que nous essaierons de l'établir, il est à peine besoin d'indiquer combien l'idée de l'amour réalisée par la Trinité facilite l'intelligence de la contingence du monde ou de la libre création. Dieu est amour; l'amour veut un objet; toutefois Dieu n'a pas besoin du monde, parce qu'il trouve éternellement en lui-même l'objet de son éternel amour. Plus concrète et plus intime que tout ce qu'on a dit depuis, la doctrine de Richard de Saint-Victor précède cependant l'entier épanouissement de la scolastique. La puissance de la spéculation s'explique chez lui par la ferveur de la croyance.

La philosophie chrétienne jaillit de la foi; mais durant toute la période scolastique la raison et la foi tendent à un divorce, dont la consommation marque une époque nouvelle. Au point de vue providentiel ce divorce est un progrès sans doute, et nous pouvons déjà nous expliquer dans quel sens; au point de vue de la scolastique elle-même, c'est une décadence. Après Thomas et Scot il n'y a plus que des thomistes et des scotistes; laissons-les dormir en paix.

Il est pourtant une pensée que nous devons recueillir dans cette course à travers les siècles, où nous cherchons à rassembler les éléments épars de notre philosophie. Elle se présente à son heure, au soir du moyen âge, au crépuscule de la Renaissance, tandis que la foi est vive encore et que la philosophie indépendante se cherche elle-même. C'est une vue sur la méthode. Reymond de Sabunde, que tout le monde connaît par Montaigne, essaya dans sa *Théologie naturelle* de prouver, même aux incrédules, la vérité de tous les dogmes chrétiens. Ce n'est plus le point de vue de la scolastique officielle, qui n'accorde à la raison qu'une part ; ce n'est pas non plus celui d'Anselme, qui reconnaît la nécessité de la foi pour comprendre ; c'est une philosophie nouvelle. Reymond de Sabunde, le médecin mystique, cherche ses preuves dans la nature ; son style est populaire ; il tend la main aux Paracelse, aux Böhm, à la philosophie orageuse du XVIme siècle. La plus remarquable de ses idées, reproduite par Kant avec éclat, et de nos jours par un autre médecin, M. Buchez, est d'élever l'intérêt de la vie morale au rang d'un critère de la vérité, ce qu'il fait en termes formels. La vérité se trouve, dit-il, dans la doctrine la plus propre à nous rendre meilleurs. C'est essentiellement par leur utilité pour la morale qu'il prouve ou croit prouver l'immortalité de l'âme et l'existence de Dieu.

S'il est vrai que la volonté soit le principe et le but de notre être, deux axiomes impliqués l'un dans l'autre et dont chacun repose sur sa propre évidence, il est impossible que la doctrine de Reymond de Sabunde ne renferme pas le germe d'une méthode légitime. C'est une pensée excellente ; mais, comme toutes les choses excellentes, elle devient détestable lorsqu'on l'entend mal. L'intérêt de la vertu ne saurait remplacer l'évidence de la raison. L'intérêt pratique est une méthode certaine, mais anticipée, qui donne les théorèmes sans les preuves; la logique est l'instrument des démonstrations. Le cœur fournit le thème, l'intelligence le développe, et la tâche de l'intelligence ne sera accomplie que par la constitution d'une doctrine qui subsiste par sa propre force, sans l'appui du cœur. Le cœur ne demanderait rien à l'intelligence s'il pouvait tout lui donner; disons mieux, Messieurs, il lui demande tout, parce qu'il lui donne tout.

Ce que nous appelons ici le cœur pourrait également se nommer la foi, de sorte qu'en les généralisant, les principes d'Anselme et de Reymond de Sabunde se rejoignent. En effet, le christianisme a fait naître dans l'âme des besoins auxquels il peut seul satisfaire. La morale chrétienne est devenue celle de l'humanité; mais, quoiqu'un rationalisme superficiel s'efforce de les séparer, la morale chrétienne est inséparable du fait chrétien. Celui qui accepterait la morale tout entière, telle qu'elle est dans la conscience, sans donner créance aux promesses de l'Evangile, ne pourrait aboutir qu'au déchirement et au désespoir. Au désespoir, parce que les pensées de son cœur le condamnent; au déchirement, parce que sa condition inexplicable contredit l'idée de Dieu. Telle était l'idée fondamentale de l'apologie dont Pascal a laissé les débris magnifiques, et que notre maître, M. Vinet, a reprise[1]. Le côté positif de cette vérité, c'est qu'il y a dans l'âme humaine un raccourci de christianisme que la fidélité morale peut faire sortir de son obscurité,

---

[1] Il a dû, lui aussi, la laisser inachevée.

une lumière qui éclaire tout homme venant au monde, pourvu que la volonté mauvaise ne l'éteigne pas. Le christianisme est en nous, comme il est devant nous ; l'un répond à l'autre et le complète. Croire à l'intimité de la conscience morale ou croire au christianisme est donc la même chose. Mais pour que la science chrétienne soit véritablement une science, il faut que la subjectivité de son inspiration disparaisse entièrement dans le produit.

Le but de l'histoire est une complète assimilation de la volonté humaine à la volonté divine, et de la pensée humaine à la vérité divine. La science doit donc apparaître comme un libre produit de l'esprit humain. L'affranchissement de l'esprit humain commence nécessairement par la négation. Les Pères de l'Eglise ont formulé le dogme chrétien, les docteurs du moyen âge l'ont raisonné. Il ne suffit pas de le posséder et de le raisonner, il faut le reconstruire librement, en le tirant de nous-même, afin que sa parfaite conformité avec notre essence devienne manifeste. Toute assimilation suppose une décomposition préalable. Cette assimilation est le but marqué à la philosophie moderne, que nous ne pouvons pas considérer comme achevée aujourd'hui, car jusqu'ici nous n'avons guères assisté qu'au travail de décomposition.

Il faut donc que le christianisme disparaisse de la surface pour germer dans la profondeur.

La démolition du grand édifice de la chrétienté est en même temps une restauration, la restauration de l'esprit ancien, la restauration du paganisme. L'époque où s'accomplit ce double travail s'appelle la Renaissance ; le nom est juste ; mais la Renaissance ne pouvait être qu'une transition : le produit final du mouvement qu'elle imprime à l'humanité est entièrement nouveau, c'est l'esprit moderne.

La philosophie moderne, qui formule cet esprit, doit finalement exprimer la pensée du moyen âge avec la liberté de l'antiquité. Cette liberté fermenta longtemps avant d'éclater, et néanmoins elle se déclara avant d'être mûre. Les premiers pas sont incertains. La raison veut s'affranchir de toute autorité ; elle n'y réussit pas du premier coup, mais elle prélude à cette révolution en changeant de maîtres. Platon et le véritable Aristote remplacent l'Aristote de la tradition. Toutes les écoles de la philosophie grecque et romaine sont remises en honneur avec plus ou moins d'éclat et de succès. Les tentatives les plus originales aboutissent à des combinaisons éclectiques. Tel est le caractère général de la philosophie du XVIme siècle, qui ne manque ni de talent, ni d'ardeur, ni même de méthode, mais bien d'un point de départ fixe et légitime. Elle remonte le cours des siècles, au lieu de se placer au commencement éternel de la pensée. L'Italie est alors le principal foyer du mouvement philosophique. Celui-ci nous paraît avoir atteint son plus haut point chez Giordano Bruno, qui simplifia le néoplatonisme et compléta pour ainsi dire toute la philosophie ancienne en corrigeant le péripatétisme sur un point capital.

L'analyse d'Aristote est impuissante à réduire le principe matériel, à le ramener à l'unité, c'est-à-dire à l'expliquer. Distinguant les conditions de l'existence d'un être en cause matérielle, cause efficiente, cause formelle et cause finale, elle démontre bien l'identité intérieure des trois dernières :

l'agent, l'idée et le but; toutes trois sont de nature active et spirituelle; mais la matière, la puissance dont tout est formé, reste en dehors : l'être suprême est l'acte pur sans puissance, sans matière. Bruno, reprenant toutes ces notions, qu'il manie avec une aisance parfaite, fait voir que la matière primitive est contenue dans l'acte absolu. La matière, en effet, n'est que la puissance passive, la puissance de devenir; mais la puissance passive est impliquée dans la puissance active, et celle-ci dans l'acte lui-même; ainsi le principe de la matière est en Dieu. L'agent de toutes les transformations en est aussi le sujet. Ce panthéisme concilie les principes de Parménide et d'Héraclite dans une forme beaucoup plus haute, puisqu'aux yeux de Bruno l'essence est distincte, du moins pour la pensée, de l'univers infini qui la manifeste. La philosophie de Bruno est plus riche que celle de Spinosa, car elle a de plus la vie, ce qui est assurément quelque chose; c'est l'expression la plus avancée du panthéisme et qui contient déjà le germe d'une philosophie supérieure au panthéisme; mais Bruno s'est contenté d'exposer le principe sans le développer systématiquement. Cette théorie est une anticipation sur les siècles à venir; elle sera reprise plus tard. Nous la trouverons à sa vraie place dans l'ordre d'un développement régulier; alors elle ne portera plus le nom de Bruno, mais celui de Schelling. Bornons-nous donc à cette indication rapide.

Les penseurs de la Renaissance cherchaient partout la lumière avec une confiante ardeur. A l'antiquité payenne ils associèrent de bonne heure une autre tradition, celle de la philosophie symbolique des Juifs, connue sous le nom de Cabale. Je rappelle ici la Cabale pour y relever une seule idée, qui a de l'importance et qui sera peut-être mise en œuvre quelque jour. C'est l'idée que la création des choses est une restriction apportée à l'existence infinie du principe absolu. Les métaphores dont cette théorie s'enveloppe ne doivent pas en dissimuler la profondeur spéculative :

L'éternelle lumière remplit l'infini. Dieu, voulant créer le fini, se retire d'abord d'un espace qu'il laisse vide pour le remplir ensuite de ses émanations variées. — Ce point de vue, que nous signalons en passant, est susceptible d'applications très-diverses. Il touche aux intérêts de la pensée morale comme à ceux de la pensée métaphysique. Je le livre à vos réflexions. — Il est encore un point que la philosophie cabalistique a mis fortement en saillie, sans résoudre du reste, il va sans dire, les innombrables problèmes qu'il fait surgir. C'est celui de l'unité et de la spiritualité essentielles ou primitives de la création, qui est selon elle l'humanité, l'homme primitif : Adam-Cadmon. L'unité de la création est sans doute un grand mystère ; mais dans ce mystère il y a une affirmation que la raison réclame impérieusement ; vérité dangereuse, comme toute vérité incomplète, et d'autant plus dangereuse qu'elle est plus vitale. Constamment aperçue et poursuivie par les esprits spéculatifs, cette vérité a fourni prétexte au panthéisme ; il appartient au système qui lui donnera son fondement véritable, de l'épurer en la complétant.

Dans cette période fort peu critique, où les ennemis acharnés de l'Evangile, les néoplatoniciens, passaient auprès d'esprits excellents pour en être les meilleurs commentateurs, les deux grands courants de la pensée moderne, le courant chrétien et le courant payen, s'embranchent, se croisent de mille façons et souvent se troublent par le mélange de leurs flots. La restauration de la philosophie hébraïque est l'intermédiaire naturel entre le mouvement platonicien de la Renaissance et le mysticisme chrétien. L'école mystique survécut à la chute du moyen âge, et par la continuité de la tradition et par la permanence des besoins qu'elle cherchait à satisfaire. Mais la pensée ne subsiste qu'en se transformant. L'école mystique du XVIme siècle, plus empirique, plus populaire que celle du XIIme, cette école toute moderne, toute germanique, dont Paracelse est le naturaliste et Jaques Böhme le théologien, nous semble, avec le scepticisme très-littéraire et très-peu métaphysique de Montaigne, ce que cette grande époque a produit de plus original, de plus prime-sautier en fait de philosophie. L'importance de cette secte allemande, dont Poiret, Saint-Martin, l'Anglais Pordage et notre contemporain François Baader sont les disciples les plus connus, ne doit pas se mesurer d'après le nombre, aujourd'hui considérablement affaibli, de ses adeptes avoués. Les visions du cordonnier de Görlitz, nommé par les siens *philosophus teutonicus*, ont exercé sur la pensée de ses compatriotes plus célèbres une influence beaucoup plus grande qu'on ne l'accorde généralement. Il est facile de le prouver sans beaucoup d'efforts d'esprit ni d'érudition littéraire. Ainsi nous voyons Schelling, le protée de la spéculation, qui a traduit sa pensée dans toutes les formes et dans tous les styles, la revêtir pendant quelque temps, avec une intention bien marquée, du costume et du langage de Jaques Böhme, jusqu'à ce que, par une évolution brusque en apparence, mais essayée et préparée dès longtemps, il se soit approprié, partiellement du moins, le fond même de sa pensée.

Böhme parle de l'essence divine en véritable mystique; il raconte ses visions. Mais ces visions ne sont pas sans logique intérieure, et nous pouvons les traduire en pensées :

Dieu se produit lui-même éternellement par sa volonté; cette production fait son être. L'existence réelle de Dieu sort donc d'un principe qui est divin sans être Dieu. Ce principe, c'est l'être-néant de Hegel [1], c'est l'ardente obscurité d'une volonté sans objet lorsqu'on la sépare de l'acte par lequel elle se réalise. Mais cet acte est éternel. Dieu veut être, il veut se posséder, et il se possède en effet dans la production de son Fils. Par la production de son Fils, qui est douceur et lumière, le feu du premier principe se transforme lui-même en lumière et en douceur. Par la production du Fils, le primitif désir est satisfait, l'essence divine se possède et devient personne. Ainsi le Fils produit la personnalité et la divinité dans le Père en même temps que le Père produit la personnalité et la divinité dans le Fils. Le Père aime le Fils comme il en est aimé. Il s'aime lui-même dans le Fils, et ce double amour est la source éternelle dont procède le Saint-Esprit, lien substantiel par lequel le Père et le Fils vivent l'un dans l'autre, se possèdent et s'aiment l'un l'autre.

Si nous avions assez précisé cette théorie de la Trinité pour la comparer aux déductions de saint Anselme et de Richard de Saint-Victor, nous reconnaîtrions, je crois,

---

[1] Böhme l'appelle lui-même le néant, *das Nichts*.

qu'elle coïncide assez complétement soit avec l'un soit avec l'autre, de sorte que la spéculation de Böhme servirait à prouver que la doctrine d'Anselme et celle de Richard, loin de s'exclure, représentent deux aspects inséparables du même fait infini.

L'idée par laquelle Anselme cherche à rendre raison du mystère divin est celle de la conscience de soi. L'opposition nécessaire du moi sujet et du moi objet dans la conscience, devient le principe générateur de deux personnalités à cause du caractère absolu qu'elle revêt dans l'acte absolu. L'amour que Dieu ressent pour lui-même dans cette opposition par laquelle il se reconnaît et se possède, est la source du Saint-Esprit.

Cette idée de l'amour, subsidiairement employée par Anselme, devient l'unique principe explicatif chez les moines de Saint-Victor. Dans la théorie que nous avons résumée il y a quelques instants, Richard ne prétend pas, disions-nous, nous donner l'intuition de la trinité de Dieu, mais seulement nous contraindre par de justes raisons à confesser que la triplicité des personnes en Dieu est une conséquence de sa perfection absolue.

Böhme, en revanche, s'attache au *comment* plutôt qu'au *pourquoi*. Il décrit la Trinité dans l'acte éternel de sa réalisation. Mais le comment renferme le pourquoi. On voit sans peine que cet embrasement dont Böhme nous parle, cette explosion du désir primitif, n'est autre chose que le désir de se posséder soi-même, ou d'obtenir la conscience de soi-même. La Trinité est donc pour Böhme comme pour Anselme, la réalisation de l'intelligence. Mais si le principe igné sort de son obscurité primitive, c'est par une volonté, par un amour, savoir l'amour de la perfection, qui se réalise par la génération du Fils. Aimer la perfection et vouloir se connaître sont une seule et même chose en Dieu. L'idée que l'amour est le fond de l'être, comme il en est la réalisation suprême, se retrouve ainsi dans Böhme, qui reproduit en termes exprès la doctrine essentielle de Richard de Saint-Victor.

Pour résumer en quelques mots la doctrine de Böhme sur l'être de Dieu, j'ai dû faire abstraction de plusieurs éléments, dont quelques-uns sont peut-être essentiels. J'ai moi-même quelques scrupules sur l'exactitude de cette exposition ; mais les erreurs que j'entrevois sans pouvoir les corriger dans ce moment, n'atteignent pas le trait le plus original du système, je veux dire l'idée d'une base de l'existence divine distincte de cette existence elle-même. C'est cette volonté, ce feu, que Böhme appelle Nature en Dieu. Cette doctrine lui sert à rendre raison de la Trinité d'abord, puis de la Création, du lien qui unit la créature au Créateur, de la liberté de l'homme, de sa vie intérieure et de sa destinée.

Comme l'existence éternelle de Dieu se fonde sur le déploiement éternel et l'éternelle transformation de cette base, la création du monde, à son tour, peut résulter d'un nouveau déploiement du même principe que Dieu possède en lui-même et dont il dispose à son gré. Ainsi le panthéisme se trouverait expliqué et réfuté d'avance. La Création n'est pas l'acte même de la vie divine, elle en est la reproduction et l'image ; mais le principe qui repose éternellement au sein de l'Etre et qui devient le Père, est aussi le principe de l'existence créée ; il forme le lien substantiel entre l'homme et Dieu. L'homme se constitue sur cette base, qui est la nature en lui, *centrum naturæ*, base divine, mais divine à condition de rester dans l'ombre, dans le non-être. L'homme doit s'appuyer sur ce centre et chercher sa vie ailleurs, dans le Fils, dans la lumière, pour reproduire à son tour en lui-même l'évolution de la Trinité, l'évolution créatrice ; c'est la seconde naissance dont nous parle l'Ecriture. Ainsi l'homme a deux pôles, deux principes ; il peut se réaliser dans les ténèbres ou dans la lumière, il peut s'affirmer lui-même en Dieu ou hors de Dieu. Telle est l'explication de sa liberté, qui contient en soi l'explication du mal et les prémisses de toute la dogmatique spéculative. Cette dernière idée est pour nous d'un intérêt particulier. Nous trouvons dans Jacques Böhme et dans les chrétiens mystiques en général des précurseurs et des maîtres dans l'œuvre que nous tentons. Ils ont conçu comme nous les problèmes métaphysiques qui intéressent le plus directement la conscience : les problèmes de la liberté divine, de la liberté humaine et du but de la vie. Ils ont essayé de les résoudre complétement sans en altérer les données primitives telles que la conscience les établit. Il y aurait beaucoup à apprendre d'eux, quoique leur méthode ne soit pas à l'usage de tout le monde et que la différence des méthodes influe toujours sur les résultats. C'est cette affinité de pensée et de sentiment qui m'a pressé de les mentionner, malgré le peu de temps dont nous disposons, malgré l'impossibilité où je me voyais d'être clair, d'en dire assez, peut-être même de rendre leur pensée avec exactitude. Vous avez compris tout de suite, Messieurs, que, dans cette leçon et dans la précédente, je n'ai pas eu la prétention de résumer la philosophie scolastique ni celle de la Renaissance ; mon seul but a été d'en tirer quelques pensées détachées, quelques matériaux, précieux, je le crois, bien qu'on les dédaigne. Nous n'imiterons point ce dédain, mais parmi les idées que nous fournit le passé nous n'emploierons que celles qui se présenteront naturellement à nous dans le développement de notre principe.

SIXIÈME LEÇON.

Descartes. Il a dessiné le plan de la philosophie, qui de la première vérité certaine immédiatement passe, au moyen d'un critère subjectif immédiat, à la première vérité en soi, à la connaissance du principe des choses, d'où se tire un nouveau critère; et déduit tout de ce principe. Selon Descartes, le principe universel est une volonté absolument libre. Il a compris toute la portée de cette conception, et sa psychologie est un reflet de sa métaphysique; mais son principe demeure stérile, parce qu'il s'en tient à la notion formelle de liberté sans examiner la nature de l'acte créateur. D'ailleurs il ne démontre pas la liberté absolue; il la considère comme une donnée immédiate de la raison. Celle-ci ne conçoit immédiatement qu'un absolu indéterminé, l'être qui existe de soi-même, ce qui est la Substance de Descartes et le Dieu de Spinosa. Descartes ouvre ainsi la porte au spinosisme. Il lui fournit encore prétexte par son dualisme de la pensée et de l'étendue; dualisme inconséquent; car il ne découle pas du principe premier, mais d'une application illégitime du critère subjectif de la vérité.

Messieurs,

La philosophie de la Renaissance renferme pêle-mêle les principales idées que la philosophie moderne reproduit dans une progression régulière. J'essaierai de vous présenter les éléments de cette série suivant la loi de leur génération, en les dégageant de tous les accessoires. Notre chemin va de cime en cime; c'est le plus fatigant, mais c'est le plus court.

La philosophie moderne commence avec Descartes, qui en a dessiné le plan d'une main ferme. A considérer le mouvement philosophique des deux derniers siècles dans son ensemble, ce plan n'a jamais été abandonné. Les penseurs qui s'en sont écartés se sont égarés. Le cartésianisme est le programme immuable de la philosophie, programme complet, programme immense, qui n'est pas encore entièrement réalisé. Il se propose :

1° de commencer la science par son vrai commencement, c'est-à-dire par la première vérité certaine ;

2° de tirer de la première vérité connue un criterium général de certitude ;

3° de s'élever, à l'aide de ce criterium, de la première vérité connue à la première vérité en soi, au principe universel.

4° De la notion du principe universel il déduit un critère de vérité supérieur, qui confirme le premier.

5° Enfin, du principe universel, et par le moyen des deux critères, il s'efforce de tirer les principes immédiats des choses et de reconstruire le monde réel avec ces données.

Cette formule, d'une netteté admirable, servira de mesure à tous les travaux ultérieurs. Descartes a mis un soin extrême à la suivre de tout point, et lorsqu'au fond il n'a pas pu y réussir, il a pourtant voulu en garder l'apparence. La double chaîne est tendue du ciel à la terre, mais çà et là des bouts de corde remplacent les anneaux d'or.

Si nous le jugeons, non pas avec la sympathie de l'historien, mais avec l'inexorable rigueur de l'histoire elle-même, nous devrons avouer que Descartes n'a fait définitivement que les deux premiers pas dans la carrière immense qu'il a tracée : il a ramené la pensée à son point de départ; il a déterminé le premier critère de la vérité et, par le critère, la méthode; c'était plus qu'il n'en fallait pour sa gloire. C'était assez pour accomplir une révolution.

Ces deux degrés posés, Descartes ne s'arrête pas dans sa marche ascendante. Il s'avance, au contraire, fort résolument du côté de la vérité positive que nous revendiquons, et franchissant, sans les apercevoir, les siècles qui vont le suivre, il esquisse, par quelques traits seulement, mais par quelques traits lumineux, toute une philosophie de liberté. Mais la prémisse sur laquelle il la fait reposer n'est pas justifiée avec assez de précaution; tous les intermédiaires requis pour rendre la vérité de cette prémisse manifeste et son emploi légitime, n'ont pas été traversés ou, du moins, n'ont pas été clairement indiqués. Celle-ci se présente dès lors avec l'apparence d'une hypothèse ou d'un emprunt fait à la tradition, et les conséquences que Descartes en déduit sont encore des conséquences anticipées, comme les systèmes de la Renaissance et du moyen âge; périodes avec lesquelles il n'a pas rompu aussi complétement qu'il l'a cru et qu'on l'a dit.

L'esprit humain, qui va très-lentement lorsqu'il marche sans lisières, n'a pas suivi Descartes jusqu'au bout. Il a développé, non sans effort, les intermédiaires que ce génie individuel avait négligés, et chacune de ces idées intermédiaires est devenue le principe d'une grande philosophie.

Renonçant au dernier appui que Descartes empruntait, sans le vouloir peut-être, à la doctrine chrétienne, il est tombé d'abord fort au-dessous du point de vue cartésien, en reproduisant sous la forme réfléchie le panthéisme imparfait de l'Orient. Il s'est relevé peu à peu ; cependant le cartésianisme n'est pas encore dépassé, il n'est pas encore épuisé. Les successeurs de Descartes n'ont pas aperçu, cela va sans dire, l'importance spéculative des idées qu'ils ne surent pas mettre en œuvre, de sorte qu'elles sont restées à peu près dans l'oubli. L'école allemande et l'école française contemporaine, héritière d'un spiritualisme affaibli par le XVIIIme siècle, se sont attachées l'une et l'autre, dans leurs expositions historiques, aux côtés du cartésianisme dont elles peuvent s'autoriser. D'ailleurs Descartes lui-même, dont les convictions n'ont point varié, semble avoir subi l'influence d'une préoccupation qui l'a empêché de développer toute sa philosophie dans l'esprit de sa conception première ; il ne fait pas usage de tous ses moyens, et après avoir surmonté le panthéisme en s'élevant hardiment vers l'absolu véritable, il en favorise le retour par un dualisme exagéré. Pour suivre le courant secondaire de sa pensée, il suffisait de laisser aller la logique ; pour marcher jusqu'au bout dans la direction principale, il fallait un nouvel acte créateur ou tout au moins une restauration nouvelle ; aussi cette voie royale fut-elle abandonnée. Après les premiers théorèmes, que tous les systèmes ont adoptés, le cartésianisme se partage donc ; et comme la philosophie tout entière s'est jetée dans l'embranchement qui ramène au panthéisme, on a fini par voir en lui le cartésianisme tout entier. Il en résulte que Descartes est moins connu qu'il n'est célèbre, je dirais même moins connu qu'il n'est lu. On a immensément écrit sur Descartes, ses œuvres sont dans toutes les bibliothèques, et pourtant, avant de le discuter, il faudrait, pour être compris, commencer par le rétablir.

Je suis fortement tenté de l'essayer avec vous aujourd'hui, et la chose aurait pour moi de l'importance, car le système dont je dois vous exposer les éléments, quoiqu'il se soit produit indépendamment de toute influence directe du cartésianisme, n'est en réalité que le développement du côté du cartésianisme jusqu'ici le plus négligé. Cette découverte tardive m'a fort agréablement surpris, je vous l'avoue : si la doctrine que j'enseigne n'est pas conforme de tout point aux vues qui règnent dans l'école, il ne serait pas mal de la mettre sous la protection d'un nom que l'école elle-même inscrit volontiers sur son drapeau. Il vaut mieux aujourd'hui relever de Descartes que d'un moine ignoré comme Scot. Mais, pour établir complètement notre légitimité cartésienne, il faudrait une discussion en règle, dont la place n'est pas ici. Je me borne, bien à regret, à quelques indications telles que le cadre d'une leçon les comporte.

Descartes, disons-nous, a ramené la pensée à son point de départ ; il a déterminé pour jamais le critère de la vérité philosophique et, par le critère, la méthode.

Le critère, c'est l'évidence intérieure opposée à toute espèce d'autorité. C'est le protestantisme introduit dans la philosophie, et qui bientôt réagira sur la religion.

Le point de départ, c'est l'existence du moi pensant. Je n'admets rien sur la foi d'une autorité étrangère ou sur la foi d'une spéculation sans contrôle ; je doute, jusqu'à meilleure information, de tout ce dont il est possible de douter ; mais je ne puis pas douter de mon existence, car je ne puis pas douter de ma pensée, je ne puis pas douter de mon doute, qui est une pensée. J'existe donc, et je suis un être pensant. Ce qui me l'atteste, c'est l'évidence ; il faut donc croire à l'évidence. « Les choses que nous concevons clairement et distinctement sont vraies. »

Ceci est fort simple, vous le voyez ; ce n'était pas très-nouveau, et cependant l'énoncé de ces propositions fut une grande œuvre. Le moment de mettre les vérités élémentaires à leur place était arrivé.

Jusqu'ici Descartes a posé la base commune à tous les systèmes modernes. Désormais ce qu'il vient d'avancer sera tantôt répété, tantôt sous-entendu, jamais contesté. Le troisième pas nous fait entrer dans le cartésianisme proprement dit. Ici Descartes touche au but, mais il le saisit trop tôt et n'assure pas sa conquête. Le problème est de passer de la première vérité connue à la première vérité en soi, c'est-à-dire de trouver Dieu par l'évidence, le moi pensant étant seul donné. Il faut donc trouver Dieu dans le moi. « J'ai l'idée d'un être souverainement parfait, » dit le philosophe. Le sens est sans doute : Tout esprit a nécessairement l'idée d'un être parfait ; l'idée de perfection est essentielle à l'intelligence. C'est ce que Descartes appelait une idée innée. On a critiqué cette manière de s'exprimer avec beaucoup de raison. Il est clair qu'une idée n'existe que par l'acte de l'esprit qui la conçoit. Il n'y a donc à proprement parler point d'idées innées. Mais si l'esprit humain est fait de telle sorte que la réflexion ne saurait s'exercer sans découvrir l'idée de l'être parfait, il n'en faut pas davantage. Seulement, au lieu d'idées innées nous écrirons idées nécessaires : Descartes ne l'entend pas autrement [1].

L'idée de Dieu étant donnée dans la pensée, Descartes prouve son existence réelle par deux arguments, dont l'un part du contenu même de l'idée : c'est l'ancien argument ontologique : « L'existence réelle est une perfection, donc l'être parfait n'existe pas dans la pensée seulement, mais en réalité. » L'autre, plus populaire par sa forme, se fonde sur la présence de l'idée de Dieu dans l'esprit : « Imparfait moi-même, je ne puis pas avoir produit l'idée de la perfection ; elle doit avoir pour auteur un être réellement parfait. »

J'accepte ces preuves, Messieurs ; je me contenterais même à moins, car l'existence nécessaire d'un principe inconditionnel n'est pas moins évidente que la présence de l'inconditionnel dans l'esprit ; c'est dans ce sens que j'entends l'argument ontologique, mais la difficulté n'est pas là. La question consiste à savoir si l'idée d'un être parfait telle que Descartes la développe, est réellement une conception inhérente à l'esprit, une idée nécessaire. Cette idée est celle du Dieu personnel des chrétiens, avec les principaux attributs que lui confère la théologie. Est-elle inhérente à l'esprit humain ? — En un sens je l'accorderais volontiers. Elle l'est, oui, comme germe, comme problème ; mais immédiatement, comme pensée distincte, elle l'est si peu, que toute la métaphysique n'a d'autre but que de

---

[1] « Lorsque je dis que quelque idée est née avec nous, j'entends seulement que nous avons en nous-même la faculté de la produire. » Réponse aux IIImes objections. Ed. Garnier, tome II, p. 104.

l'enfanter et de l'éclaircir. Ainsi Descartes n'a pas le droit de commencer en disant : Je trouve en moi l'idée d'un être parfait. C'est là un fait personnel, accidentel, qui tient à son éducation ; ce n'est pas le fait nécessaire. Le grand réformateur met à profit le résultat le plus élevé de la scolastique, au lieu de le reconstruire par un travail indépendant, comme son programme l'eût exigé. Par ce point capital, Descartes dépend du moyen âge et n'accomplit pas dans toute son étendue la révolution dont il a conçu le projet. Il n'est pas exact de prétendre que chacun trouve en soi d'entrée l'idée d'un être parfait ; car, au début de la réflexion, nous ignorons ce qui est requis de l'Etre pour qu'il soit parfait. Ce que nous trouvons réellement en nous-même, ou plutôt ce qu'un retour sur nous-même nous oblige à concevoir, c'est l'être au fond de toute existence, l'inconditionnel, un être, quel qu'il soit d'ailleurs, qui existe par lui-même et qui n'a besoin d'aucun autre pour exister, c'est-à-dire la *substance*, car c'est la définition cartésienne de la substance que nous venons d'énoncer ; quant aux attributs de l'être inconditionnel, il faut les déduire par la raison de ce premier attribut, l'existence par soi-même ; il ne suffit pas de les trouver dans la réminiscence. Le Dieu de Descartes n'est donc pas un produit légitime de sa méthode d'évidence ; dès lors il est en philosophie comme s'il n'était pas, et tous les théorèmes fondés sur lui deviennent problématiques.

Il y a deux notions de l'absolu chez Descartes comme chez Platon. Le Dieu qui forme l'univers dans le *Timée* n'est pas l'unité supérieure à l'être où vient aboutir la dialectique du *Parménide ;* du moins la coïncidence des deux idées n'est-elle pas rendue manifeste. Descartes, de même, trouve dans son esprit l'idée d'un Dieu souverain, éternel, infini, immuable, tout-connaissant, tout-puissant, et créateur universel de toutes les choses qui sont hors de lui [1]. Il trouve également dans son esprit ou dans le langage tel que l'ont formé ses devanciers [2], l'idée de la substance, c'est-à-dire « d'une chose qui n'a besoin que de soi-même pour exister. » La substance est, par sa définition, indépendante, inconditionnelle, absolue. Voilà donc, sinon deux absolus, ce qui est inadmissible et contraire au sens de Descartes, au moins deux définitions de l'absolu qu'il faudrait réduire à l'unité pour asseoir la métaphysique. Cette réduction est demeurée imparfaite. Descartes établit bien que Dieu est la substance ou que, s'il existe un être parfait au sens de sa définition, cet être parfait possède seul l'existence par lui-même, de sorte que le nom de substance n'est donné qu'improprement aux choses créées ; mais il ne démontre pas inversement que la substance soit Dieu, c'est-à-dire que l'être existant par lui-même possède nécessairement l'intelligence infinie, la bonté parfaite, la puissance créatrice, la liberté souveraine, dont il fait les caractères de la divinité. Sa régression vient donc aboutir à deux termes, et l'on peut fonder sur elle deux philosophies progressives, l'une commençant par son idée de Dieu : c'est celle qu'il a tentée lui-même ; l'autre commençant par sa définition de la substance : c'est celle de Spinosa. La seconde

---

[1] Méd. III. Ed. Garnier, tome I, p. 119.

[2] Descartes, on s'en souvient, n'étend pas le doute philosophique jusqu'à mettre en question les simples idées et par conséquent les définitions.

seule a pris une importance universelle en déterminant les mouvements ultérieurs de la philosophie, et cela, Messieurs, je crois utile d'insister sur le point, parce qu'elle seule était légitime. Descartes veut que nous partions de l'idée innée de l'infini, c'est-à-dire de son idée immédiate ; or l'idée immédiate de l'infini, dont nous ne pouvons pas contester la réalité, parce que nous ne pouvons pas en faire abstraction, ce n'est pas la plus grande et la plus riche, c'est au contraire la plus simple et la plus nue ; ce n'est pas le Dieu de Scot et de Descartes, c'est la substance de Spinosa.

La logique humaine, qui ne comporte pas de sauts, dut passer par Spinosa, Leibnitz, Fichte, Hegel et Schelling, pour revenir au Dieu cartésien.

Ce que nous reprochons à Descartes, si toutefois le mot de reproche est de mise en cette occasion, c'est d'avoir négligé la discussion dialectique dont il était besoin pour manifester la nécessité de sa conception suprême et prévenir ainsi les rechutes. Nous ne l'accusons pas d'avoir mal compris l'infini. Au contraire, il en a le sens au plus haut degré; et s'il eût aperçu la lacune de son système, s'il en eût prévu le danger, nul n'aurait pu mieux la combler. Je n'en veux d'autres preuves que sa manière d'envisager la liberté divine. Pour lui cette liberté est absolue. La volonté créatrice produit incessamment, non-seulement l'existence des choses, mais leur essence et leurs lois, tellement que les principes universels de la morale et de la logique elle-même tirent leur vérité de l'acte divin et ne subsistent que par cet acte. « Ce n'est pas pour avoir vu qu'il était meilleur

» que le monde fût créé dans le temps que dès l'éternité,
» qu'il a voulu créer le monde dans le temps, mais au
» contraire parce qu'il a voulu créer le monde dans le
» temps ; pour cela il est aussi meilleur que s'il eût été créé
» dès l'éternité. Il n'en est point ainsi de l'homme, qui
» trouve déjà la nature de la bonté et de la vérité établie et
» déterminée en Dieu [1]. »

C'est chose curieuse, Messieurs, d'entendre les objections de nos cartésiens du jour et même celles de Leibnitz, contre cette doctrine hardie, lorsqu'on sait comment Descartes les a réfutées d'avance en répondant à ses contemporains. Il écrivait à Mersenne le 15 avril 1630 [2] :

« Les vérités métaphysiques lesquelles vous nommez éter-
» nelles, ont été établies de Dieu et en dépendent entière-
» ment, ainsi que tout le reste des créatures ; c'est en effet
» parler de Dieu comme d'un Jupiter ou d'un Saturne et
» l'assujettir au Styx et aux destinées, que de dire que ces
» vérités sont indépendantes de lui. Ne craignez point, je
» vous prie, d'assurer et de publier partout que c'est Dieu
» qui a établi ces lois en la nature, ainsi qu'un roi établit
» les lois en son royaume.....

» On vous dira que si Dieu avait établi ces vérités, il les
» pourrait changer comme un roi fait de ses lois ; à quoi il
» faut répondre que oui, si sa volonté peut changer. — Mais
» je les comprends comme éternelles et immuables. — Et
» moi je juge de même de Dieu. — Mais sa volonté est libre.
» — Oui, mais sa puissance est incompréhensible, et géné-

---

[1] Ed. Garnier, tome II, p. 363.
[2] Ed. Garnier, tome IV, p. 303.

» ralement nous pouvons bien assurer que Dieu peut faire
» tout ce que nous pouvons comprendre, mais non pas qu'il
» ne peut faire ce que nous ne pouvons pas comprendre.[1] »

Ainsi la pensée de Descartes n'est point arbitraire. Elle porte en elle-même les titres de sa légitimité. La liberté parfaite est affirmée comme l'inévitable développement de l'idée de la perfection, de la réalité positive, ou, plus simplement, de l'infini. La preuve est inhérente à la thèse, qu'il suffisait de développer.

En tirant de la liberté absolue la loi selon laquelle doit s'opérer le départ entre les vérités accessibles à la raison humaine et les sujets placés au delà de sa sphère, Descartes fait faire un grand pas à sa philosophie et répond en même temps à la principale objection contre la doctrine de la liberté elle-même. Il a saisi toute l'importance de cette idée et la reproduit maintes fois. Il écrit à un autre correspondant :

« Pour la difficulté de concevoir comment il a été libre
» et indifférent à Dieu de faire qu'il ne fût pas vrai que les
» trois angles d'un triangle fussent égaux à deux droits,
» ou généralement que les contradictoires ne peuvent être
» ensemble, on la peut aisément ôter en considérant que la
» puissance de Dieu ne peut avoir aucune borne, puis aussi
» en considérant que notre esprit est fini, et créé de telle
» nature qu'il peut concevoir comme possibles les choses
» que Dieu a voulu être véritablement possibles, mais non
» pas telle qu'il puisse aussi concevoir comme possibles

---

[1] Comparez Réponses aux V^{mes} objections, Ed. Garnier, tome II, p, 348, 349. Réponses aux VImes objections, id. p. 362, 367; puis : Lettres, tome IV. p. 125, 134.

» *celles que Dieu aurait pu rendre possibles, mais qu'il a*
» *voulu toutefois rendre impossibles*; car la première con-
» sidération nous fait connaître que Dieu ne peut avoir été
» déterminé à faire qu'il fût vrai que les contradictoires ne
» peuvent être ensemble, et que par conséquent il a pu
» faire le contraire ; puis l'autre nous assure que, bien que
» cela soit vrai, *nous ne devons point tâcher de le com-*
» *prendre*, parce que notre nature n'en est point capable.
» Et encore que Dieu ait voulu que quelques vérités fussent
» nécessaires, ce n'est pas à dire qu'il les ait nécessairement
» voulues ; car, *c'est tout autre chose de vouloir qu'elles*
» *fussent nécessaires et de le vouloir nécessairement ou*
» *d'être nécessité à le vouloir*. J'avoue bien qu'il y a des
» contradictions qui sont si évidentes, que nous ne les pou-
» vons représenter à notre esprit sans que nous les jugions
» entièrement impossibles, comme celle que vous proposez :
» Que Dieu aurait pu faire que les créatures ne fussent
» point dépendantes de lui ; mais nous ne nous les devons
» point représenter pour connaître l'immensité de sa puis-
» sance, *ni concevoir aucune préférence ou priorité entre*
» *son entendement et sa volonté ; car l'idée que nous avons*
» *de Dieu nous apprend qu'il n'y a en lui qu'une seule*
» *action toute simple et toute pure*[1]. »

La difficulté qui nous empêche de recevoir d'abord l'absolue liberté est celle-ci : Nous trouvons en nous-même certaines idées revêtues du caractère de la nécessité. Pour comprendre l'absolue liberté, il faudrait se les représenter comme contingentes, ce qui implique contradiction dans notre esprit.

[1] Ed. Garnier, lettre XLVIII, p. 147.

Descartes répond : Ce qui est nécessaire à nos yeux, c'est ce que Dieu a voulu rendre nécessaire. Il est auteur, non-seulement du réel, mais du possible; les impossibilités que nous apercevons sont les impossibilités qu'il a créées. Mais ce qu'il a rendu impossible l'est en effet, et nous ne saurions d'aucune manière en comprendre la possibilité. La solution définitive à laquelle il s'arrête n'est donc pas dogmatique; elle est critique. Il ne pense pas que nous devions affirmer, comme si nous le comprenions, que Dieu soit affranchi des lois mathématiques, par exemple. Mais la question étant posée ainsi : Dieu peut-il faire que les trois angles d'un triangle ne soient pas égaux à deux angles droits? on répondrait dans son esprit, en tenant compte de tous les éléments de sa pensée : Nous ne saurions concevoir un triangle dont les angles ne valent pas deux angles droits. Nous ne saurions pas davantage, sans choquer les lois de notre raison, limiter la liberté divine. Ce qui est certain, c'est que l'auteur de cette raison est l'auteur des vérités qui la constituent. Et sa volonté créatrice n'obéit pas à des lois tracées préalablement par son intelligence, car l'intelligence ne précède point en lui la volonté et ne s'en sépare point, mais elles ne sont qu'un seul et même acte.

La manière dont Descartes conçoit le rapport entre l'entendement et la volonté mériterait une étude attentive. En Dieu, nous voyons qu'il refuse avec beaucoup de sens de subordonner l'un à l'autre. Toutefois en soumettant les lois du possible à la liberté divine, il fait bien comprendre qu'au fond il voit dans la volonté le centre et le principe de l'être.

Pour lui la volonté est la substance divine, dont l'intelligence forme l'inséparable attribut.

Il n'en va pas autrement en psychologie. Au premier aspect, le dualisme cartésien paraît tendre fortement au rationalisme et à l'idéalisme. La pensée est « une substance, » l'âme « une chose qui pense. » L'homme ne sait rien de lui-même, sinon qu'il est un être pensant. Ces façons de parler ont exercé une grande influence, que nous ne saurions considérer comme avantageuse à tous les égards. Et pourtant ce ne sont réellement que des façons de parler. Penser est, chez Descartes, un terme générique qui désigne toute espèce d'activité intérieure. Par le nom de pensée, dit-il, je comprends tout ce qui est tellement en nous que nous l'apercevons immédiatement par nous-même et en avons une connaissance intérieure; *ainsi toutes les opérations de la volonté*, de l'entendement, de l'imagination et des sens sont des pensées [1]. La définition de l'âme et les noms imposés aux deux ordres de substances créées ne préjugent donc en rien la question. Pour la résoudre sainement, il faut s'attacher moins aux mots qu'aux choses et voir quels sont, chez Descartes, le rôle et les caractères des deux fonctions dont il s'agit. Nous remarquons d'abord que Descartes affirme le libre arbitre de l'homme avec non moins d'énergie que la liberté divine. Ainsi l'entendement ne détermine la volonté que selon la permission et par le concours de la volonté elle-même. L'action ne résulte pas fatalement de la comparaison des motifs, mais l'âme consent

---

[1] Réponses aux IImes objections, tome II, p. 74. Comparez Principes, tome I, p. 231.

librement aux motifs, et plus ceux-ci sont décisifs, plus elle est libre dans son entière et franche adhésion : même alors elle pourrait la refuser. En effet, « la liberté consiste en ceci que nous pouvons faire une chose ou ne la faire pas[1], » et néanmoins « l'indifférence que je sens lorsque je » ne suis point emporté vers un côté plutôt que vers un » autre par le poids d'aucune raison, est le plus bas degré » de la liberté[2]. » Ainsi l'entendement agit toujours sur la volonté, mais il n'exerce sur elle aucun empire. La volonté commande au contraire à l'intelligence. Son rôle dans les fonctions intellectuelles n'est pas un simple concours, c'est une suprême direction. Toute activité de la pensée se termine en effet dans le jugement, et le jugement est produit par la volonté[3]. Aussi, loin que les torts de notre conduite trouvent une excuse dans l'insuffisance de nos lumières, nous sommes responsables des erreurs de notre intelligence, qui ont leur source dans une faute du franc arbitre; « alors que volontairement nous affirmons ou nions au delà de ce dont nous avons des idées claires et distinctes[4]. » Je ne demande pas si la théorie cartésienne sur le jugement est irréprochable ; je n'essayerai pas de dégager la vérité qu'elle contient de l'exagération qui la rend paradoxale et qui a

---

[1] Méd. IV, tome II, p. 140.

[2] Id. loc. laud. Comparez tome IV, lettre XLVII, p. 156. Avant que notre volonté soit déterminée, elle est toujours libre ou a la puissance de choisir l'un ou l'autre des deux contraires, mais elle n'est pas toujours indifférente, etc.

Tome IV. Principes, § 34, p. 245.

[4] Id. §§ 55 et 36. Comparez la IVme méditation tout entière et surtout § 4, p. 157; § 7, p. 139; § 12, p. 143.

soulevé contre elle tant de critiques ; je me borne à relever son importance dans l'économie générale du cartésianisme.

Le point de vue qui domine la matière et dont jaillissent les doctrines que je viens de rappeler, est énoncé par Descartes en termes précis dans une lettre à son disciple Régis : « L'acte de la volonté et l'intellection diffèrent entre eux » comme l'action et la passion de la même substance ; car » l'intellection est proprement la passion de l'âme et l'acte » de la volonté son action. Mais, comme nous ne saurions » vouloir une chose sans la comprendre en même temps, » et que nous ne saurions presque rien comprendre sans » vouloir en même temps quelque chose, cela fait que nous » ne distinguons pas facilement en elle la passion de l'ac- » tion[1]. » S'il est vrai, comme le veut un axiôme de métaphysique, qu'il y ait plus d'être dans l'actif que dans le passif, la supériorité de la volonté sur l'entendement ne saurait être mieux exprimée. La lettre où nous trouvons ce beau passage est destinée à prouver l'unité de l'âme. Ainsi l'âme est une substance et le vouloir son action. Il n'en faut pas davantage assurément pour établir que la volonté est plus intime à l'âme que l'intelligence, comme dit assez bien un des modernes commentateurs du cartésianisme, ou, dans une forme plus absolue, que la volonté est l'essence même de l'âme. L'essence de l'âme, en effet, ne saurait être que son action, et quand Descartes l'appelle une « chose qui pense, » c'est bien par son action qu'il entend la définir ; mais, dans cette *pensée* elle-même, le trait fondamental

[1] Tome III, p. 593.

est la volonté, comme il ressort clairement de ce qui précède. Aussi la volonté est-elle en nous la seule chose absolue. « Si j'examine la mémoire, l'imagination ou quelque
» autre faculté qui soit en moi, je n'en trouve aucune qui
» ne soit très-petite et bornée et qui, en Dieu, ne soit
» immense et infinie. Il n'y a que la volonté seule ou la
» seule liberté du franc arbitre que j'expérimente en moi
» être si grande, que je ne conçois point l'idée d'aucune
» autre plus ample et plus étendue, en sorte que c'est elle
» principalement qui me fait connaître que je porte l'image
» et la ressemblance de Dieu [1]. » La possibilité de faillir elle-même est une perfection, en ce sens qu'elle est impliquée dans notre liberté [2].

Et comme la volonté est l'essence de l'âme, le reflet de Dieu en nous, sa rectitude constitue le souverain bien ; Descartes l'exprime en termes précis, qui rappellent un mot justement célèbre de Kant :

« Le souverain bien de chacun en particulier ne consiste
» qu'en une ferme volonté de bien faire et au contentement
» qu'elle produit. Dont la raison est que je ne remarque
» aucun autre bien qui me semble si grand ni qui soit en-
» tièrement au pouvoir d'un chacun. Car pour les biens du
» corps et de la fortune, ils ne dépendent pas entièrement
» de nous, et ceux de l'âme se rapportent tous à deux
» choses, qui sont : l'une, de connaître, et l'autre, de vou-
» loir ce qui est bon; mais la connaissance est souvent au
» delà de nos forces, c'est pourquoi il ne reste que notre

---

[1] Tome I, méd. IV, p. 140.
[2] Principes de phil. § 57, tome I, p. 276.

» volonté dont nous puissions absolument disposer [1]. »

Le principe de la métaphysique ne diffère point de celui de la morale. Le bien, au sens général, n'est autre que la perfection de l'être. Si l'être est intelligence, le bien consiste à savoir, comme veut le rationalisme; si le souverain bien se trouve dans la vertu, le fond de l'être est la volonté.

Nous avons déjà vu, Messieurs, avec quelle netteté parfaite Descartes distingue la liberté absolue de Dieu identique à sa toute-puissance, de la liberté relative de l'homme, qui trouve avant elle la distinction du bien et du mal dans la volonté divine.

La doctrine de la liberté absolue semble conduire inévitablement Descartes à l'empirisme. Toute notre science est expérimentale, nous ne connaissons que des faits, car toute existence, et celle de Dieu lui-même, n'est qu'un fait. Il répugnerait à Descartes d'accorder formellement « que Dieu n'ait pas la faculté de se priver de son existence [2]. » Mais, sans aborder cet effrayant problème, il est clair que toute existence créée procédant de la volonté libre de Dieu comme un fait contingent, qui pourrait également ne pas être, nous la connaissons parce qu'elle est, parce que Dieu la veut, mais non pas à titre de vérité nécessaire. Le caractère de nécessité est formellement exclu de l'objet de notre connaissance.

S'ensuit-il qu'il ne puisse pas y avoir nécessité dans la connaissance elle-même? Devrons-nous renoncer à cette

[1] Tome IV, p. 174.
[2] Tome IV, p. 309.

science des effets par les causes, qui est la vraie science aux yeux de Descartes, et ne pourrons-nous pas sceller à la voûte éternelle le premier anneau de la chaîne d'or? En un mot, la philosophie est-elle possible?

Descartes n'en doute pas. Il la défend de l'empirisme par la doctrine de l'immutabilité divine, comme il la préserve de l'idéalisme sceptique par la doctrine de la véracité divine, autre aspect de la même idée.

Les lois générales de l'univers, les vérités métaphysiques qui nous semblent nécessaires, se fondent sur la volonté de Dieu; néanmoins c'est avec raison que nous les comprenons comme éternelles et immuables, parce que la volonté de Dieu est elle-même immuable et éternelle. Telle est la doctrine présentée au Père Mersenne dans le passage éloquent que nous avons cité tout à l'heure.

Ainsi le vrai point de départ du cartésianisme n'est pas l'essence de l'Absolu, que, selon Descartes, nous atteignons sans réussir à le comprendre, distinction capitale sur laquelle le philosophe revient souvent[1]. Le vrai point de départ c'est l'acte absolu de la volonté divine : Volonté simple, éternelle, immuable, laquelle embrasse indivisiblement et par un seul acte tout ce qui est et sera. Au premier abord il semble qu'il y ait contradiction entre les idées d'absolue liberté et d'acte immuable. En disant avec Descartes : « Les vérités éternelles dépendent de la volonté divine, mais elles sont immuables parce que cette volonté ne change point; » ne recule-t-on pas simplement le *fatum*

---

[1] Voyez en particulier Méd. III, tome I, p. 126. « Ceci ne laisse pas d'être vrai encore que je ne comprends pas l'infini, etc. »

qu'on prétend surmonter? N'impose-t-on pas à Dieu l'immutabilité comme une loi de sa nature? — La difficulté est sérieuse, mais non pas insoluble. Il ne faut, pour la lever, que bien entendre dans quel sens nous comprenons l'infini et dans quel sens nous ne le comprenons pas. Nous n'affirmons pas que Dieu ne peut ni changer sa volonté ni la reprendre ; nous tirons de l'idée de l'absolu deux propositions distinctes sans être contradictoires : L'absolu est ce qu'il veut. La volonté absolue peut se manifester et se manifeste naturellement par des actes absolus. Nous laissons subsister ces deux thèses sur l'autorité de l'évidence, bien que leur conciliation positive nous échappe ; il nous suffit que l'impossibilité de les concilier ne soit pas démontrée. Ainsi nous n'attribuons pas à Dieu l'immutabilité comme une nécessité de sa nature, mais nous considérons cette immutabilité elle-même comme un fait dépendant de sa volonté, comme le caractère le plus éminent de la manière dont il se manifeste à nous. Notre raison est conduite à confesser également que Dieu est absolu et qu'il est libre. Pour maintenir simultanément ces deux vérités, il faut dire que l'acte par lequel Dieu se manifeste à nous est, de fait, un acte absolu, et par conséquent éternel, immuable. En d'autres termes, Dieu est absolu parce qu'il veut l'être, et la preuve qu'il veut l'être, c'est que nous ne saurions le comprendre autrement[1]. Cette manière d'entendre Descartes est tout à fait dans le sens de ses ouvertures sur la notion de l'infini, que nous possédons claire et distincte sans toutefois l'embrasser ni la comprendre entièrement.

[1] Comparez la XIXme leçon.

La véracité de Dieu, sur laquelle Descartes essaie après coup de fonder l'objectivité du monde sensible, ainsi que la division des substances étendue et pensante, n'est qu'une manière de présenter l'immuable unité de l'acte créateur : Dieu ne saurait nous tromper, et les choses sont ce qu'elles nous paraissent ; c'est-à-dire que les lois de notre intelligence répondent à celles de l'univers, parce qu'elles ne sont en réalité qu'une seule et même loi, l'effet éternel d'un acte identique. La perpétuité de la Création, qui a fourni le sujet de critiques un peu légères, repose également sur le même axiôme.

C'est encore de l'immutabilité de la volonté divine que Descartes fait découler les lois du mouvement d'où sort toute sa physique, la définition de la matière une fois accordée[1].

[1] De ce que Dieu est immuable en sa nature et qu'il agit toujours de même sorte, Descartes déduit d'abord que la quantité de mouvement est toujours la même dans l'univers ; puis : 1° qu'un corps demeure naturellement dans le même état et ne change que par la rencontre d'autres corps ; 2° que tout corps tend à continuer son mouvement en ligne droite. « Cette règle comme la précédente dépend de ce que Dieu est immuable et qu'il conserve le mouvement en la matière par une opération très-simple » (II, 39) ; 3° que si un corps qui se meut en rencontre un autre plus fort que lui, il ne perd rien de son mouvement, et que s'il en rencontre un qu'il puisse mouvoir, il en perd autant qu'il en donne. Telles sont les lois fondamentales d'après lesquelles on peut déterminer les effets que les corps produisent les uns sur les autres en se rencontrant, et construire le système du monde. Si l'argumentation ne semble pas toujours rigoureuse, l'intention systématique est au moins parfaitement marquée. (Voyez les *Principes de la philosophie*, IIme partie, §§ 36 à 43. Ed. Cousin, tome III, p. 150-158).

Avant l'exposition des lois du mouvement, l'unité de la matière a été posée comme une conséquence de sa définition, ainsi que sa divisibilité

Sa philosophie revêt donc la forme d'une déduction *a priori*, telle qu'il l'a voulue. Elle conserve cette forme jusqu'au bout, non toutefois sans quelques solutions de continuité comblées par l'hypothèse.

Mais cette philosophie progressive n'est guère qu'une physique. Sous le nom de philosophie, c'est essentiellement le système du monde physique que Descartes a cherché. Par cette préoccupation un peu exclusive il semble continuer la philosophie de la Renaissance. L'explication du monde moral, la philosophie de la religion, la philosophie de l'histoire sont restées en arrière, soit par des motifs de prudence, soit surtout parce que le principe ne fournit pas les moyens de les aborder. Descartes, en effet, comprend l'acte créateur d'une manière purement formelle; il s'interdit à lui-même la recherche des fins que Dieu s'est proposées en créant, c'est-à-dire l'intelligence réelle du monde. Sous ce point de vue encore, la recherche du principe est insuffisante chez lui.

D'ailleurs le lien qu'il établit entre les lois de ce monde et les perfections divines, a quelque chose d'artificiel. En réalité ce n'est pas l'étude de ces perfections qui lui donne la connaissance des choses finies. Tout son système sur l'homme et sur l'univers est impliqué dans la séparation absolue entre la substance pensante et la substance étendue, séparation qu'il établit dès l'entrée, avant de connaître Dieu et de savoir si Dieu existe. L'identité de la

à l'infini que Descartes infère de la toute-puissance divine. La véracité, la toute-puissance et l'immutabilité divines forment donc la prémisse métaphysique dont le système du monde doit sortir.

pensée et de la substance spirituelle comme celle de la matière et de l'étendue se fondent exclusivement sur le *cogito ergo sum* et sur le critère de vérité renfermé dans ce célèbre enthymème : Ce que je conçois clairement est le vrai ; or ce que je conçois clairement en moi-même est la pensée, donc la pensée est mon essence ; ce que je conçois clairement dans les objets matériels, l'élément intelligible en eux n'est autre que leur étendue, donc l'essence des corps est l'étendue. S'il en était autrement, nos facultés nous abuseraient : Dieu serait trompeur [1].

Dieu n'intervient ici que d'une manière subsidiaire et, pour ainsi dire, à titre de caution ; mais en réalité le dualisme cartésien n'est pas fondé sur la notion de Dieu, comme la méthode l'exigerait. Il y a plus : si Descartes prétend expliquer le monde sensible par ce qu'il en conçoit clairement et distinctement, c'est-à-dire par ce qu'il y a d'intellectuel en lui, je dirais presque d'idéal ; il ne fonde en réalité l'existence objective de ce monde que sur le préjugé des sens. La confirmation de ce préjugé par la véracité divine n'est pas seulement un après coup, c'est une déception. En effet, s'il était vrai que l'emploi régulier du raisonnement nous conduisît à l'idéalisme, Dieu lui-même, auteur de nos facultés, témoignerait en faveur de la doctrine idéaliste ; sa véracité est donc hors de cause ; la véracité divine ne saurait être invoquée en philosophie que dans un sens plus général, comme l'expression religieuse ou absolue de la nécessité subjective qui oblige l'homme de croire à sa propre

---

[1] Principes de la philosophie IIme part. tome III, p. 120. éd. Cousin. Comparez Méd. III, § 15, tome I, p. 123, éd. Garnier.

raison. Dès lors, si le doute cartésien sur les choses matérielles était légitime avant la démonstration de l'existence de Dieu, il subsiste encore après elle. Il est d'ailleurs permis de croire que Descartes a abusé de son criterium provisoire pour en faire sortir un dualisme dont l'histoire a mis au jour les inconvénients. Entre cette proposition générale : Ce que nous comprenons clairement est vrai, et celle-ci, qui sert de base à son édifice : Les choses dont nous avons des idées distinctes sont nécessairement séparées, il y a un intervalle que les contemporains de Descartes ont fort bien signalé et qu'il ne nous paraît pas avoir réussi à combler dans ses réponses à leurs objections. Il ne suffit pas, pour établir que la pensée et l'étendue sont nécessairement les formes de deux substances opposées, de rappeler que nous concevons très-bien la pensée sans l'étendue et l'étendue sans la pensée. Il faudrait prouver qu'il est absurde de supposer que la pensée soit l'acte d'un être d'ailleurs étendu, ou l'étendue une qualité de la substance pensante. Autre est, en un mot, la possibilité de séparer, autre l'impossibilité d'unir. Descartes nous semble insuffisant sur ce point tout à fait capital.

C'est donc en se fondant sur un argument vicieux qu'il prononce un divorce irrévocable entre le monde sensible et le monde de nos pensées, que l'expérience ne nous permet pas de séparer l'un de l'autre un seul instant. La définition de la matière le conduit au pur mécanisme en physique et en physiologie. Son dualisme rend insoluble la question des rapports de l'âme et du corps. Il jette entre eux un abîme que l'être infini peut seul combler ; mais au contact de l'infini les éléments du fini disparaissent.

Comme aux termes de Descartes la substance étendue ne saurait exercer d'action sur l'être pensant, nous ne voyons proprement pas les choses, mais nous voyons en Dieu les idées des choses, ainsi que le veut le Père Malebranche; d'où suit non moins irrésistiblement, malgré les protestations et le courroux de Malebranche, que nous n'avons aucune raison pour affirmer l'existence objective de ces choses avec lesquelles nous ne soutenons aucun rapport. Ainsi la substance étendue s'évanouit et le dualisme se transforme en idéalisme.

La pensée n'agit point sur l'étendue, pas plus que l'étendue sur la pensée. Nos perceptions ne viennent pas des corps, mais elles résultent d'une action directe de Dieu en nous; de même ce n'est pas nous qui mettons les corps en mouvement lorsque nous croyons agir en eux, mais c'est Dieu qui produit en eux les changements correspondants à nos volontés. Dans la sensation, dans le mouvement volontaire, l'âme se croit active et ne l'est point. La substance pensante est le théâtre d'une activité étrangère. Nous ne sommes pas les auteurs de nos propres pensées. Ainsi la substance spirituelle, dont la pensée fait tout l'être, s'évanouit comme la substance étendue; l'activité des êtres particuliers est illusoire, leur réalité devient une apparence et le dualisme se transforme en panthéisme.

On arrive plus directement au même but en partant de la notion cartésienne de la substance. Mais la définition de la substance que Descartes recueille en passant ne se confond point dans sa pensée avec celle du principe absolu, quoique les preuves dont il se sert pour établir l'existence de Dieu n'autorisent pas rigoureusement l'introduction d'une idée plus haute que celle de la substance.

Le dualisme de la pensée et de l'étendue n'est pas déduit de la connaissance du principe suprême ; il ne s'appuie donc pas sur le critère définitif de la vérité, il ne se justifie pas mieux d'après le critère provisoire de l'évidence intellectuelle, car l'évidence invoquée en sa faveur n'est réellement qu'une illusion.

Pour conduire le cartésianisme au delà des écueils sur lesquels il s'est brisé, il n'y aurait qu'à suivre avec fidélité la route que Descartes s'était tracée à lui-même.

Il faudrait d'abord prouver la liberté de Dieu, qu'il se contente d'affirmer. En établissant que l'être existant par lui-même est absolument libre, on assurerait l'unité du principe et l'on fermerait la porte à Spinosa. Ensuite il faudrait donner, pour ainsi dire, une substance à l'acte divin en montrant quelle sorte d'activité convient à la liberté absolue, ou, comme l'acte est la manifestation de la force, il faudrait montrer dans quel acte déterminé la liberté rend manifeste sa nature absolument indéterminée. Enfin, le caractère positif de l'acte absolu étant reconnu, il faudrait tirer de cet acte, et de cet acte seul, l'explication générale des phénomènes, sans se borner au monde physique, mais en embrassant le fait universel.

SEPTIÈME LEÇON.

Spinosa. — Sa philosophie naît de la confusion qui règne chez Descartes entre l'absolu véritable et l'idée immédiate de l'absolu. La rigueur de ses démonstrations n'est qu'apparente, car elle se fait tout accorder dans les axiômes et dans les définitions. Spinosa définit la substance : cause d'elle-même; mais il tire peu de parti de cette définition, qui n'a chez lui qu'une valeur négative. La causalité dont il parle n'est pas un acte; aussi n'arrive-t-il pas à l'activité et ne réussit-il pas à rendre compte du fini.

Messieurs,

La véritable partie progressive du cartésianisme se trouve dans le système de Spinosa. En effet Spinosa accepte tacitement ce que Descartes a démontré. Il tente l'explication des choses en partant des notions vraiment scientifiques du cartésianisme, des notions qui résultent d'un emploi sévère de sa méthode. Descartes pense trouver immédiatement dans la conscience une idée suffisante du premier principe; il ne fait rien pour élever cette idée au-dessus de sa forme immédiate.

Mais ce que nous trouvons immédiatement dans la conscience, c'est la notion d'un être inconditionnel en général, d'un être qui n'a pas hors de lui, mais en lui-même, les conditions de son existence, qui existe par lui-même ou qui n'a besoin d'aucun autre pour exister. Le principe premier du cartésianisme entendu sévèrement n'est donc pas ce que Descartes appelle Dieu, mais ce qu'il appelle la Substance; et comme Descartes n'a rien fondé sur le principe ainsi défini, c'est de là qu'il fallait partir pour fonder le cartésianisme.

Le juif portugais accomplit courageusement le dessein que le gentilhomme français avait fièrement annoncé. Il coupe le dernier lien qui attachait la philosophie aux traditions religieuses de l'humanité, pour l'asseoir uniquement sur l'évidence rationelle.

Spinosa établit d'abord sans trop de difficulté que la substance qui existe par elle-même est une et infinie.
De cette substance unique, infinie et dont nous ne savons autre chose sinon qu'elle est la substance, il s'agit de passer à la pluralité des êtres; il faut en tirer un système qui fasse droit à nos convictions naturelles, qui embrasse l'expérience tout entière et qui l'explique. S'il ne satisfait pas à ces conditions, nous conclurons que le système n'est pas vrai. Que si, l'expérience faite et tout bien considéré, nous voyons qu'il est impossible de répondre à nos justes exigences en partant d'un principe tel que nous l'avons défini, nous jugerons que le principe lui-même est faux, c'est-à-dire que, pour connaître le principe réel du monde, il ne suffit pas de savoir qu'il est la substance ou, comme dit Spinosa, *causa sui*. Telle est en effet la conclusion où nous contraint l'examen du spinosisme, non-seulement par ses résultats inadmissibles, mais encore par la violence que nous lui voyons faire à la méthode pour arriver à un résultat quelconque.

LEÇON VII.

La Substance de Spinosa, si l'on a bien saisi la portée de sa phrase un peu équivoque, comprend une infinité d'*attributs*. Qu'est-ce à dire, Messieurs, sinon que l'idée de substance est tout à fait indéterminée et qu'il faudrait la déterminer? Elle comprend des attributs, c'est-à-dire que, pour la connaître, il ne suffit pas de savoir qu'elle est et qu'elle est *causa sui*, qu'elle est substance. S'il y a une substance, elle est d'une certaine manière, elle est quelque chose, elle a une nature, une essence ou des attributs. Pour la connaître réellement, il faudrait marquer quelle est cette essence, il faudrait énumérer ces attributs; mais nous ne le pouvons pas, nous ne connaissons pas ces attributs infinis, Spinosa ne les nomme pas. Je me trompe, Messieurs, il en nomme deux : la pensée et l'étendue ; ce sont précisément les noms des substances créées entre lesquelles Descartes a partagé les êtres finis. Spinosa prend la définition cartésienne de la substance trop au sérieux pour parler de substances créées ; il convertit donc la pensée et l'étendue en attributs ; mais on ne voit pas dans son système pourquoi la pensée et l'étendue sont des attributs de la substance infinie ; on ne voit pas pourquoi l'être qui existe par lui-même doit posséder la pensée, on ne voit pas pourquoi il doit être étendu.

Cette déduction pouvait être tentée, j'en conviens ; mais si Spinosa l'a tentée effectivement, du moins ses écrits n'en ont pas gardé la trace. Il paraît donc que l'idée des seuls attributs dont il parle est empruntée à l'expérience ou plutôt à la philosophie de Descartes, qui généralise l'expérience à sa manière. Si l'on demandait à Spinosa pourquoi il a fait de la pensée et de l'étendue des attributs de la Substance ou de Dieu, il ne pourrait guère, à moins de compléter sa pensée en la changeant, répondre autre chose que ceci : La pensée et l'étendue sont évidemment quelque chose l'une et l'autre ; ces deux choses s'excluent réciproquement, Descartes doit l'avoir prouvé ; mais elles ne sauraient être des substances, puisqu'il n'y a qu'une substance. Que voulez-vous donc qu'elles soient, sinon des attributs de la Substance ? Il est difficile de suppléer autrement au silence de Spinosa. Et cependant que signifierait une telle réponse, sinon que les attributs sont appliqués à la substance dont ils devraient jaillir, et que le mouvement progressif de cette philosophie n'est qu'une illusion ?

Mais la pensée et l'étendue sont encore des réalités universelles ou du moins des notions universelles. L'expérience nous fait connaître des êtres particuliers, et proprement elle ne nous fait connaître que cela. Comment la philosophie de Spinosa peut-elle expliquer la présence des êtres particuliers ? en d'autres termes, que sont les êtres particuliers relativement à la Substance, principe de cette philosophie ? Pour le faire comprendre, il faudrait trouver, soit dans la substance infinie, soit dans ses attributs, sinon la puissance réelle de produire les êtres particuliers, tout au moins la nécessité logique de les contenir, de se particulariser ou d'être particularisée. Il n'y a rien de semblable dans le système de Spinosa. Les êtres particuliers s'imposent à la pensée comme un fait dont il ne peut rendre raison d'aucune manière ; seulement, comme on ne peut pas les appeler des substances, puisqu'il n'y en a qu'une, et qu'il faut pourtant leur donner un nom, puisqu'ils sont là, il les appelle des *modes*, c'est-à-dire des manières d'être de la substance.

Mais cette idée de mode est un problème. Pourquoi la substance infinie a-t-elle des modes? que sont ces modes? on n'en sait rien. L'âme de Spinosa est un mode de la substance infinie considérée sous l'attribut de la pensée, mais chacune des idées que cette âme conçoit ou possède est aussi un mode de la substance infinie. Il y aurait donc des modes de plusieurs espèces, de plusieurs degrés, une hiérarchie de modes. On peut, à l'exemple d'un nouveau commentateur, M. le professeur Saisset, bâtir là-dessus d'ingénieuses hypothèses, mais le texte reste muet. L'idée du mode n'est pas arbitraire seulement, elle est vague et insuffisante.

Il y aurait eu moyen, semble-t-il, d'expliquer la production des modes par l'action des attributs de la Substance l'un sur l'autre, si on leur eût accordé une telle action; mais cette idée d'une philosophie plus récente est tout à fait étrangère au spinosisme. Elle ne pouvait y trouver accès : d'abord parce que les attributs sont absolument séparés l'un de l'autre, comme la substance pensante et la substance étendue dans le système de Descartes, puis parce que, en réalité, le spinosisme n'accorde point de place à l'idée d'action. Les modes sont compris dans la substance comme les attributs. Ils y sont en vertu d'une nécessité logique comme il est dans la nature du triangle d'avoir trois angles égaux à deux angles droits. Il y a cependant cette différence que la géométrie démontre la nécessité logique de son théorème, tandis que Spinosa se contente d'affirmer le sien.

Spinosa n'a pas plus que Descartes, un système développé dans toutes ses parties. Le maître s'était attaché principalement à la physique; le disciple, au contraire, donne toute son attention aux phénomènes du monde moral, qu'il s'efforce d'expliquer *a priori*.

La solution morale de Spinosa consiste à dire que toutes nos actions sont déterminées par l'immuable enchaînement des effets et des causes; ainsi nous sommes esclaves; mais en comprenant cette nécessité dans sa source, c'est-à-dire dans la Substance, nous nous réconcilions avec elle. C'est là notre vertu, notre bonheur, notre liberté. Ainsi le fatalisme conduit Spinosa au quiétisme. L'action est sans valeur à ses yeux, car elle n'est pas libre; la science seule a du prix. Du même principe résulte l'absence d'imputabilité morale. La société se débarrasse des malfaiteurs comme on abat un chien enragé; mais il n'y a pas lieu de les blâmer, car ils sont tout ce qu'ils pouvaient être. S'il en est ainsi, le remords n'est qu'une folie, un effet de l'ignorance qui nous persuade que nous pouvions agir autrement que nous n'avons fait, et comme toutes les fautes viennent de l'ignorance, le repentir est une faute de plus. Spinosa n'a point reculé devant ces conséquences, qui s'imposent irrésistiblement à la pensée; il les présente avec une franchise digne d'éloge et de respect. Mais ces conséquences sont horribles. Malgré notre sincère admiration pour le caractère personnel de Spinosa, nous sommes obligé de reconnaître l'immoralité de sa philosophie. Eh bien, qu'est-ce qu'une philosophie immorale, Messieurs? — C'est une philosophie qui, à sa manière, va contre les faits; c'est une philosophie qui contredit des vérités immédiatement certaines. Si la notion de l'inconditionnel est innée, dans ce sens que l'esprit y arrive nécessairement, la distinction du bien et du mal n'est pas moins innée. Les hommes se disputent sur ce qui est bien et sur ce qui est mal, ils ne demandent pas s'il y a un bien et un mal. D'ailleurs une doctrine qui supprime l'imputabilité morale ne peut que nuire au genre humain par ses conséquences; or il est absurde de penser que la vérité soit jamais nuisible; cette idée supposerait que l'intellectuel et le réel se contredisent, que les fils dont est tissu le monde sont embrouillés et rompus, qu'il n'y a pas d'ordre, en un mot, et que l'univers n'est pas un. Si l'on admet cette possibilité, il faut reconnaître également, ce me semble, que les lois de la pensée pourraient aussi n'être pas les lois de la réalité, qu'on n'est pas sûr, en raisonnant bien, d'arriver à la vérité des choses, et par conséquent que le fatalisme auquel on vient d'aboutir est lui-même incertain. Le scepticisme surgissant ainsi du milieu d'un système, le renverse. Quoi qu'il en soit de cet argument, la philosophie de Spinosa est condamnée par ses résultats. Puis, Messieurs, ces résultats eux-mêmes, elle ne les démontre pas, elle les impose. Pour différer de l'opinion la plus répandue, ce jugement n'est pas moins vrai. Je l'explique :

Spinosa est fort systématique en quelque sens. Les trois définitions de la substance, de l'attribut et du mode une fois admises, tout le reste s'en déduit régulièrement, je le crois, bien que le nombre des propositions que Spinosa se fait accorder sans démonstration passe la quarantaine; mais ces définitions n'étant pas enchaînées, forment trois principes séparés. Celle de la substance repose sur une nécessité de la raison; celles de l'attribut et du mode sont en l'air. Rien ne prouve que la substance ait nécessairement des attributs, surtout tels ou tels attributs; rien ne prouve que la substance doive posséder des modes. Cette philosophie ne découle donc pas d'un seul principe, et dès lors elle n'est pas réellement progressive. Indépendamment des autres conditions qu'un système doit remplir, la seule imperfection de sa forme nous obligerait à repousser celui-ci.

Mais si le système de Spinosa n'est pas achevé, il montre cependant ce que doit être un système. Spinosa s'est attaché sérieusement à la solution du vrai problème scientifique : comprendre toutes choses dans leur principe et par leur principe, c'est-à-dire les comprendre comme résultant du principe, en les rattachant à celui-ci par un lien fondé sur sa nature. Ce lien est ici la nécessité logique, parce que le principe est lui-même pure nécessité. Si la pensée était arrivée à concevoir un principe libre, les articulations du tout pourraient être des motifs et des actions libres.

Le système de Spinosa paraît susceptible de quelques perfectionnements formels, qui en augmenteraient à la fois la souplesse et la cohésion ; mais au fond il n'est guère possible d'arriver à quelque chose de sensiblement différent en partant de l'idée spinosiste de Dieu, être abstrait, pur objet, immobile, absorbant tout dans son identité. Cette conception résume un point de vue qui ne se développe, même incomplétement, que par des tours de force, et contredit les besoins de l'esprit aussi bien que ceux du cœur.

Et pourtant, Messieurs, nous ne saurions repousser absolument le principe de Spinosa. Sa définition de la substance est d'une incontestable vérité, nous sommes obligés d'en convenir. Il y a un être qui subsiste de lui-même ; cet être est un, il est infini. Mais cette détermination du principe est insuffisante, il faut la pousser plus loin, et si l'on veut le faire d'une manière sûre, il faut peser les premiers énoncés avec l'attention la plus scrupuleuse. Ceci me conduit à des questions de méthode, malheureusement un peu difficiles.

La philosophie étant la science proprement dite, la science dans le sens absolu du mot, doit commencer par le véritable commencement, c'est-à-dire par une vérité qui soit la première, non-seulement pour nous, mais en elle-même. Elle a donc, à le bien prendre, deux commencements, distincts au moins pour la pensée : la première vérité *pour nous*, dans l'ordre de l'acquisition de nos connaissances, et la première vérité *en soi*, dans l'ordre de l'être. Cette distinction est parfaitement marquée chez Descartes. La première vérité pour nous c'est le *cogito*; la première vérité en soi c'est Dieu. Mais l'idée de Dieu est une idée infiniment concrète, qui s'élabore progressivement, comme nous l'avons vu déjà dans la philosophie ancienne. Il y a donc une série de définitions de Dieu toujours plus complètes, correspondant aux degrés successifs du développement de la pensée. Cette réflexion, qu'un coup d'œil sur l'histoire devrait suggérer à tout esprit sérieux, nous conduit à combiner l'ordre de l'être avec celui de la connaissance et à reconnaître que la première vérité, le commencement de la philosophie au sens absolu, n'est ni le moi, ni Dieu, mais une idée commune peut-être en quelque sens à l'un et à l'autre, je veux dire la première vérité certaine et portant sur l'être premier, la première définition de Dieu.

Ce n'est pas l'idée de l'être parfait, car, au début, l'idée de l'être parfait n'est qu'un problème ; l'idée de l'être parfait serait nécessairement la plus parfaite des idées ; celle dont il s'agit est, au contraire, la plus nue, la plus abstraite, la plus imparfaite des conceptions de l'Être ; il est impossible de penser à l'Être et d'en penser moins que cela. Descartes ne l'exprime donc point dans sa définition de Dieu qui est infiniment supérieure. Il la possède cependant, quoiqu'il ne la mette pas à sa place et qu'il n'en présente que le côté négatif dans sa définition de la substance : « Ce qui n'a besoin d'aucun autre pour exister. » En effet, Messieurs, l'idée la plus nécessaire, dont nous ne pouvons pas faire abstraction, et qui certainement doit répondre à quelque chose de réel, c'est celle de l'Être, de l'être existant par lui-même, de l'être qui est cause de lui-même ou de la Substance. Spinosa le comprit, il mit l'idée de la substance au commencement de la philosophie, mais il négligea de l'approfondir, et, faute de l'approfondir, il la laissa s'altérer. La substance de Spinosa, telle qu'il la conçoit habituellement, n'est plus le véritable objet de notre intuition nécessaire, ce n'est plus le véritable point de départ de la pensée. Il la définit fort bien, mais il ne sait pas se servir de cette définition et semble n'en pas saisir lui-même toute la portée. « La substance, » dit-il, « est cause d'elle-même, *causa sui ;* » c'est bien cela ; mais aussitôt il ajoute : « c'est-à-dire qui n'a besoin d'aucun autre pour exister. » Cette explication fait de l'attribut *causa sui* une désignation extérieure et accidentelle, qui n'apprend rien sur l'être en lui-même. L'idée de cause n'est point identifiée avec celle d'être comme il le faudrait pour qu'on eût la vraie notion de la substance, ce qui est au fond, ce qui est en dessous, ce qui produit, *producit*. Proprement, dans le système de Spinosa il n'y a point de cause, et partant, point de véritable substance ; il n'y a que l'être déployé, manifesté, l'être considéré comme *objet*. Cela vient d'un défaut d'analyse qu'il importe de signaler.

Quelle est effectivement, à bien réfléchir, l'idée la plus nécessaire dans l'ordre réel, ce qui, absolument parlant, ne peut pas ne pas être ? C'est le principe, le fondement, le *sujet* de l'existence une ou multiple, finie ou infinie.

L'être nécessaire est celui qui subsisterait encore dans l'anéantissement de toute existence. Nous pouvons, par un suprême effort d'abstraction, supposer que rien ne soit ; nous ne pouvons pas supposer que le sujet de l'existence ne soit pas. La pensée s'y refuse absolument. Mais si les lois de la pensée sont les lois de l'être, comme l'implique l'idée de vérité, il est clair que le commencement de la pensée est le commencement de l'être. En effet, tout ce qui existe manifeste, réalise une essence ; l'essence est, pour la pensée, distincte de sa manifestation, antérieure à sa manifestation, indifférente à sa manifestation ; qu'elle soit ou non réalisée, elle n'en subsiste pas moins comme essence ou comme substance [1]. La substance est susceptible d'exister ou de n'exister pas, elle est la possibilité réelle, la *puissance* de l'existence. La substance et la puissance sont identiques, comme l'existence et l'acte. Cependant la puissance n'est pas absolument opposée à l'acte, parce que

---

[1] Ces deux notions, entre lesquelles certains scolastiques ont distingué, sont considérées ici comme identiques.

généralement il n'y a pas d'oppositions absolues. Le contraire est toujours impliqué dans son contraire. Une pure puissance ne serait rien, tandis que l'expérience et la raison nous montrent que la puissance réelle est quelque chose. La puissance réelle n'est donc pas absolument dépourvue d'être, je l'accorde; elle est l'être replié, caché, contracté, l'être au minimum; mais enfin ce minimum précède le maximum, la puissance précède l'existence. La première forme de l'être, ce point de départ de la pensée, c'est proprement l'être en puissance. Cette idée est marquée fortement dans les mots *causa sui*.

Cependant Spinosa ne s'y arrête pas, il ne saisit pas l'être dans sa source, dans son antécédent, dans la puissance; il affirme immédiatement l'existence, qui n'est et ne peut être que le second terme dans la série de nos conceptions métaphysiques.

Il ne faut pas être injuste. L'opposition entre la puissance et sa réalisation, entre la substance et l'existence se trouve bien dans le système de Spinosa; elle est exprimée par l'opposition de la *natura naturans* et de la *natura naturata*. La *natura naturans* est la source, le fondement, le sujet, la substance dans son identité, dans la puissance. La *natura naturata* désigne l'existence dans la variété de ses manifestations, c'est la série infinie des modes qui sortent nécessairement les uns des autres. Il faut bien que cette distinction soit quelque part, sans cela le système de Spinosa se confondrait purement et simplement avec celui des Eléates, qui, pour n'avoir point distingué l'essence de l'existence dans l'infini, se sont vus conduits à l'absurde extrémité de nier le fini. Spinosa n'a pas l'intention de refuser aux êtres finis toute réalité quelconque ; il voudrait seulement marquer, en appuyant sur cette idée, que toutes les existences variées sont identiques dans leur essence. Mais, pour accomplir effectivement son dessein sans aller au delà, il faudrait établir entre l'essence et l'existence, entre la *natura naturans* et la *natura naturata*, une différence réelle, objective, et non pas une différence de point de vue seulement. La différence serait réelle si la substance produisait véritablement ses modes ; or elle ne les produit pas, elle les contient. Elle n'est pas cause de l'existence, de la *natura naturata ;* elle n'est pas véritablement cause, parce qu'elle n'a point en elle de puissance ; la prétendue substance n'est pas la puissance de l'existence, elle est l'existence elle-même. La distinction entre la *natura naturans* et la *natura naturata* est donc purement subjective, comme la terminologie habituelle de Spinosa le marque assez clairement[1] ; c'est-à-dire que la *natura naturata* n'a qu'une valeur subjective, et qu'au fond, pour celui qui voit bien les choses, les êtres finis n'existent pas. Le système de Spinosa revient donc réellement, aux yeux d'une critique sévère, à celui de Parménide, au-dessus duquel il ne s'élève que par son effort. Néanmoins cet effort est un progrès, et il montre ce qui reste à faire.

Pour résumer cette appréciation, qui s'allonge trop, nous dirons que Spinosa a tenté de fonder un système sur l'idée de substance avant de l'avoir nettement saisie.

Sous ce point de vue il est inférieur à Giordano Bruno,

---

[1] Le *quatenus*, qui revient sans cesse.

qui a l'air moins scientifique et qui pourtant l'est davantage, parce qu'il a tiré plus de parti des travaux de l'antiquité.

On a dit avec raison que la substance de Spinosa est un abîme où tout entre et dont rien ne sort. Rien ne peut en sortir. En partant de l'être immobile de Spinosa, on n'atteindra jamais la pluralité de l'existence. Ce qui nous empêche d'arriver à l'existence, c'est que nous y sommes dès l'origine. Voilà la faute. Il est clair, Messieurs, que si l'être absolu existe en tant qu'absolu, ce n'est pas comme la totalité de l'être, mais comme un être au-dessus des autres. L'absolu est tout, sans doute, en tant que substance, c'est-à-dire en tant que source de l'être, en tant que puissance, mais non pas en tant qu'existence ; sans cette distinction il est impossible d'expliquer la pluralité des choses. Pour affirmer réellement l'existence de Dieu, il faut consentir à ce qu'il se particularise, à ce qu'il s'individualise, non pas certes dans le fini, mais au-dessus du fini. Si cette particularisation nous répugne, alors il faut avouer que Dieu n'existe pas, mais qu'il subsiste seulement comme le principe caché de toute existence. Affirmer son existence en refusant de le particulariser et de reconnaître une autre existence que la sienne, c'est nier le fini.

Le tort de Spinosa consiste donc en ceci, Messieurs, qu'il n'a pas établi d'une manière assez nette et assez ferme la distinction entre la substance, qui forme la base ou le sujet de l'existence, et l'existence elle-même. La substance de Spinosa est en réalité l'existence *objective*, tandis que la véritable substance ne peut être conçue que comme *sujet*.

Ces deux mots, un peu barbares, mais précieux, s'expliquent par leur étymologie. Le sujet, comme la substance[1], est au dessous, au fond ; au fond de quoi ? évidemment au fond de l'être. L'objet, c'est l'être devant nous, vis-à-vis de nous, l'être déployé, l'être manifesté, l'existence[2]. La base de l'être est distincte de l'être lui-même, du moins pour la pensée. La base de l'être, c'est la substance, la puissance active, le sujet. Spinosa, lui, dépouille la substance de toute subjectivité et par là de toute spiritualité. Il n'échappe au matérialisme que par l'abstraction. Ce défaut eût été prévenu, et le spinosisme aurait pris un caractère tout différent, s'il fût resté fidèle à sa propre définition de la substance : *causa sui*. L'esprit de la philosophie spéculative exigeait que cette définition fût prise au sérieux, dans un sens positif et énergique, c'est-à-dire que la substance, qui est sa propre cause, fût revêtue d'une véritable causalité ou devînt un principe actif, car il n'y a de causalité positive que dans l'activité. Cette définition de la substance n'est plus celle de Spinosa ; elle appartient à Leibnitz.

[1] Sub-stare, sub-jicere.
[2] Ex-stare, ex istere.

HUITIÈME LEÇON.

Leibnitz.—Tout son système est implicitement renfermé dans l'idée que l'activité fondamentale de la substance est de nature intellectuelle, supposition par laquelle Leibnitz explique la pluralité des êtres. Il conçoit Dieu moins comme substance que comme but. — École de Wolf. — Locke fait prédominer la question de l'origine des idées. Son empirisme ouvre la porte au scepticisme de Hume. — Kant s'applique à réfuter simultanément l'empirisme de Locke et le dogmatisme des Wolfiens. Problème de la philosophie critique.

Messieurs,

Si les modernes doivent à Spinosa une idée précise de la forme et du but de la philosophie, c'est Leibnitz qui a mis cette science sur la voie qui conduit à la détermination positive de son principe, en définissant la substance : un être susceptible d'action. La définition de Leibnitz est contenue dans celle de Spinosa, comme la définition de Spinosa dans celle de Descartes. L'être qui n'a besoin d'aucun autre pour exister est cause de lui-même; l'être qui est cause de lui-même est actif, l'activité est son essence. Ceci n'est qu'une analyse, mais une analyse progressive, tandis que Spinosa, qui commençait bien, bronche dès les premiers pas. Il commençait bien, disons-nous, Messieurs; en effet, il commençait par la Substance, par l'être au fond de toute existence, par ce qui ne peut pas ne pas être et ne pas être pensé. Mais il confond la base de l'existence avec l'existence elle-même, ou plutôt il attribue immédiatement l'existence à cette base, sans avoir l'air de soupçonner que c'est là une affirmation très-grave, qui ne s'entend pas d'elle-même, qui peut être prise en plusieurs sens, et qu'il vaut la peine de peser. Cette précipitation ôte beaucoup de son prix à la belle définition de la substance que Spinosa vient de présenter. Nous ne demanderions pas à Spinosa d'en prouver la justesse, c'est inutile ; nous lui demanderions de s'en souvenir. Si la substance est vraiment cause d'elle-même, c'est par un acte, et cet acte, il faudrait en rendre compte, il faudrait le déduire, ou tout au moins le signaler, au lieu de le sous-entendre.

Essayons de suppléer à ce silence et de nous replacer dans la pensée génératrice du système de Spinosa : La causalité, l'activité, la subjectivité sont une seule et même notion aperçue sous des aspects divers. L'être qui est cause de lui-même est donc primitivement sujet; par l'acte constitutif de son être il se réalise et devient objet. Tel est le sens intime de la distinction entre la *natura naturans* et la *natura naturata*. Mais Spinosa ne dit rien de cet acte, il laisse ce rapport dans l'ombre et semble en général saisir la substance après cet acte de sa propre réalisation, comme pure existence objective, dans laquelle toute activité s'est éteinte. Il règne ainsi dans son système une équivoque qui l'empêche de se développer. Si la substance infinie existe comme telle, le fini est impossible ; si le fini existe, la substance, elle, n'est que substance et n'existe pas ; la dernière alternative exprime le vrai sens de Spinosa; mais chez lui la forme et le fond ne sont pas d'accord.

Leibnitz a repris toute cette série d'idées dès son origine ; il les a scrutées jusqu'au fond avec une clarté parfaite, mais il n'a pas écrit sa philosophie ; content d'en avoir jeté çà et là les résultats sous une forme incomplète et fugitive. Sachant qu'il serait difficilement compris, craignant peut-être aussi de l'être trop bien, il n'a pas voulu tout dire. J'ignore s'il l'aurait pu, et si les variations incontestables de sa doctrine ne tiennent pas, en partie du moins, à l'absence d'une méthode qui l'obligeât à se rendre un compte rigoureux de sa propre pensée. J'ai exposé ailleurs le système de Leibnitz[1] ; il serait inutile d'y revenir aujourd'hui, les détails vous en sont familiers ; mais je voudrais essayer, si vous m'accordez quelque attention, de donner une forme à la prémisse tacite de son système et de vous montrer dans cette prémisse le lien dialectique fort étroit qui en unit les diverses parties, en apparence assez indépendantes les unes des autres. Leibnitz fait souvent allusion à cette idée sans l'énoncer jamais expressément. Il s'agit donc pour nous de suppléer au silence du texte et de reconstruire de notre mieux la doctrine ésotérique du grand philosophe, ou plus simplement de traduire le contenu tout spéculatif de ses écrits dans une forme spéculative explicite.

La substance est cause d'elle-même, dit Spinosa ; Leibnitz traduit : La substance est essentiellement active. Elle se réalise elle-même par son acte. Il s'agit de comprendre cet acte et de le comprendre si bien, qu'il nous explique l'énigme du monde. Chez Spinosa la substance se trans-

---

[1] La Philosophie de Leibnitz. Lausanne 1840, chez Ducloux (Bridel).

forme immédiatement en existence, elle fait explosion tout à la fois, pour ainsi dire, et perd ainsi la subjectivité, l'activité. Dès lors il est impossible d'arriver au fini, d'expliquer l'expérience. Cette philosophie n'atteint pas le but, il faut recommencer sur nouveaux frais.

Leibnitz place également au point de départ une substance qui se réalise elle-même ou se donne l'existence ; mais, averti par l'insuccès de Spinosa, il pense que, tout en se réalisant, la substance doit rester substance, c'est-à-dire conserver l'activité, la subjectivité, la puissance. L'expansion de la substance primitive n'est donc pas illimitée, mais limitée : en s'affirmant elle se réfléchit, son épanouissement est accompagné d'un retour sur elle-même ; elle se pose et se comprend, c'est-à-dire, Messieurs, qu'elle est intelligence ; l'acte d'affirmation réfléchie que nous venons d'analyser est l'acte constitutif de l'intelligence ; nous venons d'assister à l'enfantement de l'idée d'Intelligence. La substance est cause d'elle-même, elle se produit par un acte intellectuel. Mais, en se réfléchissant elle-même, elle transforme en pluralité l'unité virtuelle de son essence, car il n'y a pas réflexion sans dualité, il n'y a pas intelligence sans discernement, sans division. La substance se distingue elle-même d'avec elle-même, si c'est la réflexion qui donne naissance à son être ; elle ne peut donc pas exister sous la forme de l'unité, mais seulement comme pluralité, comme pluralité infinie. — Telle est l'origine spéculative du principe des indiscernables et du système des monades. Nulle existence n'est pareille à une autre, parce que le principe de l'existence est un principe d'absolue distinction. L'être ne se réalise qu'en se divisant, donc il n'est réel que divisé. La division est absolue, donc les êtres réels sont en nombre infini ; l'unité virtuelle ne subsiste qu'idéalement. Si vous y regardez de près, Messieurs, vous trouverez, je crois, le système de Leibnitz tout entier condensé dans cette idée.

Voici les principales thèses que Leibnitz a mises en avant, sans prendre la peine de les enchaîner :

1° La substance n'est autre chose que la puissance active ou la force.

2° Il existe une multitude infinie de substances.

3° L'activité de chacune d'elles est purement intérieure, ou réfléchie ; elles n'agissent point les unes sur les autres, chacune se développe spontanément selon ses lois, sans subir d'influence extérieure (monades).

4° La loi du développement des forces est une loi nécessaire. La série des actes dont se compose l'existence de chacune d'elles est immuablement déterminée par sa nature essentielle (principe de la raison suffisante).

5° Chaque substance, chaque force diffère intrinsèquement de toutes les autres. Deux êtres semblables ne sauraient exister (principe des indiscernables).

6° Le développement successif de chaque force distincte correspond en quelque manière, et pour chacune d'une manière différente, au développement de toutes les autres, de sorte que chaque être, formant un monde à part en vertu de sa parfaite inaltérabilité et de son individualité, n'en est pas moins un élément intégrant d'un seul monde, dont l'unité consiste dans l'harmonie (harmonie préétablie).

Leibnitz n'a pas justifié ces idées, qu'il applique comme en se jouant, à la solution de quelques problèmes particuliers posés par l'expérience, mais dont il fait sentir fréquemment la portée universelle. Ce sont des colonnes hardies sur lesquelles on pourrait asseoir un édifice dont Leibnitz laisse deviner le plan; mais ces colonnes sont vivantes, ce sont des tiges sortant d'une même racine cachée dans le sol. En essayant de mettre à nu cette racine, nous sommes fidèle à l'esprit de l'histoire, nous sommes fidèle à l'esprit de Leibnitz. Mieux que personne, ce génie accompli connaissait les exigences de la méthode. Il réclame lui-même une science d'un seul jet qui ramène tout à l'unité et démontre tout par elle. S'il ne nous a pas donné la science dans une forme qui réponde à cet esprit systématique, c'est apparemment, Messieurs, que sa bienveillante ironie voulait nous laisser quelque chose à faire.

Nous avons trouvé, semble-t-il, le nœud de l'énigme en rapprochant Leibnitz de son prédécesseur. Leibnitz ne se fait pas sérieusement accorder au début la pluralité des substances d'un côté, et de l'autre leur activité essentielle. Ce serait partir de plusieurs principes, or un philosophe qui a plusieurs principes n'en a point. Comme Spinosa prouve par sa définition de la substance que la substance est forcément une, Leibnitz doit tirer de la sienne la nécessité d'en admettre plusieurs. D'ailleurs il est trop sage pour placer réellement et d'une manière absolue la pluralité de l'être au point de départ. Pour Leibnitz aussi la substance est une en principe, mais en principe seulement ; en fait elle est multiple ; elle devient multiple en se réalisant parce que cette réalisation implique nécessairement la multiplication.

Le principe que Leibnitz appelle monade centrale, bien que ses fonctions ne s'accordent pas avec la définition de monade, n'est autre que cette substance ou ce sujet primitif qui se réalise tout en restant puissance, qui revient sur lui-même en se déployant, qui (pour mettre à profit une métaphore naturelle) se dilate et se contracte en même temps, et par conséquent se brise. L'identité de la substance et de la force, déjà si souvent aperçue et signalée par les philosophes, se trouvait implicitement dans le spinosisme : la substance est sa propre cause. Leibnitz développe cet axiome dans le sens idéaliste en présentant l'acte essentiel de l'être comme un acte de réflexion de l'être sur lui-même, précisément dans le but d'arriver à la pluralité des êtres réels. Souvent il répète que Spinosa aurait raison s'il n'y avait pas de monades. Un tel mot, sorti d'une telle bouche, doit avoir un sens sérieux. Evidemment Leibnitz ne s'exprimerait pas de la sorte si la monade n'était à ses yeux qu'une hypothèse empirique. Le sens de son exclamation est celui-ci : Spinosa aurait raison s'il n'y avait pas dans la pensée une nécessité qui nous oblige à concevoir les monades. Cette nécessité, nous la trouvons dans l'idée d'intelligence, que Spinosa applique à la substance infinie sans l'expliquer, tandis que Leibnitz la saisit dans son énergie : La substance se produit et s'affirme, mais néanmoins elle reste substance, c'est-à-dire qu'elle se réfléchit en s'affirmant, et cette réflexion, poussée à fond comme il faut la pousser, puisqu'elle forme l'essence de l'être, conduit à la vivante poussière des monades, à l'infinie pluralité. En effet il n'y a de réflexion que dans l'opposition du connaissant et du connu; or comme ici la réflexion n'est pas un acte particulier, mais un acte essentiel ou une loi, la réduplication n'a pas de limite, de sorte que l'on arrive à la pluralité absolue.

C'est un défaut du péripatétisme de n'avoir pas aperçu que l'intelligence implique inévitablement une sorte de pluralité. Plotin, que Leibnitz suit d'assez près, a corrigé l'erreur d'Aristote en rétablissant dans le νῦς divin la pluralité des idées. L'intelligence discerne, son activité interne produit dans l'unité virtuelle de l'être les différences qu'elle y aperçoit. Si l'acte essentiel de l'être est la réflexion, il se différencie par là-même. Il suffit de pousser cette donnée à l'infini, comme la précédente, pour trouver le principe des indiscernables.

Mais en se distinguant, en se déterminant, l'Intelligence se limite elle-même, les produits multiples de la réflexion absolue sont des produits limités, la pluralité des monades est une pluralité finie; tous les êtres qui existent réellement sont des êtres finis, leur activité est bornée, dans un sens ils ne sont pas seulement actifs, mais passifs, pas seulement spirituels, mais matériels. La limitation est imposée à la monade par l'acte même qui la produit; cette idée négative est celle de la matière première inhérente à la monade. De cette matière première, c'est-à-dire de cette limitation, de cette imperfection résultent la nécessité d'un développement successif, et le temps, forme de la succession, puis la nécessité de concevoir les uns hors des autres les éléments de la pluralité, c'est-à-dire l'espace, et enfin la matière phénoménale, la matière seconde, conception sans objet réel, simple limite de l'activité.

Le système des monades découle donc tout entier, sans effort, de la définition de la substance, interprétée idéalistement. Si la substance est essentiellement active et si cette action consiste dans un retour de la puissance sur elle-même, elle ne peut exister que dans la forme d'une pluralité infinie d'intelligences distinctes et finies, qui forment par conséquent l'universelle réalité.

Nous tomberions dans des répétitions inutiles en démontrant ici que tout système de métaphysique ou de psychologie pour lequel l'intelligence est l'élément essentiel de l'être, doit aboutir à proclamer la nécessité universelle. Le principe de la raison suffisante est donc impliqué, lui aussi, dans la donnée primitive que nous cherchons à mettre en saillie. Ce principe résulte de la manière dont la substance est cause d'elle-même ou de l'acte générateur des monades.

Enfin la raison suffisante et les monades conduisent irrésistiblement à cette Harmonie, qui résume le système de Leibnitz pour la pensée à tous les degrés de profondeur. Dans l'infinité de leurs différences, les monades réalisent en la limitant une essence identique. Le mouvement d'évolution continue auquel chacune d'elles est livrée, part d'une même impulsion et n'est que la prolongation d'un même acte. Individuelles et universelles à la fois, elles réfléchissent l'univers ou l'universel en se réfléchissant. Leurs différences ne sont que le déploiement de l'infinité virtuelle. Elles se complètent donc et répondent les unes aux autres. Tout en elles étant nécessaire et tout partant du même point, il est impossible qu'il n'y ait pas entre elles un rapport quelconque, ou que les modifications de chacune d'elles, naissant de sa nature propre, ne soient pas déterminées en même temps par toutes les autres ; car ce fond naturel est primitivement déterminé dans sa virtualité spontanée par celui de toutes les autres. L'harmonie préétablie n'est donc point une hypothèse nouvelle qui vienne s'ajouter aux monades ; elle est comprise dans l'idée même des monades, comme celle-ci est comprise dans la supposition tacite que la substance se réfléchit en se réalisant.

L'harmonie se produit toute seule ; il n'y a pas besoin qu'elle soit établie ou préétablie ; dès lors, en appliquant ici les règles d'une méthode sévère, qui ne permet pas d'attribuer à la cause une réalité supérieure à ce qui est exigé pour rendre compte de l'effet, il faut dire que l'harmonie n'est pas établie.

La seule fonction de Dieu, dans le système de Leibnitz, c'est de produire l'harmonie une fois pour toutes. Tout est compris dans l'acte primitif de la création : une fois que les monades sont là, tout va de soi-même. Si Dieu n'est pas nécessaire à l'harmonie, comme nous venons de le voir, Dieu est superflu ; dès lors sa place est usurpée ; pour ramener cette philosophie à l'unité, il faut en bannir Dieu. Dieu n'est pas, du moins comme être réel, comme substance actuelle, comme existence ou comme monade. Il est aisé de prouver en effet, l'insuffisance des preuves classiques de l'existence de Dieu que Leibnitz rajeunit, dans l'économie de son système. Les contradictions entre l'idée de la monade centrale telle que Leibnitz la présente, et l'idée générale de la monade, ne sont pas moins évidentes et fournissent un argument plus décisif :

Il n'y a d'êtres réels que les monades, dont l'activité purement interne, purement idéale se termine dans la perception. Si Dieu est une monade, ses produits sont des perceptions, des idées, des modes de la pensée, comme pour Spinosa; et nous perdons la pluralité des substances. S'il en est autrement, l'on peut concevoir dans l'être simple, dans la force, une autre activité que la représentation, aveu qui saperait la base de la métaphysique leibnitzienne. Il n'y a pas moyen de fixer le système de Leibnitz; le comprendre c'est le transformer. Si l'on prend la pluralité des monades comme point de départ immuable et absolu, ainsi que Leibnitz paraît le faire, il faudra définir le système un atomisme idéaliste. L'unité n'est qu'idéale, l'unité est l'ordre, l'unité est le but. Cette interprétation, dont plusieurs s'effaroucheront, se fonde cependant sur le texte. L'harmonie, que Leibnitz représente ordinairement comme l'œuvre de Dieu, il l'identifie quelquefois avec Dieu lui-même : *Amor Dei sive harmoniæ rerum.*

Mais je n'admets point sans réserve, Messieurs, que Leibnitz commence par la pluralité des substances. Et d'abord, sa pensée est le complément, le perfectionnement de celle de Spinosa, aussi bien qu'elle en est l'antithèse; il y a entre l'une et l'autre des rapports trop intimes et trop multiples pour admettre une opposition aussi radicale dans le point de départ. Cette considération, qui prendrait quelque force par un parallèle étendu des deux systèmes, n'est pourtant pas à mes yeux la principale. Si je n'admets pas que Leibnitz commence par la pluralité, c'est tout simplement, Messieurs, parce que la chose est impossible. A la question de savoir d'où viennent les monades, il faut nécessairement une réponse, et si la réponse de Leibnitz ne cadrait point avec le reste de son système, il ne resterait qu'à la corriger. La seule manière conséquente de développer le système de Leibnitz et d'en concilier les éléments, d'en saisir l'intime pensée, c'est de prendre le courant principal, l'idéalisme, en le remontant d'abord jusqu'à sa source. C'est là, Messieurs, ce que nous venons d'essayer.

La monade centrale est donc quelque chose, bien qu'elle ne soit pas une monade, car elle n'*existe* pas; mais elle est la base, le sujet de toute existence, la substance cause d'elle-même et de tout. L'acte de sa propre réalisation est un acte de réflexion, de distinction, de spécification, d'intelligence, éternelle génération du multiple et du divers.

Ce qui occupe la scène, ce qui existe, ce sont les monades, les pensées pensantes, conscientes d'elles-mêmes à des degrés divers, réelles par conséquent à des degrés divers, puisque se réaliser c'est se comprendre, mais conspirant toutes vers un même but. Le présent, l'actuel, l'univers, l'existence, en un mot, est donc remplie par la pluralité; l'unité se retrouve au-dessous et au-dessus : au fond, comme la source éternelle, comme la *série des possibles* (c'est une autre définition de Dieu, hardiment jetée en avant par Leibnitz). Au-dessus, comme l'Idée, comme le but, comme l'*harmonie des choses*. L'unité n'est pas réelle, elle est idéale et virtuelle seulement. Idéal et virtuel, Messieurs : dans un sens c'est la même chose, dans un autre c'est fort différent. La *série des possibles*, c'est le

Dieu virtuel ; l'*harmonie des choses*, c'est le Dieu idéal. Eternellement virtuel, éternellement idéal, Dieu n'est jamais réel, mais toujours impliqué dans le mouvement de réalisation qui va du virtuel à l'idéal et se traduit dans les monades. En un mot, comme pour Spinosa, mieux que chez Spinosa, Dieu est la Substance. Mais Leibnitz a compris plus clairement que la substance, en tant que substance, n'existe pas ; il se montre plus fidèle à cette donnée, il met le mouvement dans l'objet même de la philosophie, tandis que dans le spinosisme il n'y a de mouvement que chez le penseur.

Au fond, malgré l'extrême différence d'exécution et de manière, les deux systèmes sortent de la même source et reproduisent le même type : l'essence universelle se réalisant elle-même selon l'immuable nécessité de sa nature. Dans Spinosa les articulations sont faiblement indiquées ; il a des distinctions au lieu de mouvements. Le système de Leibnitz est plus large, plus épanoui, plus vivant ; mais Leibnitz en raconte des fragments, il y fait allusion plutôt qu'il ne l'expose, et ne s'assujettit pas toujours à la loi d'une conséquence rigoureuse. L'*Ethique* de Spinosa ne présente pas l'entier et libre développement de l'idée de substance absolue ; elle reste en dessous. Leibnitz, au contraire, dépasse l'idée de substance. La notion qui domine dans son système est celle de *but*. L'unité virtuelle se réalise dans la pluralité des monades pour se ressaisir comme unité idéale, comme l'harmonie, qui est le but universel. Ainsi, d'après la logique intime de ce point de vue, que Leibnitz est loin de suivre habituellement, mais que, par intervalles du moins, il a très-distinctement aperçue, le principe absolu de l'être n'est rien d'actuel, rien d'existant, il n'est que but, il n'est que loi, il n'est qu'Idée : pourquoi, Messieurs? — parce que ces notions sont les plus hautes que l'esprit ait conçues jusqu'ici ; or la plus haute de nos idées sera toujours notre définition de Dieu. L'idée la plus haute est celle de liberté ; aussi le système de Leibnitz, s'élevant au-dessus du spinosisme, nous fait-il avancer du côté de la liberté, quoiqu'il soit fondé sur la nécessité universelle non moins que celui de Spinosa. Mais la nécessité de Spinosa est la pure nécessité de contradiction : Les choses sont ce qu'elles sont par la nature de la substance, parce qu'il est impossible qu'elles soient autrement. La nécessité de Leibnitz est la nécessité de la cause finale, la nécessité intelligente, la nécessité de la perfection : Les choses sont ce qu'elles sont parce que l'accomplissement du but final ou du souverain bien le réclame. Qu'il y ait une différence bien réelle entre ces deux points de vue, je ne le crois pas. C'est le même résultat, obtenu directement dans l'un des cas, et dans l'autre, au moyen de quelques intermédiaires. Mais s'il n'y a pas de différence réelle, il y a une différence d'intention qui est déjà beaucoup. La nécessité de Leibnitz est possédée du besoin de liberté. L'idée d'un but suprême conduit irrésistiblement l'esprit à celle d'une intelligence qui conçoit ce but et qui le poursuit, soit avec réflexion, comme Leibnitz représente la chose ordinairement en s'accommodant aux doctrines reçues, soit spontanément, sans réflexion, ce qui est la solution la plus conforme à la définition générale de la substance, à laquelle il faut tout ramener pour trouver l'élément systématique et spéculatif de cette pensée vaste, lumineuse, pénétrante, mais indécise. L'indécision est de son essence. C'est comme le rond-point de la forêt, ou comme un massif où les eaux se partagent. On peut, avec une égale conséquence, pousser la pensée de Leibnitz au réalisme ou à l'idéalisme, à la nécessité ou à la liberté, à l'atomisme ou au panthéisme. Inconsistante en sa fécondité prodigieuse, elle ne peut subsister qu'en se transformant.

Tel est Leibnitz. Maintenant, Messieurs, mesurons du regard le chemin parcouru, réglons compte avec le XVIIme siècle, essayons d'apprécier les résultats positifs acquis à la pensée. Ce sera bien court, car si chaque système vu du dedans est un monde, il n'est qu'un point, vu du dehors.

Descartes a posé le problème : Il faut trouver le principe de l'être dans la pure pensée. Spinosa commence cette recherche, et dit : Nous concevons nécessairement le principe de l'être comme la substance universelle qui se produit elle-même. Leibnitz part de là pour demander comment la substance se produit elle-même, et cherche une réponse telle qu'elle permette de concevoir l'existence du monde fini ; il reproduit dans la sphère de la libre pensée une solution déjà proposée par les théologiens spéculatifs, mais en la dégageant des compléments et des correctifs de la théologie : La substance se produit en se réfléchissant, par là elle se limite et se différencie à l'infini.

Ainsi :

I. L'idée de Dieu est en nous ;

II. Dieu est la substance qui produit l'existence ;

III. L'activité de la substance est *idéale*.

Ces trois propositions résument les trois grands systèmes

philosophiques du XVIIme siècle au point de vue de la philosophie elle-même. Le reste appartient à l'histoire.

La métaphysique construite par Wolf et par ses nombreux disciples sur les idées de Leibnitz prend les allures d'un système régulier, système plus vaste et plus complet que tous les précédents quant à son ordonnance extérieure. Mais il roule sur des définitions convenues, il suppose les idées des choses et ne les produit pas. Dans cette école, le travail de la pensée consiste à rattacher certains attributs donnés à des sujets donnés également. Ce procédé, qui rappelle celui de la scolastique, dont le système de Wolf se rapproche à d'autres égards encore, ne saurait convenir à la spéculation véritable. L'intérêt principal de la philosophie consiste dans la création d'idées nouvelles. Wolf en introduisit peu. Son école paraît avoir eu pour mission de populariser l'idéalisme et d'en tirer les conséquences en réduisant peu à peu la science rationelle aux proportions d'une psychologie.

Le système profondément spéculatif de Leibnitz est affecté dès le principe d'un élément empirique qui en trouble la pureté. Cette branche gourmande attira peu à peu tous les sucs; la psychologie expérimentale remplaça la philosophie et la première école idéaliste allemande finit ainsi par la trouver placée à peu près sur le même terrain que la célèbre école anglaise de Locke.

Vous savez, Messieurs, comment Locke s'était appliqué dans son Essai sur l'entendement humain, code philosophique du XVIIIme siècle, à faire sortir toutes nos idées de l'expérience sensible et de l'activité spontanée de l'esprit, qui étend, restreint et combine les données expérimentales sans produire aucun élément nouveau.

Un demi-siècle plus tard, l'écossais Hume avait conclu de ces prémisses la vanité de l'idée de cause, alléguant avec raison que l'expérience sensible ne saurait établir qu'un fait soit la cause d'un autre. Ceci conduisait naturellement au scepticisme. Hume accepte cette conséquence et la développe avec esprit. Au fond, Messieurs, il n'y avait rien d'excessivement redoutable dans ce mouvement de la pensée. Il était naturel d'en inférer la fausseté de la théorie de Locke sur l'origine de nos idées; et si cette théorie n'eût pas été si profondément enracinée dans les tendances du siècle, la chose n'eût exigé ni grands efforts ni grand appareil. On aurait dit : si toutes nos idées viennent de l'expérience comme Locke le prétend, Hume démontre que nous ne saurions avoir l'idée de cause, car l'expérience est incapable de la fournir. Mais nous avons réellement cette idée, et si bien, que nous ne pouvons pas nous en passer un instant; par conséquent Locke a tort, toutes nos idées ne viennent pas de l'expérience. Le raisonnement étant régulier, l'évidente fausseté de la conclusion établit la fausseté du principe. En effet, les suppositions de Hume sur la manière dont l'idée de cause se serait introduite en contrebande dans l'intelligence et dans la langue humaines ne supportent pas l'examen. Hume lui-même n'apportait à sa philosophie qu'un demi sérieux. Il était sans doute un peu sceptique à l'endroit de son scepticisme.

De bonne heure on recommande aux écoliers de ne pas

conclure de la succession à la causalité, du *post hoc* au *propter hoc*. Hume, lui, prétend que le *propter hoc*, la cause ne signifie autre chose que la succession. Il raconte que les hommes ayant pris l'habitude de voir tels faits se produire après tels autres, ont imaginé d'appeler ceux qui viennent ordinairement les premiers, cause de ceux qui les suivent, de sorte que le rapport de cause à effet désignerait seulement une succession accoutumée, et par suite, une succession prévue. Les choses se passent tout autrement dans notre esprit; il suffit pour en être convaincu de s'observer soi-même, et cette observation n'est pas difficile à faire. Nous savons tous ici que l'éclair n'est pas la cause du tonnerre, et pourtant nous attendons le tonnerre avec certitude quand nous avons vu briller l'éclair. Comment cela serait-il possible si la causalité n'était qu'une succession prévue? Et s'il est besoin d'observations multipliées pour imaginer que les phénomènes ont des causes naturelles, la première génération des hommes a dû vivre longtemps sans se douter qu'il y en eût. Au point de vue théorique il faudrait l'en féliciter, puisque l'idée de cause est une idée vide; mais nous n'imaginons guère comment elle a fait pour s'en passer. Il est inutile d'insister.

Indépendamment des conséquences sceptiques qu'il est si facile d'en faire jaillir, la théorie de Locke sur l'origine des idées, et celle de la sensation transformée de Condillac, expression systématique du même point de vue général, sont entachées d'un grave défaut logique. Il est une foule de notions dont l'esprit se sert naturellement avant de s'être rendu compte qu'il les possède; on les emploie sans s'en douter, sans les formuler. Avec un peu de négligence, la préoccupation systématique aidant, rien n'est plus facile que de les introduire d'une manière inaperçue et de bonne foi dans l'analyse même qui a pour but d'expliquer leur formation. On s'y trompe un moment, mais une fois l'illusion signalée, elle disparaît. Il est inconcevable qu'elle ait échappé à tout un siècle, que l'on n'accusera certes pas d'être un siècle barbare. Cet aveuglement est d'autant plus extraordinaire que les vices du sensualisme avaient été indiqués avec beaucoup de précision dans des ouvrages assez répandus. Un tel spectacle nous humilie. On se demande si quelque chose de pareil ne nous arrive pas à nous-mêmes; si peut-être tout un côté de l'évidence n'est pas dérobé aux penseurs de nos jours? Ce doute peut avoir une certaine utilité morale. Pour notre étude, il n'importe guère. Nous ne saurions ni changer nos yeux, ni renoncer à nous en servir. Contentons-nous donc d'être de notre siècle, et si nous voulons le faire avancer, tâchons de le bien connaître. Nous sommes au berceau de sa philosophie, qui s'élève rapidement.

Répondre à Hume eût été une tâche facile pour un esprit qui n'aurait pas subi les mêmes influences; mais, en se bornant à signaler une erreur manifeste, on n'aurait pas fait faire de progrès à la pensée. Heureusement Kant était aussi du XVIIIme siècle; les arguments sceptiques de son contemporain firent sur lui une impression très-vive. Il entreprit de réfuter Hume en réfutant Locke, son auteur; la manière dont il s'acquitta de cette tâche montre que les idées de Locke avaient pénétré profondément son esprit.

Kant s'est proposé de déterminer l'élément universel et nécessaire de la pensée humaine, les vérités *a priori* que nous devons tous reconnaître et qui sont à la base de l'exercice de chacune de nos facultés. Il s'agit pour lui de prouver l'existence des vérités *a priori* et de mesurer l'étendue de leurs applications légitimes, c'est-à-dire de fixer la compétence de notre esprit. Ce programme est celui de la science qu'il désigne sous le nom de philosophie *critique*.

Au premier coup d'œil, il ne semble pas que la solution du problème kantien puisse s'appeler une philosophie; on pourrait même aller presque jusqu'à douter que le problème, tel que Kant l'a circonscrit, appartienne à la science philosophique. En effet, la philosophie est une et universelle; tout en elle se rapporte au principe absolu des choses. La science de l'esprit humain devient philosophique à cette condition, que l'esprit humain soit étudié dans son principe, dans son rapport avec Dieu. Il y aurait cependant de l'exagération dans un tel scrupule. La question reprise par Kant touche assurément à l'absolu, puisque la possibilité d'une science de l'absolu y est impliquée. Elle peut être considérée indifféremment comme un préliminaire à la philosophie tout entière ou comme une partie intégrante de la philosophie regressive.

Le but de ces leçons m'interdit d'essayer une appréciation complète de la critique kantienne. J'en rendrai compte aussi sommairement qu'il me sera possible sans détriment pour la clarté; mais c'est uniquement afin de marquer dans quel sens elle a influé sur l'idée de l'absolu, que nous cherchons. Aussi ne dirai-je qu'un mot de la première question que le criticisme suggère : la question de savoir s'il est réellement nécessaire ou convenable de faire précéder la science proprement dite par une critique de l'esprit humain.

Depuis la publication de l'*Essai sur l'entendement*, de Locke, auquel Leibnitz avait opposé ses *Nouveaux Essais*, la question de l'origine des idées tenait le premier rang dans la philosophie. On y rattachait déjà, par une suite naturelle, celle de la portée et de la compétence de l'esprit humain; l'idée de la critique était donc un produit de l'esprit du siècle en même temps qu'une rénovation : sa légitimité est irréprochable au point de vue historique. Mais à prendre les choses en elles-mêmes, que faut-il penser de la place donnée au problème de la connaissance? L'analyse critique des facultés humaines, détachée des autres problèmes philosophiques, a-t-elle chance de réussir? pouvons-nous, en d'autres termes, en attendre un résultat parfaitement certain? Il est permis d'en douter. Il s'agit, pour Kant, de savoir si nous sommes capables d'atteindre la vérité, et dans quelles limites. Si cette question est prise au sérieux, il est clair qu'au moment où l'esprit la pose, toutes les facultés sont déclarées suspectes. Kant ne demande plus, comme Descartes : De quoi suis-je certain? mais il demande : Ai-je le droit d'être certain? Maintenant, si toutes nos facultés sont mises en suspicion, avec quel instrument accomplirons-nous l'œuvre critique? Si la philosophie est impossible avant la Critique de l'esprit humain, comme Kant le proclame et comme, après lui, tant d'autres l'ont répété sur parole, il faudrait, ce semble, au préalable, une seconde Critique qui nous éclairât sur l'usage et sur la portée des facultés au moyen desquelles nous entreprenons la première, et ainsi de suite. Il est donc clair, Messieurs, que la Critique elle-même, comme tout exercice de l'intelligence, débute par la foi dans l'intelligence. Mais, si l'on se confie à la pensée avant tout examen, si cette confiance est supérieure à l'examen dont elle fonde la possibilité, on ne voit pas pourquoi il serait nécessaire de commencer par l'analyse de nos facultés plutôt que par toute autre question. L'obligation de choisir cet ordre implique une parfaite conviction de l'aptitude de l'esprit à se comprendre et à se juger lui-même, tandis que l'on ignore encore s'il est capable de pénétrer tout autre objet. Or, Messieurs, la distinction qu'on établit ainsi, loin d'être axiomatique, nous paraît tout à fait arbitraire. Il n'y a donc pas de nécessité logique à faire du problème de la connaissance la question préalable en philosophie. Je dis plus, Messieurs; non-seulement il n'est pas indispensable, mais il est impossible de traiter isolément l'analyse de l'esprit humain; ou du moins, en la détachant ainsi de l'ensemble des questions philosophiques, il n'est pas permis d'en attendre autre chose qu'un résultat provisoire et propédeutique. Pour obtenir de l'esprit humain une science vraiment philosophique, il faudrait l'étudier à sa place dans l'ordre général des choses, il faudrait par conséquent lui assigner sa place dans un tel ordre, ou, comme le dit Leibnitz, il faudrait une métaphysique pour fonder la psychologie.

Mais si l'analyse des fonctions intellectuelles, traitée à part, en guise de préliminaire, ne peut ni révéler l'esprit à lui-même dans son principe, ni lui donner une confiance en son droit dont il n'a réellement pas besoin, elle peut au moins constater des faits, et comme science de faits, rien n'empêche de l'aborder la première. L'usage qui fait servir la psychologie d'introduction aux études philosophiques, se fonde sur des raisons de convenance dont je suis loin de méconnaître le poids. Si l'observation attentive de nos facultés ne suffit pas pour juger définitivement de leur valeur, elle nous apprend du moins à les diriger. Malheureusement ce point de vue n'est pas celui de la Critique. Elle ne veut pas constater seulement les faits, mais expliquer la possibilité des faits, et ce mélange de psychologie et de métaphysique, d'expérience et de raisonnement *a priori*, qui fait au kantisme pris en lui-même une position difficile, en rend l'étude assez fatigante.

A vrai dire, Messieurs, je ne pourrai vous l'exposer que très-superficiellement. Une exactitude rigoureuse de tous les termes m'obligerait à entrer dans plus de détails que notre plan ne le comporte. Je chercherai la vérité des appréciations et la fidélité de la couleur, mais il serait fâcheux que vous prissiez pour base de votre étude historique du criticisme les deux leçons auxquelles je devrai me borner. Il y a tout un côté du système de Kant, celui du travail logique et de l'enchaînement rigoureux, que nous serons forcés de négliger.

NEUVIÈME LEÇON.

Kant (suite). Coup d'œil sur la *Critique de la raison pure*. Dans cet ouvrage, Kant démontre la présence d'un élément *a priori* dans nos connaissances. Il fait l'inventaire des idées *a priori*. Il ne leur attribue qu'une valeur subjective; de sorte que, selon lui, nous ne connaissons que nos propres facultés, tout en sentant qu'il existe hors de nous un monde réel, mais inaccessible. Cependant la pensée déborde la formule. Kant est spiritualiste; logiquement il doit aboutir à l'idéalisme pur; ses convictions intimes le rattachent au système de la liberté. La subjectivité qu'il attribue aux idées *a priori* dépend de celle du temps et de l'espace, qui n'est enseignée elle-même que pour rendre la liberté intelligible. Notre liberté, comme l'existence de Dieu et la vie à venir deviennent certaines par la certitude absolue de l'obligation morale.

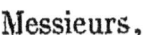

Messieurs,

Kant se propose essentiellement, dans ses trois Critiques, de dresser l'inventaire des vérités *a priori* d'après lesquelles l'esprit se dirige dans l'exercice de ses diverses facultés. Dans ce travail d'analyse, il suit le fil d'une psychologie qui n'est pas absolument originale, et qu'il a acceptée sans peut-être beaucoup l'approfondir au début; du moins ne la justifie-t-il pas d'une manière explicite. Il étudie les facultés de l'âme isolément, il les sépare même dans ses écrits plus qu'elles ne l'étaient dans sa pensée. Cette division, inévitable jusqu'à un certain point, de ce qui ne fait pourtant qu'un tout en réalité, ajoute aux difficultés de l'entreprise.

Nous commençons, avec notre auteur, par l'appréciation des facultés théoriques qui ont pour fin la connaissance de l'universel et du nécessaire. Ces facultés, Kant semble les envelopper sous le nom de Raison pure dans l'intitulé de son principal ouvrage.

Selon lui, l'esprit n'agit pas sans quelque impulsion extérieure. L'esprit reçoit du dehors la matière de ses perceptions ou ce qui les différencie accidentellement les unes des autres, mais il n'existe aucun rapport assignable entre la cause extérieure des perceptions et les perceptions elles-mêmes, attendu que celles-ci deviennent ce qu'elles sont en nous par l'effet du temps et de l'espace, notions dont il est impossible d'attribuer l'origine au monde extérieur. Conditions nécessaires de tout exercice de l'activité sensible, le temps et l'espace sont en nous *a priori*. Ils forment l'élément *a priori*, l'élément intelligible de la sensibilité soit extérieure, soit intérieure. Kant les nomme des *intuitions a priori;* cette expression a des inconvénients analogues à celle d'idée innée. Il les appelle aussi les *formes a priori* de la sensibilité, ce qui serait mieux, dans ce sens que l'on considère volontiers la forme comme inséparable du fond; mais Kant ne paraît pas l'entendre absolument ainsi. Du reste, l'antique opposition de la matière et de la forme joue un assez grand rôle dans son système. Rien, à ses yeux, n'est *a priori* sinon les formes. — De ce que le temps et l'espace existent en nous *a priori*, comme la manière dont nous concevons nécessairement les choses, Kant en infère leur subjectivité. Le temps et l'espace viennent de nous, donc ils ne viennent pas des choses et sont étrangers à la nature des choses ; de là résulte la subjectivité de toutes les représentations étendues et temporelles, c'est-à-dire de toutes les représentations quelconques. Elles ont un contenu réel, une cause indépendante de nous, mais cette cause est absolument inconnue. Il est permis de contester la rigueur d'une telle conclusion, dont la portée est immense.

Au-dessus de la sensibilité nous trouvons l'entendement, qui concentre les perceptions et les transforme en idées par l'unité qu'elle leur impose. La loi suprême de l'intelligence est l'unité. L'intelligence relie les uns aux autres les éléments divers de l'existence intérieure, en les rapportant à une unité logique absolue que le philosophe appelle *aperception du moi*. Il ne faut pas prendre cette unité logique pour une unité réelle ; ce n'est pas le moi, c'est la manière dont, en vertu des lois de notre intelligence, nous sommes obligés de concevoir le moi ; nous le comprenons nécessairement comme unité absolue ; mais qu'est-il en lui-même ? nous n'en savons rien.

L'acte par lequel l'entendement *synthétise* les intuitions, c'est-à-dire en fait des unités en les rapportant à l'unité centrale, s'appelle jugement. Il n'y a qu'un certain nombre de formes de jugement possibles ; ces formes sont les manières dont l'intelligence s'exerce, ses fonctions ou ses lois. En y réfléchissant, nous trouvons que le caractère de chacune d'elles s'exprime dans une idée, à laquelle nous donnons le nom déjà consacré de *catégorie*. L'idée de substance, par exemple, est une catégorie ou l'expression d'une forme de jugement ; elle exprime la nécessité intellectuelle en vertu de laquelle nous rapportons toute espèce d'intuition ou de perception à l'unité d'un sujet persistant, dont nous supposons forcément l'existence. Quand je dis : La rose est blanche, par exemple, ma pensée se développerait comme suit : L'impression particulière que je reçois et que je nomme blancheur, appartient à un sujet que je suis obligé de supposer, auquel je rapporte d'autres perceptions encore, et qu'en raison de cet ensemble de perceptions j'appelle la rose. Les catégories sont donc les éléments *a priori* de l'intelligence, mais des éléments purement formels ; ce sont les différentes manières de ramener à l'unité la diversité des sensations ; ce sont des facultés, si vous voulez. Chacune d'elles n'est autre chose, au fond, qu'un mode de notre activité subjective.

L'activité de l'entendement ne peut s'exercer que sur une matière donnée, et cette matière, nécessaire à l'application des catégories, doit être une intuition du sens interne ou des sens extérieurs, car il n'y a pas d'autres intuitions.

C'est un grand principe de la philosophie kantienne, il le semble du moins au début, que l'intuition seule fournit un contenu à nos pensées. Kant ne justifie pas ce principe ; il est clair qu'il l'emprunte à l'empirisme de Locke. Le système de Kant est un développement autant qu'une réfutation du point de vue de Locke. Pour Kant comme pour Locke, toute connaissance réelle vient des sens et de la spontanéité de l'esprit s'appliquant aux données des sens ; seulement Kant, entrant plus avant que Locke dans l'analyse de cette activité spontanée, démontre qu'elle est elle-même une source d'idées parfaitement originale, mais d'idées purement formelles, subjectives dans leur portée comme par leur origine ; ce sont les idées de ses propres lois. Le temps et l'espace ont déjà ce caractère, ils sont les lois de l'intuition ; puis viennent les catégories et d'autres encore. Cependant, Messieurs, il est naturel à l'intelligence de prendre pour des réalités ces idées purement formelles et subjectives. L'intelligence devenant son objet à elle-même, toutes les formes qui lui sont inhérentes se changent en objets à ses yeux. Ainsi, comme elle est obligée, je l'ai dit, de rapporter toutes les perceptions à un sujet logique permanent, elle suppose invinciblement l'existence objective d'un tel sujet permanent et l'appelle substance. Les causes de nos impressions sont pour elle des substances. Pour comprendre que la substance ou la notion de substance est une forme de notre entendement, la Critique était nécessaire.

L'intelligence poursuit hors d'elle-même cette tendance à l'unité qui la constitue, et s'efforce ainsi de concevoir les choses (qu'elle tient pour réelles, quoiqu'elles ne soient que des phénomènes de notre esprit dont la cause est inconnue), comme formant ensemble un tout bien enchaîné qu'elle appelle le Monde, tout dépendant d'un principe unique, qu'elle nommera Dieu.

Cette tendance de l'esprit à poursuivre l'application de ses lois au delà de la sphère sensible, en composant des unités supérieures à celles des objets sensibles (qui sont déjà son produit), fait l'essence de la Raison. Au vrai, la raison n'est que l'entendement lui-même prolongeant ses lignes au delà des phénomènes jusques au point où elles viennent converger.

Ainsi la loi qui lui fait rattacher les perceptions internes ou externes à l'unité d'un sujet, la conduit à l'idée rationelle du sujet absolument simple des phénomènes intérieurs qu'elle appelle l'âme.

La loi de causalité pousse la raison à concevoir tous les événements comme compris dans un système d'effets et de causes. Ce système, c'est le Monde.

Enfin, la loi de contradiction exige que tout objet réel soit absolument déterminé, c'est-à-dire que l'on puisse lui donner positivement ou négativement tous les attributs concevables. L'être effectif d'un objet se présente nécessairement à la pensée comme une partie de l'être possible. C'est par cette considération que l'esprit est engagé, selon Kant, à concevoir l'idée d'un être sur lequel se fondent tous les possibles et qui, par conséquent, comprend en lui toute réalité. Cette idée est l'idée de Dieu, telle du moins que l'avait déterminée, à l'époque où le penseur de Königsberg écrivait, la philosophie allemande, plus cultivée et plus forte dans ce temps-là que nous ne l'imaginons d'ordinaire. Kant lui-même avait publié, en 1763, un ouvrage particulier pour prouver l'existence de Dieu comme fondement de toute possibilité. L'auteur se prend donc ici comme objet de son analyse. Pour bien comprendre la langue de Kant et même parfois sa pensée, il ne faudrait pas oublier que la Critique de la raison pure est en même temps celle de la métaphysique en vogue dans un siècle et dans un pays donnés.

La raison, cherchant les premiers principes de toute chose ou l'inconditionnel en tout sens, conçoit donc comme le point de départ d'une explication absolue des faits, les trois idées de la substance simple, du Monde et de Dieu. Ce sont là des *Idées* dans le sens platonicien, c'est-à-dire des objets tenus pour réels, mais qui appartiennent à une sphère supérieure à toute expérience et qui ne sauraient être l'objet d'aucune intuition. Selon Kant, nous nous élevons par un mouvement naturel et nécessaire à la conception de ces idées ; cependant nous n'avons pas le droit de nous prétendre scientifiquement certains de leur existence objective, nous ne sommes pas même sûrs que leur existence soit possible, précisément parce que ce sont des idées dont la matière ne peut nous être fournie par aucune expérience ; or la pensée ayant pour objet de comprendre l'expérience en la résumant, sa vérité n'étant jamais que relative à l'expérience (c'est ici le point capital), elle reconnaît la possibilité de l'expérience pour limite infranchissable. Ce qui, de sa nature, est sans analogie avec nos perceptions, ce qui appartient à une sphère où la perception n'atteint pas, tombe en dehors de la certitude et de la science. Les notions de Dieu, de l'âme et du Monde expriment la condition absolue, non de l'existence des objets réels, mais de la manière dont opèrent nos facultés subjectives. Nous devons reconnaître que notre intelligence est organisée de manière à fonctionner comme si nous possédions certaines solutions sur les grands problèmes que soulèvent ces mots sonores, mais qu'en réalité nous ne pouvons rien affirmer sur leur objet. Et la preuve, c'est qu'en analysant les procédés par lesquels nous pensons les atteindre, on y découvre des vices de raisonnement ou qu'on arrive avec un droit égal à deux solutions contradictoires : ainsi sur la question de savoir si le monde est fini ou infini, s'il existe ou s'il n'existe pas de cause première, etc. Il y a donc pour la raison une illusion inévitable. Puisqu'elle est inévitable, on serait tenté de se demander par quelle fortune un savant prussien s'en est délivré ; mais je n'insisterai pas sur cette observation, que l'étude du criticisme suggère pourtant plusieurs fois, et qui chaque fois revient plus pressante. Je demande seulement à l'auteur quelles sont les sources de l'erreur qu'il signale.

— A cette question le criticisme a deux réponses : l'une se présente immédiatement, l'autre est plus profonde.

Et d'abord, Messieurs, il est clair que l'on arrive à l'erreur en partant d'un faux principe. Nous cherchons la substance et la cause des choses, et nous prenons pour des choses les représentations de notre esprit. Ainsi toute notre science du monde est fantastique, illusion qui se reflète dans la science de Dieu. L'unité véritable des choses n'est pas objective, mais subjective, puisque les choses sont en nous. Et quant aux réalités qui produisent l'être phénoménal en se voilant dans les formes du temps et de l'espace, nous n'en connaissons point la nature; il est donc bien inutile de chercher les lois de leur enchaînement. Ne sachant rien des parties, quelle idée nous ferions-nous du tout ?

Mais il y a plus ; si notre base est vicieuse, les instruments qui nous servent à bâtir le sont aussi. Nous ne pouvons philosopher qu'en suivant les lois de notre esprit, le fil des catégories. Or les catégories n'ont qu'une valeur subjective ; leur seul emploi légitime consiste à rendre intelligibles les représentations que la sensibilité nous fournit.

Kant pourrait affirmer purement et simplement la subjectivité des catégories, comme il le fait pour le temps et pour l'espace, et la prouver par le même argument : Les catégories viennent de nous, donc elles ne valent que pour nous. – Cependant, guidé par des principes que nous apercevrons plus tard, bien qu'il ne les ait pas formulés d'une manière explicite, Kant répugne à proclamer l'impuissance de la pensée dans cette forme absolue. Il arrive au même résultat par un chemin un peu plus long. L'intelligence est sans reproche, mais la perception sensible est déjà condamnée ; or nous ne savons pas employer les catégories de l'intelligence sans les plonger dans l'onde colorée de la perception. Elles empruntent inévitablement à l'élément *a priori* de l'intuition en général, c'est-à-dire au temps, une sorte de robe dont il est impossible de les dépouiller. Ainsi les catégories, étant revêtues de la forme du temps, ne peuvent évidemment s'appliquer qu'aux choses du temps, et par conséquent leur emploi n'est légitime que dans le domaine subjectif de l'expérience, bien que dans la pureté de leur définition elles fussent peut-être capables d'atteindre le réel et l'absolu. Qu'elles soient subjectives de leur essence ou par l'influence inévitable de l'imagination, le résultat est identique. Les seules vérités certaines *a priori* que l'analyse de la raison nous enseigne, sont les lois formelles de cette raison, lois qui diffèrent des catégories en ce que l'entendement ne peut pas ne pas appliquer celles-ci et qu'il les applique toujours de même, tandis que la raison est plus ou moins libre de se conformer ou de ne pas se conformer à ses lois particulières, savoir les lois d'unité, de variété et de continuité.

Voilà, Messieurs, dans une forme simple et sommaire, mais assurément très-imparfaite, les conclusions de la Critique de la raison pure.

Elles sont, comme vous le saviez déjà, presque entièrement négatives. Non-seulement nous ne sommes pas jugés capables d'arriver à la vérité philosophique, à la connaissance des principes des choses, de Dieu, de l'âme et du Monde considéré dans son unité, mais, par la distinction établie entre le subjectif et l'objectif, nous sommes dépossédés de toute vérité quelconque. Que connaissons-nous, en effet, selon Kant? Nous connaissons le mécanisme de nos facultés intellectuelles, nous connaissons *a priori* les lois générales qui régissent l'exercice de ces facultés, mais nous savons en même temps que les résultats auxquels nous parvenons par cet exercice régulier, n'ont de valeur que relativement à nous. Ils forment un ensemble harmonique dont chaque partie se rapporte aux autres, parce qu'ils sont tous obtenus d'après les lois de notre nature; ils sont l'expression de notre nature; mais ils se donnent naturellement, nécessairement, pour autre chose encore; ils se présentent comme l'image d'une réalité qui subsiste indépendamment de nous. En cela ils nous trompent. Toutes nos facultés nous trompent, car elles nous font croire que nous possédons la connaissance d'objets nombreux, distincts de notre esprit, tandis que nous n'en connaissons aucun. Le monde que nous connaissons n'est qu'un fantôme que nous créons en nous-même d'après des lois uniformes. Selon l'expression de Leibnitz, c'est un rêve bien réglé. Cependant, s'il n'existait aucun autre monde que ce monde fantastique, nos facultés ne nous tromperaient point, aussi longtemps du moins que nous accepterions les faits bonnement, sans nous engager dans leur explication métaphysique. Quelle que soit la nature du Monde, il suffit que, tel que nous le voyons, il soit vraiment le Monde pour que nous n'ayions pas sujet de nous plaindre. Mais il existe réellement un monde indépendant de nous et de notre faculté de connaître, un monde qui est vis-à-vis de nous précisément dans le rapport que nous imaginons entre nous et le monde fictif de nos représentations, un monde qui nous entoure et qui agit sur nous, car c'est lui qui donne la première impulsion à nos fonctions intellectuelles. Eh bien! ce monde, le monde *des choses en soi*, nous ne le connaissons point, nous ne pouvons pas même nous en faire la moindre idée.

Tel est le résultat direct de la Critique. Assurément elle n'apporte aucun enrichissement à la notion du principe absolu des choses que la philosophie possédait avant elle. Mais si la Critique de la raison pure ne constitue pas en elle-même un progrès d'une science dont elle nie jusqu'à la possibilité, elle ne lui donne pas moins une impulsion féconde, et l'on trouve en elle le germe de plus d'un progrès.

D'abord, à la prendre simplement en elle-même, sans sortir de sa forme authentique et pour ainsi dire officielle, elle ramène la philosophie avec puissance à son éternel objet, à l'élément *a priori* de la pensée, aux vérités nécessaires. La Critique ne présente qu'un inventaire de ces données *a priori;* encore peut-on contester l'exactitude de son dépouillement. Elle ne forme pas un tout des valeurs isolées qu'elle déprécie si fortement par la subjectivité qu'elle attribue aux formes de la pensée. Mais enfin, elle reconnaît l'existence de l'*a priori* et le rétablit dans ses droits avec l'autorité d'une irrésistible évidence contre les négations du scepticisme.

Puis, Messieurs, si nous pénétrons au delà de la lettre et du mécanisme extérieur du système pour en saisir l'intention et l'esprit, en suivant des indications partout répandues, il sera facile de reconnaître dans Kant le successeur légitime de Leibnitz, le dépositaire des traditions de la philosophie spiritualiste, qu'il ne continue pas seulement, mais qu'il agrandit, qu'il corrige et qu'il précise.

La différence fondamentale entre les deux systèmes de Leibnitz et de Spinosa nous a paru se résumer en ces mots : Spinosa conçoit la substance ou l'être universel essentiellement comme objet; le dynamisme de Leibnitz nous porte à le concevoir comme sujet. La conséquence finale du premier point de vue serait le matérialisme; aussi, quoique Spinosa ne fût pas matérialiste, mais qu'il prétendît garder l'équilibre, on pouvait y être trompé. Le point de vue de Leibnitz, pris dans sa plus haute généralité, est le fondement du spiritualisme, dont l'idéalisme n'est que l'une des formes possibles et peut-être une déviation.

Eh bien! Messieurs, l'idée que l'être réel doit être considéré comme *sujet*, fait aussi le fondement de la philosophie de Kant. Il a développé ce germe en deux directions presque opposées : l'une est l'idéalisme pur, l'autre le vrai spiritualisme. Le système de Leibnitz est un semi-idéalisme. La notion centrale y est la force. Leibnitz donne à l'activité de cette force le nom de perception, mais sans attacher à ce terme un sens bien précis. De là résulte l'extrême flexibilité de son système, son ambiguïté, l'impossibilité de le déployer sans le transformer. Le côté par lequel Kant est entré dans la philosophie (l'analyse des conditions selon lesquelles s'exerce l'intelligence humaine), le conduisit sur les limites de l'idéalisme pur. L'idéalisme pur est la conséquence rigoureuse de son point de vue. En effet, l'idée que les lois de la pensée sont les lois de l'univers, idée que toute théorie un peu profonde de la connaissance est obligée de formuler, parce que le fait de la connaissance est inexplicable sans elle, cette idée, qui pousse Leibnitz à ne composer l'univers que d'intelligences, n'est pas étrangère non plus à la philosophie de Kant. « Toutes choses, » dit-il, « appartiennent » au même tout d'expérience ; dès lors le moi subjectif et » le monde qu'il contemple doivent être considérés comme » les deux faces, comme la double manifestation et le dou- » ble produit d'un même principe et d'une même essence. » Sans une identité intérieure du sujet connaissant et de l'objet connu, il n'y a pas de science possible ; Kant constate cette vérité avec la philosophie de tous les siècles. Il l'explique par un idéalisme subjectif mitigé, en faisant de l'objet ou du monde le produit du sujet, de l'esprit humain excité par l'action inconnue d'une cause inconnue, qu'il appelle la *chose en soi*. Mais, Messieurs, de cet idéalisme mitigé à l'idéalisme pur il n'y avait qu'un pas, il n'y avait qu'à effacer, comme nous l'avons déjà marqué dans une leçon précédente, cette chose en soi dont nous ne pouvons rien savoir, car, pour la connaître, il faudrait se dépouiller précisément de toutes les facultés au moyen desquelles nous connaissons. Et la suppression de la chose en soi n'exigerait pas grand effort de logique. Quel motif nous engage à admettre son existence ? Évidemment c'est l'impossibilité d'expliquer par les lois *a priori* de la raison l'élément accidentel et variable des choses, des phénomènes. Pourquoi voyons-nous ceci plutôt qu'autre chose ? Les changements de nos perceptions ne dépendent pas de nous ; il faut donc leur assigner une cause hors de nous. Ainsi nous reconnaissons l'existence de la chose en soi par obéissance au principe de causalité. Mais l'axiome de la causalité est une loi de l'intelligence qui, selon les termes exprès de la Critique, ne trouve d'application légitime que dans le domaine tout subjectif de l'expérience; la chose en soi est donc une invention de notre esprit pour expliquer les phénomènes, invention nécessaire sans doute, mais enfin c'est une invention. La chose en soi est subjective, et la seule réalité qui subsiste est le sujet ou le moi. Le moi demeure l'objet unique de la connaissance ; dès lors aussi, jusqu'à ce que l'évolution idéaliste soit accomplie, il doit être considéré comme l'essence et le principe de tout[1]. Dans cette doctrine la pensée de Leibnitz est précisée, le mot qu'il emploie est pris au sérieux, s'il n'existe rien que le sujet et le produit de sa pensée ; l'unique activité, l'unique force, l'unique réalité est bien réellement la perception. C'est à ce résultat que vient naturellement aboutir le criticisme.

Mais, si cette conséquence s'impose avec une sorte de nécessité logique au système de Kant; si Kant a préparé le triomphe exclusif du principe subjectif dans la philosophie, en cherchant le pourquoi d'une croyance dont l'absolue nécessité garantit seule la justesse au point de vue spéculatif; il est juste de remarquer qu'il a toujours et toujours plus hautement désavoué l'idéalisme auquel semblait le condamner une déduction rigoureuse mais exclusive. Il ne veut pas être idéaliste, il veut être spiritualiste ; il veut conce-

---

[1] V. Leçon III, page 45.

voir l'être réel comme esprit dans la signification totale du mot esprit, c'est-à-dire qu'outre l'élément intellectuel, outre l'activité de représentation, il veut encore trouver dans la substance l'élément de l'activité proprement dite, l'élément moral. Telle est la raison pour laquelle il a constamment maintenu l'opposition du *phénomène* et du *noumène*, de la connaissance sensible et logique, la seule que nous possédions, et de l'intuition intellectuelle qui, permettant la contemplation directe des choses en soi, nous donnerait la vérité objective. Par cette distinction fortement accusée, la Critique de la raison pure a poussé l'esprit philosophique à la recherche de nouvelles méthodes.

Kant, qui donne beaucoup de soin à la terminologie, n'est pas toujours heureux de ce côté-là. Le titre de son principal ouvrage servirait au besoin à le prouver; il n'est pas très-clair, et dans le fond il est peu conforme aux définitions kantiennes. La Critique de la raison pure est proprement une critique des facultés intellectuelles par lesquelles nous obtenons la connaissance des choses finies. Les catégories de l'entendement n'ont pas d'autre usage, et c'est l'impuissance de ces catégories à exprimer l'inconditionnel ou l'infini qui amène les difficultés sur lesquelles Kant s'étend si longuement dans sa dialectique sous le nom de paralogismes et d'antinomies de la raison pure. Dans la sphère de l'intelligence spéculative il ne connaît pas d'autres facultés; mais, par la critique qu'il en fait, il met l'esprit sur la voie des découvertes. Puisqu'il sait que nos connaissances sont subjectives, il conçoit ou tout au moins imagine un autre mode de connaissance. En démontrant que nos méthodes nous jettent infailliblement dans des contradictions lorsqu'on les pousse à l'inconditionnel, il fait naître le besoin d'une méthode qui explique ces contradictions et qui en triomphe, car on ne peut pas admettre que l'essence de l'esprit humain soit de se contredire lui-même. A l'intuition dans le temps et dans l'espace il oppose l'intuition intellectuelle, qu'il nous refuse, il est vrai; mais tout au moins il en entrevoit la possibilité; il en fait ressortir la nécessité avec force; il suggère donc tout naturellement à des penseurs plus hardis l'idée de fouiller plus profondément leur âme pour y trouver cette intuition, et de fonder sur elle une méthode absolue. Ce n'est pas le moment de recueillir les germes spéculatifs semés abondamment dans tous les écrits du philosophe de Königsberg et particulièrement dans la Critique de la raison pure. Je n'ajoute qu'une réflexion, pour rattacher cette matière à la partie des travaux de Kant qui touche de plus près à l'objet de nos recherches, et dont je vous entretiendrai dans notre prochaine leçon.

Ce qui fait l'insuffisance des catégories de l'entendement, ce qui oblige le criticisme à les tenir pour subjectives, c'est l'impossibilité de les appliquer sans faire intervenir l'élément du temps. Le chapitre où Kant fait voir comment les catégories s'allient nécessairement avec l'intuition du temps (*schématisme de la raison pure*), est l'un des plus admirables de la Critique par la sagacité pénétrante de l'analyse. Mais le temps est une forme du fini comme l'espace. On peut prolonger à volonté le temps et l'espace, c'est-à-dire qu'on peut en reculer à volonté les limites; mais c'est toujours la nature du fini, seulement c'est un fini dont nous n'atteignons pas les bornes; on ne conçoit pas même que le temps et l'espace pussent avoir des bornes, mais on ne les conçoit pas non plus réellement illimités. Le temps infini, l'espace infini ne sont pas compris par nous dans l'unité d'un seul acte de la pensée, parce qu'en vérité, quoiqu'on ait voulu corriger Kant sur ce point, l'espace et le temps ne tombent pas dans le domaine de la pensée, mais dans celui de l'imagination, qui a toujours des limites quelque part. Le temps infini ne serait plus le temps, l'espace infini ne serait plus l'espace.

Pour appliquer les catégories à la réalité inconditionnelle, il faudrait pouvoir les affranchir de cet alliage du temps ; et les catégories débarrassées de l'élément du temps ne seraient plus les mêmes catégories, mais des catégories toutes nouvelles, que Kant ne fait qu'entrevoir. Ainsi la causalité conçue dans le temps revient à la nécessité. Les lois qui régissent notre intelligence souffriraient une exception, c'est-à-dire qu'elles seraient violées, si nous concevions un phénomène sans une cause antérieure dans le temps. Quoique cette priorité ne soit qu'un moment imperceptible et tout idéal, puisque la cause n'est cause qu'à l'instant où elle produit son effet, cependant il est impossible de ne pas admettre que la cause précède l'effet.

L'imagination a besoin du temps, elle l'introduit là même où il n'a proprement point affaire, et dans la simultanéité elle produit la succession[1]. L'acte que je viens d'accomplir, par exemple, a nécessairement sa cause en un fait antérieur, qui a lui-même une cause, et ainsi de suite, à moins d'admettre un effet dans le temps qui n'ait point de cause dans le temps, ce qui est absurde. Eh bien, cette succession

---

[1] Comparez l'analyse du phénomène opposé, leçon XVII.

de causes n'est autre chose que la nécessité universelle. Si nous parvenions à dégager le rapport de causalité des idées de succession et de temps qui s'y associent, nous arriverions peut-être à comprendre la liberté. Ainsi nous comprendrions que la cause immuable, intemporelle de tous nos actes, quel que soit l'ordre dans lequel ils se succèdent, est notre caractère moral, et que ce caractère moral est ce qu'il est par le fait de notre volonté, par notre libre détermination, non par une détermination prise une fois pour toutes dans le temps au commencement de la série d'actes dont notre existence phénoménale se compose, mais par une détermination toujours identique, une, éternelle, c'est-à-dire indépendante du temps. Or, Messieurs, cette causalité intemporelle ne serait plus la causalité que nous comprenons. Il faudrait la comprendre, cette causalité intemporelle, pour comprendre notre liberté, et nous ne la concevons pas. Pourquoi, Messieurs? parce que notre imagination s'y refuse. C'est à l'imagination que le temps est indispensable. Le temps est la forme de notre sensibilité; mais la sensibilité ne se sépare point de l'intelligence, dont l'imagination, l'intuition intérieure forme un élément essentiel. L'intelligence pure, dépouillée de tout élément sensible, nous appartient si peu, que nous ne pouvons pas même nous en faire une idée. Kant a raison de penser que l'intelligence est une synthèse d'intuitions. Nous ne comprenons donc pas notre liberté. Mais, que nous la comprenions ou non, nous ne saurions en douter, et il n'est pas permis non plus d'en douter; douter de la liberté serait douter du devoir, or il n'est pas permis de douter du devoir.

La causalité intemporelle dont je parle, cette causalité

incompréhensible et pourtant certaine de la liberté est incompatible avec une série de causes et d'effets successifs, incompatible par conséquent avec les catégories qui régissent l'expérience. Il n'y a pas moyen qu'elles expriment toutes les deux également la vérité, à moins que la vérité ne se contredise elle-même.

Tel est le motif profond qui engage Kant à dégrader le temps et les catégories du temps, et à considérer le monde qu'elles expliquent comme un monde de pure apparence.

Quoiqu'il nous interdise l'autre monde, le monde réel, celui-ci semble s'ouvrir pour lui sur un point, je veux dire la liberté. L'intuition intellectuelle, dont le pressentiment domine toute sa pensée, serait précisément l'intuition de la liberté. Si l'on n'admet pas qu'il avait cette intuition, plusieurs passages de ses écrits, quelques-unes de ses théories même, demeurent inexplicables. Cependant il nous la refuse. L'objet de notre intuition n'appartient pas au monde supérieur, c'est le reflet de ce monde dans le nôtre. Ce reflet, cet éclair produit au contact des deux sphères, nous l'appelons la conscience de l'obligation morale.

Cette conscience est absolument irrécusable. Kant dédaigne de le prouver. L'obligation qu'elle impose est péremptoire; la loi morale a sa sanction en elle-même : dire que nous devons lui obéir pour tel ou tel motif, c'est ne pas la comprendre; nous le devons parce que nous le devons, et rien de plus. Altérer le moins du monde cette position de devoir dans notre âme, serait méconnaître ce que la conscience nous dicte et faire mentir son témoignage. Rien n'est absolument bon qu'une volonté droite; cette sentence du sage moderne perdrait sa sublimité en cessant d'être un axiome.

La volonté droite, c'est-à-dire l'identité parfaite du vouloir et de l'obligation a donc quelque chose d'absolu; elle forme le point de contact entre nous et l'absolu. De l'obligation morale Kant conclut directement notre liberté, et par l'intermédiaire d'une autre idée, celle du mérite inséparable de la dignité morale ou de l'accomplissement du devoir, il infère l'existence d'un ordre moral, d'un monde de liberté et d'un principe de cet ordre moral, d'un Dieu moral et par conséquent personnel, tout autant de vérités qui appartiennent à l'ordre objectif et qui, bien loin de résulter d'un emploi conséquent de la pensée dans le domaine purement spéculatif, sont incompatibles avec les lois de la pensée spéculative que la Critique de la raison pure nous a enseignées.

Ici pour la première fois vous voyez l'idée morale, introduite dans la philosophie regressive, servir de base à la théologie rationelle ou, ce qui revient au même, à la métaphysique.

Kant ne hasarde cette grande innovation qu'avec des précautions et des réserves dont nous examinerons la portée dans notre prochaine réunion.

DIXIÈME LEÇON.

Kant (suite). *Critique de la raison pratique.* Caractère absolu de l'obligation morale. De ce caractère absolu de l'obligation, on peut inférer l'essence du monde objectif, que nous ne saurions connaître théoriquement. Kant établit ainsi, en dehors de la science et sur la base de la foi, la liberté humaine, l'existence de Dieu et la vie à venir. Mais cette foi n'est après tout qu'une forme de la science ; ainsi la Critique de la raison pratique contredit le subjectivisme absolu de la Raison pure, ce qui devient manifeste dans la théorie de Kant sur le mal. La Critique de la raison pratique fait de la conscience morale le principe d'une méthode de découverte qui reconnaît la libre volonté comme le principe et le fond de l'être. — *Critique du jugement.* Elle constate la présence d'un principe intelligent dans la nature. L'hypothèse d'une force inconsciente qui réaliserait l'idéal de la raison, tend à concilier les deux premières Critiques au delà des limites du criticisme. Elle contient le germe du panthéisme subséquent. — Résumé.

Messieurs,

Nous savons, avec une certitude supérieure à celle de la science, qu'il existe un devoir, mais nous ne savons pas aussi bien en quoi ce devoir consiste. Le contenu de la loi morale n'est pas clairement donné dans la conscience immédiate. Il faut développer scientifiquement cette loi en partant de ce que nous en connaissons d'abord, c'est-à-dire en partant du fait simple que notre volonté se sent obligée. Quel est donc le devoir compris dans l'idée même d'une obligation imposée à la volonté? Messieurs, c'est le devoir d'être voulu, le devoir pour la volonté d'être égale à elle-même, le devoir d'être absolue, puisque l'obligation générale est absolue. La loi morale exige que notre volonté prenne un caractère absolu ; elle nous ordonne de vouloir ce que nous voulons pour tous les hommes et dans toutes les circonstances, de n'avoir d'autres volontés particulières que celles que nous élevons en même temps à la hauteur de règles universelles. En un mot, pour qu'une action soit morale, il faut que le principe qui l'a dictée soit susceptible d'être universellement suivi. Cette idée résume la philosophie pratique de Kant. Ainsi dans tout vouloir contraire à la règle, la pensée démêle une contradiction. Ce que nous voulons pour nous, nous ne le voulons pas en général. Les milieux où nous vivons, le temps et l'espace, rendent cette contradiction possible. Nous voulons ici, à cet instant, ce que nous ne voulons pas partout et toujours, et c'est ainsi que nous devenons coupables. La volonté ne pourrait donc pas dévier de sa route, l'infraction au devoir ne se concevrait pas, dès lors le devoir lui-même, ou l'*impératif* (l'impératif catégorique), ne se concevrait pas non plus, si le temps et l'espace n'étaient point. Le temps et l'espace sont subjectifs, par conséquent le devoir lui-même appartient au monde subjectif; mais l'empire absolu qu'il réclame avec autorité nous prouve que le monde objectif se révèle en lui. Il n'y a rien d'absolument bon qu'une bonne volonté, disons-nous ; mais le bon c'est le vrai, et l'axiome que je rappelle nous ouvre un jour inattendu sur la vérité. La volonté est notre essence objective ; la volonté bonne est celle qui, dans le milieu phénoménal, suit encore les lois intemporelles, inconditionnelles du monde objectif. Il est donc clair que rien du monde objectif ne nous est connu d'une manière intuitive, et comme nous n'obtenons des idées que par la transformation des intuitions sous l'influence des catégories, nous n'avons pas d'idée du monde objectif. Il le faut donc confesser, nous n'avons proprement pas d'idée de la liberté; la liberté choque les lois de notre intelligence; nous sommes obligés d'inférer la liberté du devoir. Il faut pratiquement croire à la vérité pour pouvoir accomplir son devoir. Ainsi la liberté n'est pas un objet de la science, mais un article de foi. Il en est de même de toutes les vérités qui appartiennent à cette sphère lumineuse et voilée, particulièrement de l'existence de Dieu.

L'existence de Dieu est l'objet d'une foi pratique dont voici le fondement : La loi du devoir ne nous impose pas la recherche du bonheur, mais il nous est impossible de ne pas désirer le bonheur. La raison pratique (pénétrée du sentiment de l'obligation morale et s'appliquant à régler la pratique de la vie) juge donc irrésistiblement que la vertu mérite le bonheur; nous devons, chacun dans notre sphère, travailler à ce que la vertu obtienne sa récompense. Pour qu'un tel effort soit possible, il ne faut pas en considérer le but comme illusoire; nous devons croire à la réalité de l'ordre que nous nous efforçons d'établir. Mais un Dieu, un Dieu tout sage, tout puissant et tout bon, peut seul en assurer le règne; par conséquent nous devons croire à l'existence de Dieu. Nous devons y croire, parce qu'en douter serait renoncer à l'espérance qui nous donne la force de pratiquer le devoir, et presque renoncer au devoir lui-même, quoique la sainteté des obligations que le devoir nous impose soit absolument indépendante de cette espérance. Nous devons croire à Dieu, mais nous ne savons rien de Dieu, nous ne pouvons obtenir aucune preuve scientifique de son existence. Toutes les preuves qu'on a tenté d'en donner sont fallacieuses, et la conviction morale que nous mettons à leur place n'est point une preuve au point de vue de la science, pas même un commencement de probabilité, puisque son point de départ est étranger à la science, dont il contredit les données. Kant insiste sur ce point avec beaucoup de force. Son premier ouvrage avait eu pour but de prouver métaphysiquement l'existence de Dieu; l'impossibilité d'atteindre cette preuve forme pour ainsi dire son testament philosophique.

Système bizarre, ou plutôt, Messieurs, expression profonde du déchirement de la conscience humaine! Le kantisme est formé de deux parties : une science qui n'est pas vraie, une vérité qui n'est pas sue. La pensée ne pouvait rester dans cet état, les deux moitiés violemment séparées devaient incessamment faire effort pour se réunir; c'est un attrait puissant et légitime que l'attrait de la vérité pour la science. Du reste, Messieurs, à ne considérer la chose qu'au point de vue de la dialectique ou de la conséquence formelle, la situation prise par la Critique était insoutenable. On a dit que, dans sa philosophie morale, Kant s'est montré infidèle à ses principes; un écrivain moderne veut y voir une concession de l'auteur du criticisme aux croyances historiques du genre humain. Cette opinion, qu'il exprime avec une spirituelle impertinence, n'est en réalité qu'une méprise assez lourde, et si lourde même que nous serions tenté d'en suspecter la sincérité. Un tel soupçon serait plus pardonnable que celui de l'auteur des *Reisebilder* contre la bonne foi de l'honnête Kant.

La Critique de la raison pratique est si peu contraire aux tendances de la Critique de la raison pure, que le gros livre de la *Raison pure* a pour but unique de fonder la *Raison pratique*. Ainsi que son contemporain Jacobi, Kant a cru voir que la pente naturelle de la pensée métaphysique conduit irrésistiblement au fatalisme, c'est-à-dire à la négation de la morale ; c'est pour cela qu'il a, comme Jacobi, déclaré la guerre à la métaphysique ; mais il ne s'en est pas tenu aux éloquentes protestations de son émule ; il a fait bonne et rude guerre, et renversé son ennemi. En proclamant la subjectivité de toutes nos connaissances, il voulait laisser le chemin libre à la liberté. Son intention est évidente.

Cependant, Messieurs, il reste vrai qu'au fond la théorie morale de Kant tout entière, et non pas seulement les postulats qu'il y rattache : Dieu, l'ordre moral et l'immortalité, ne s'accorde pas avec le subjectivisme qu'il professe dans la théorie. Le monde que nous voyons et que nous comprenons est aussi le monde où nous agissons, le monde où nous nous proposons d'agir. Si l'objet de la pensée est purement phénoménal, il ne peut être question de bien et de mal dans les décisions relatives à un tel objet. Cette contradiction se manifeste d'une manière particulièrement saillante dans la théorie de Kant sur le mal moral. Kant est personnellement trop sérieux, le cœur est chez lui trop profond, si nous pouvons nous exprimer ainsi, pour qu'il se contente de résoudre le mal moral dans une simple imperfection métaphysique. Ce point de vue blesse la conscience, qu'il veut satisfaire avant tout. Le principe du mal moral ne peut résider, à ses yeux, que dans une décision de la liberté intelligible, intemporelle, objective. Mais en quoi consiste cette décision de la liberté intelligible qui fait, aux yeux de Kant, l'essence du mal moral? Avec les éléments dont il dispose il ne peut l'expliquer qu'en disant que la liberté intelligible subordonne son *intérêt*, c'est-à-dire sa loi propre, à l'intérêt sensible, déterminé par les phénomènes du monde sensible; et telle est en effet la solution qu'il propose. Est-il une manière plus énergique de reconnaître la réalité du monde des sens? Comment ce qui n'est pas pourrait-il exercer une influence déterminante sur ce qui est? Je ne parle pas de l'inconséquence non moins flagrante qu'il y a de la part de Kant à déterminer scientifiquement, dans un intérêt spéculatif et non dans un intérêt pratique, les caractères particuliers d'une décision de la liberté intelligible, dont la connaissance théorique nous est interdite absolument et sans restriction.

Vous le voyez ici clairement, Messieurs, la séparation radicale entre le monde subjectif et le monde objectif, que le kantisme s'est efforcé d'établir avec tant de soin, n'est pas respectée par Kant lui-même. Les barrières posées entre la science et la foi s'écroulent pareillement dans la pensée même de leur auteur. Kant a beau dire, cette foi toute rationnelle et très-certaine n'est qu'une forme de la science; c'est une science produite par d'autres facultés, par une autre méthode, par une méthode et par des facultés supérieures, selon Kant, à la méthode et aux facultés purement spéculatives, telles du moins qu'il les comprend. La science et la foi de Kant sont deux espèces d'un même genre, deux modes de la connaissance. L'une et l'autre ont pour objet la vérité, la foi surtout. Mais toutes les méthodes, tous les procédés qui conduisent à la vérité appartiennent de droit à la science. La Critique de la raison pratique n'est donc autre chose qu'une tentative de regression philosophique prenant son point d'appui dans une sphère jusqu'ici négligée, dans la conscience morale de l'humanité, et aboutissant, par l'analyse des conditions requises pour s'expliquer le fait de la conscience, aux doctrines de l'immortalité de l'âme, d'un Dieu personnel et d'un ordre moral de l'univers. Il y a là une affinité avec le mysticisme d'autant plus remarquable, que le mysticisme est l'objet d'un grand déchaînement de la part des kantiens. Jusqu'ici l'on avait fondé la morale sur la religion, c'est-à-dire, puisqu'il ne s'agit ici que de la science humaine, sur la métaphysique, et sur une métaphysique à l'établissement de laquelle la morale était demeurée étrangère. Kant, le premier (le premier du moins dans la philosophie moderne, puisqu'au moyen âge il eut des précurseurs), conçut l'idée de faire reposer la religion sur la morale. Aux preuves de l'existence de Dieu proposées avant lui, preuves dont il montra bien les côtés faibles et qu'il juge peut-être même avec trop de sévérité, il substitua une preuve morale fondée sur la nécessité de la pensée morale. Il reconnaît donc une activité morale dans le premier principe de toutes choses, non par une affirmation seulement, ce qui n'est et n'était point rare, mais par la force même de toute sa méthode. Le Dieu moral est une idée qui se détache de tout le reste;

elle est, au dire du kantisme, étrangère à la science ; mais elle est là. Elle est là, Messieurs, et c'est elle qui fait le trait distinctif du spiritualisme de Kant et le progrès de sa pensée sur la pensée de Leibnitz. C'est là aussi ce qui empêche Kant de s'abandonner à la pente de l'idéalisme. Kant ne peut chercher le trait essentiel de l'être ni dans la perception ni dans la pensée, parce qu'il a reconnu l'importance fondamentale de la volonté. Il ne peut pas non plus considérer le Monde comme un pur phénomène sans cause substantielle hors de nous, quoique sa théorie de la connaissance l'y conduise, parce qu'il est profondément convaincu de la réalité de nos actions.

Que l'élément moral, lors de sa première apparition, se soit trouvé en opposition avec tout le reste de la science, nous n'en serons point surpris, puisque cet élément surgissait dans la pensée en face d'une science développée qui jusqu'ici n'en avait tenu aucun compte. Il n'est pas étonnant non plus que le penseur chez lequel l'élément moral a pour ainsi dire fait éruption, se soit efforcé de lui faire une place à part. Mais, nous venons de le voir, c'est l'intérêt de l'élément moral qui impose des limites au subjectivisme de Kant ; ainsi toute sa pensée en subit déjà l'influence, quoiqu'il y ait encore loin de là jusqu'à une complète assimilation. Kant a mis la morale à la base même de l'édifice scientifique ; c'est le résultat le plus durable de sa philosophie. Après lui il n'est plus permis d'élever une métaphysique sans consulter les besoins de la pensée morale. Ceux qui l'ont tenté sont dépassés et jugés par le kantisme.

Nous avons indiqué les principales idées par lesquelles Kant a fait avancer la métaphysique. Pour terminer cette revue, il me reste à rappeler les conclusions de son troisième ouvrage fondamental, *la Critique du Jugement*. Le mot Jugement désigne ici une faculté de l'esprit particulière et soumise à des lois particulières. Ce n'est donc pas la faculté de porter des jugements logiques quelconques, car celle-ci se confondrait avec la pensée en général. Le jugement dont Kant fait la critique est la faculté par laquelle nous apprécions les phénomènes dans ce qu'ils ont d'accidentel. La Critique du jugement recherche si le contingent et le divers ne sont pas soumis à leurs lois propres, indépendamment de ces lois constitutives de l'intelligence, et par conséquent absolument nécessaires, dont traite la Critique de la raison pure.

Si nous pénétrons jusqu'au fond, le jugement et la raison pure sont bien régis par le même principe absolu, dernier *a priori*, condition de toute intelligence, — savoir le principe déjà énoncé que, soumis aux mêmes règles, la pensée et l'objet de la pensée forment un seul tout.

Mais les conditions selon lesquelles s'applique le principe ne sont pas les mêmes dans la sphère du contingent ou de ce qui nous semble tel, et dans celle de la pure nécessité logique. Peut-être la loi suprême de la raison se révèle-t-elle à nous d'une manière plus intime, plus frappante, lorsque nous considérons le côté variable et contingent des choses.

Si ce principe, où nous ne voulons voir pour le moment qu'une hypothèse à contrôler, est réellement la vérité; si le Monde et l'intelligence forment les deux moitiés d'un même tout, ou plutôt, pour parler la langue du criticisme, si nous ne pouvons concevoir le Monde que comme régi par les mêmes lois que l'esprit et par conséquent homogène à l'esprit; cette affinité de nature se manifestera partout. Nous la constaterons non-seulement dans ce qu'il y a d'intelligible dans le Monde, c'est-à-dire dans les lois universelles qui correspondent aux catégories de l'entendement, mais encore dans ce qu'il y a d'inintelligible, dans ce qui paraît accidentel, fortuit, dans ce que nous ne pouvions que constater et non comprendre.

Là même où nous ne comprenons pas, là où il n'y a, semble-t-il, rien à comprendre, là surtout, peut-être, nous reconnaîtrons l'intime rapport du monde phénoménal et de notre intelligence.

La preuve que cette supposition n'est point chimérique se trouve d'abord dans tout cet ordre de phénomènes ou de jugements que nous appelons le Beau. Nous ne savons pas en quoi le Beau consiste; nous ne comprenons pas quelle propriété des objets nous oblige à les trouver beaux. Le jugement par lequel nous prononçons sur la beauté d'un objet n'exprime donc rien sur ce qu'est l'objet lui-même, mais il exprime seulement une relation de l'objet avec nous, avec notre esprit, avec nos facultés. Avec quelles facultés? Il ne reste plus que ce point à déterminer, puisque nous avons renoncé à chercher ce qu'est le Beau pour l'objet lui-même. En y réfléchissant mûrement nous sommes conduits à reconnaître que les jugements par lesquels nous prononçons que certaines choses sont belles et la satisfaction désintéressée qui accompagne ces jugements, ne peuvent se fonder que sur quelques affinités entre leur objet et nos facultés intellectuelles. En effet, les jugements que nous portons sur le

Beau prétendent à une valeur universelle. Lorsque nous disons qu'une chose est belle, nous entendons que tous la trouvent belle, et nous prononçons, par l'énoncé même de notre jugement, que les personnes d'un goût différent n'ont pas bon goût ; c'est ainsi que nous sentons, quoiqu'il nous soit impossible de prouver notre dire. Mais l'universalité de portée à laquelle les jugements esthétiques aspirent toujours, et qui par conséquent tient à leur nature essentielle, ne peut se fonder que sur l'intelligence, car c'est l'intelligence qui est chez les hommes l'élément de l'identité. Puisque la vérité est la même partout, puisque nous discutons pour tâcher de nous convaincre réciproquement et que nous y réussissons quelquefois, les facultés par lesquelles on reconnaît la vérité doivent être les mêmes chez tous. Le même objet devra donc exercer une influence analogue sur l'intelligence de tous et réveiller par là chez tous un sentiment pareil. On explique donc cette circonstance caractéristique de la nécessité qui nous pousse à imposer notre opinion aux autres en matière de goût, en disant que, par l'effet de propriétés dont nous ne savons pas la nature, l'objet beau exerce une influence favorable sur le jeu de nos facultés intellectuelles et produit ainsi le plaisir particulier dont sa présence est accompagnée. Si, poussant la curiosité jusqu'au bout, nous demandons d'où peut venir cette propriété mystérieuse d'exciter harmonieusement les forces de la pensée, il sera bien difficile de ne pas l'attribuer à l'action d'un principe analogue à la pensée, principe dont nous constaterions ainsi la présence dans les objets naturels [1].

[1] Ce principe réside-t-il dans la chose en soi ou dans l'objet phénoménal? Évidemment dans l'objet phénoménal, puisque c'est à celui-ci que

Mais la pensée, Messieurs, n'est pas l'élément le plus profond de notre nature. S'il est des objets qui excitent des sentiments agréables en nous par leur harmonie secrète avec notre intelligence, d'autres tableaux réveillent un sentiment analogue par leur contraste avec nos facultés morales, par le mouvement qu'ils impriment à la volonté. En parlant de tels objets nous ne disons plus qu'ils sont beaux, mais qu'ils sont sublimes. Il y a de l'intelligence dans les choses belles, il n'y en a pas dans les choses sublimes. Un cygne, un palmier sont beaux; un pic de montagne, un orage, l'Océan sont sublimes. D'où vient le sublime? Il peut venir de deux sources : ou de l'incapacité de l'imagination à saisir la totalité d'un objet très-grand, ou de l'insuffisance de nos forces pour lutter contre les puissances de la nature, comme celles de l'incendie, de l'ouragan, de la cataracte. Dans l'un et l'autre cas cette lfa-

nous attribuons la beauté. Il n'est point surprenant, selon l'hypothèse générale du criticisme, que nous trouvions quelque affinité avec notre esprit dans les produits de cet esprit lui-même. La Critique du jugement esthétique semblerait donc n'être qu'une confirmation de l'Esthétique transcendantale et de toute la Critique de la raison pure. Cependant la pensée de Kant va plus loin. Sans croire avoir atteint la chose en soi, elle se dirige de ce côté. Toute la Critique du jugement suppose en quelque sorte l'objectivité du monde extérieur. Pour bien l'entendre, il faut distinguer l'activité spontanée de l'esprit qui crée les choses, de son activité réfléchie qui les aperçoit et les étudie (Fichte), distinction qui, par une pente toute naturelle, nous conduit à reconnaitre deux *moi* (Schelling), vu la difficulté de soutenir sérieusement l'opinion que le moi qui produit les choses soit l'individu particulier. Ainsi Kant a marqué lui-même le passage qui conduit de l'idéalisme subjectif à l'idéalisme absolu. Toute la philosophie spéculative des Allemands est préformée dans Kant, mais on y trouve aussi le germe d'une philosophie différente et meilleure.

blesse nous ramène au sentiment de notre force véritable.

L'impuissance de l'imagination à embrasser la grandeur extérieure suggère la pensée de l'infini véritable que conçoit la seule raison.

Notre impuissance physique à lutter contre la force physique réveille en nous le sentiment de la force morale, le sentiment de la liberté [1]. Le sublime jaillit des contrastes qui ébranlent en nous les puissances supérieures, la raison et la liberté. Il y a toujours dans le sentiment du sublime quelque chose de religieux.

On voit par cette analyse du beau et du sublime, que le premier repose sur une qualité confusément aperçue dans les choses elles-mêmes, tandis que le sublime est tout entier en nous. C'est donc le privilége du beau de révéler ou plutôt de faire pressentir l'intelligence dans la nature; mais en y faisant entrevoir l'intelligence, elle laisse soupçonner quelque chose qui ressemble à la liberté, quelque chose d'analogue à notre nature morale. Il y a donc dans le sentiment du beau une parenté plus ou moins éloignée avec le sentiment moral.

La Nature semble se rapprocher de nous parce qu'elle nous paraît intelligente; nous la présumons intelligente, sans toutefois la comprendre, par l'attrait sympathique qu'elle exerce sur notre esprit. Mais, Messieurs, cette intelligence de la Nature se manifestera d'une autre manière encore, plus directe, sinon plus claire, lorsque, détournant notre attention des sentiments qu'elle excite en notre cœur, nous l'étudierons en elle-même. Le grand fait de l'organisation

[1] Comparez le célèbre morceau de Pascal sur les trois ordres de grandeur.

nous démontre avec une irrésistible évidence qu'il y a en elle autre chose et mieux qu'un mécanisme aveugle, savoir une force qui poursuit des buts. En effet, les êtres organisés ne sauraient être compris si l'on n'admet pas que chacun d'eux est son but à lui-même. L'existence et la vie de chaque partie sont à la fois la cause et l'effet de la vie totale. La vie totale est donc la cause de ce qui la produit à son tour. Elle est donc la cause idéale, la cause finale ou le but des organes et de l'organisme. Pour étudier les êtres organisés, nous sommes obligés de supposer que tout en eux a un but relatif à la vie totale, et de chercher quel est ce but lorsque nous ne le connaissons pas.

La considération de ces vérités fort élémentaires nous conduit à nous demander si les êtres dont chacun, pris en lui-même, est un but, ne se trouvent pas dans des rapports de but à moyen les uns vis-à-vis des autres, si peut-être même cette loi de finalité ne s'étendrait pas au delà du monde organique où nous la voyons si manifestement appliquée. L'expérience confirme cette conjecture, en partie du moins. Dans la Nature, les individus servent évidemment de moyens à l'espèce, qui est le but, puisque les individus sont organisés de manière à reproduire l'espèce. Les espèces sont pareillement ordonnées les unes vis-à-vis des autres dans un rapport de but à moyen. Ainsi le végétal est un moyen pour l'animal qui le broute. Une fois entrée dans cette voie, la pensée s'élève bientôt à l'idée que toutes choses sont enchaînées par le rapport de but à moyen, comme elles le sont incontestablement, à ses yeux, par le rapport de cause à effet. Il faudrait donc admettre que la Nature entière conspire vers une commune fin. Mais le but final de la Nature ne saurait résider en aucun être particulier de la Nature elle-même. Chacun d'eux est son propre but à la vérité, mais il ne saurait être le but final de tous les autres, car on peut se demander au sujet de chacun d'eux : à quoi sert-il? quel est son but? Il faut chercher cette fin absolue dans un être supérieur à la Nature entière, dans un être dont il ne soit pas permis de chercher le but hors de lui, parce que, possédant une valeur absolue, il est nécessairement son propre but. Mais nous ne connaissons rien qui possède une valeur absolue, sinon la moralité; nul être ne saurait être son propre but dans le sens du but final, sinon l'être moral; par conséquent il faut chercher le but final de la Nature dans le seul être moral que l'expérience nous montre soutenant quelques rapports avec la Nature. Ainsi, Messieurs, vous voyez s'abaisser bientôt les hautes murailles que le criticisme avait élevées, non sans effort, entre la morale et la science. Kant ne se dissimule pas les périls de sa position. Il termine par les mots suivants le développement plein de charme et de profondeur des idées que nous venons d'indiquer : « Les considérations » qui précèdent sont naturelles à notre esprit, mais nous nous » abuserions en leur attribuant quelque valeur scientifique, » puisque la certitude que l'homme est son propre but ne » relève pas de la science, mais qu'elle appartient à l'ordre » moral et forme proprement un article de foi. »

Il y a donc un terrain commun sur la limite des deux empires. Au lever d'un grand siècle, Kant désignait la Nature et l'Art comme les deux routes qui mènent à la vérité.

L'expérience fournit à Kant cette grande idée de la cause finale qu'il n'a pas découverte dans les lois nécessaires de

l'intelligence. C'est pourtant la catégorie de l'intelligence.
Nous ne concevons pas l'existence d'un but sans une intelligence qui le pose ; nous devons donc reconnaître la présence d'une intelligence dans la Nature, et comme nous savons certainement *a priori* que tous les phénomènes de la nature se produisent conformément aux lois d'un mécanisme nécessaire, il faut tenir qu'une intelligence dispose ce mécanisme nécessaire de manière à lui faire produire tous ces effets pleins de sagesse, c'est-à-dire à réaliser tous les buts que nous constatons. Ceci nous oblige à considérer le Monde sous un point de vue religieux. Cependant on se tromperait en croyant trouver dans cet ordre de faits une démonstration solide de l'existence de Dieu : quand nous cherchons une telle preuve, c'est un être infini que nous cherchons ; or la Nature, qui est finie, ne saurait nous fournir un motif suffisant pour conclure à l'existence d'un être infini ; sans rappeler ce que la première Critique nous apprend sur la subjectivité de ce que nous nommons la Nature. Il n'y a donc réellement d'autre preuve de l'existence de Dieu que la preuve morale, et celle-là même n'est pas une preuve, quoique la certitude de la vérité morale soit absolue, et précisément parce qu'elle est absolue, car la croyance à l'existence de Dieu n'ajoute rien à l'autorité du devoir. — D'ailleurs, poursuit Kant, et cette dernière idée mérite toute notre attention, quelle est l'espérance directement associée à la moralité ? c'est l'espérance que la moralité n'est pas une chimère, c'est la conviction que le mouvement universel tend à la réalisation d'un ordre moral. Voilà tout ! L'existence d'un Dieu personnel est une manière de s'expliquer la réalisation d'un tel ordre, la seule manière peu-

être dont nous puissions la concevoir. Mais de ce que Dieu est la seule manière dont notre esprit sache comprendre l'avénement final de l'ordre moral, il ne suit nullement pour nous le droit d'affirmer que ce soit réellement la seule manière possible. Nous n'avons pas le droit de déclarer une chose impossible par cela seul que nous ne la comprenons pas. Nous ne pouvons donc pas dire qu'il soit impossible que, par le simple effet du mécanisme naturel et sans l'intervention d'une Providence, toutes choses convergent vers le triomphe définitif de la vérité morale. En un mot, nous ignorons si la morale ne peut pas être la fin de toutes choses sans que le commencement des choses soit un être moral.

Tout ceci n'est dit qu'en passant, et vraiment je ne crois pas que cette considération ait vivement ébranlé la foi personnelle de Kant à l'existence de Dieu. Cependant, Messieurs, il est impossible de ne pas voir ici une tentative pour concilier, dans les ténèbres, à la faveur de notre ignorance, les données de la raison pure, que Kant incline à croire athée et fataliste, avec les exigences opposées de la raison pratique. Kant ne pouvait pas, sans trop s'écarter de la voie critique, pousser beaucoup cette idée, qui contient le germe de plus d'un système. Le problème que nous venons de soulever avait occupé les philosophes de la Grèce. Avant Socrate déjà les écoles s'étaient partagées sur la question de savoir si le meilleur est au commencement ou à la fin. Les philosophies nées de Kant qui s'efforcèrent de franchir les infranchissables limites posées par le criticisme, ont ce trait commun qu'elles placent le meilleur à la fin. Elles avaient compris que la science véritable doit imiter dans son mouvement le mouvement réel des choses et reproduire l'enchaînement du monde dans l'enchaînement de ses propositions, axiome du cartésianisme qui n'avait pas encore reçu d'application complète et que l'on avait singulièrement oublié. Les successeurs de Kant rajeunirent ce principe de la méthode avec assez d'éclat pour qu'il ne soit plus permis d'en méconnaître l'évidence. Mais la distinction non moins évidente assurément entre le mouvement regressif et le mouvement progressif de la philosophie, ne se présenta pas nettement à leur esprit. Ils voulurent donc donner à leur système tout entier l'ordre de la réalité, ou plutôt leur idéalisme n'admit pas que le développement de l'univers pût suivre une autre loi que leur pensée. Ainsi, comme la pensée s'avance nécessairement des idées les moins parfaites aux plus parfaites, on imagina que le mouvement de la réalité devait aller de même du moins parfait au plus parfait. Dès lors, Messieurs, si nous continuons à appeler du nom de Dieu *la perfection existante*, il fallait dire que Dieu ne peut exister qu'à la fin, après le Monde et par le Monde; tout au rebours de la pensée commune qui met Dieu au commencement, avant le Monde, et qui fait exister le Monde par lui. Ce point de vue est commun aux trois grandes philosophies allemandes de Fichte, de Schelling et de Hegel, qui du reste diffèrent sensiblement les unes des autres, et par leur marche et par leur conception suprême. Ainsi dans ces philosophies le mouvement regressif et le mouvement progressif se confondent; vous apercevez déjà ce que coûte une telle simplification. La pensée dominante se trouve chez Kant; c'est à Kant que l'école spéculative l'a empruntée, comme l'examen du système de Fichte le prouve surabondamment.

La sphère de la troisième Critique est celle où les deux directions opposées de l'esprit humain, la raison pure et la raison pratique, se rapprochent et se touchent. Elles se réunissent dans l'idée d'un but absolu des choses, puisque c'est en réfléchissant aux données de l'expérience dans un intérêt tout spéculatif que nous sommes conduits nécessairement à appliquer à la Nature l'idée de but, qui n'est pas moins essentielle à la sphère de l'activité morale. Une fois l'enchaînement de but à moyen bien constaté dans la Nature, nous devons nous poser la question de savoir si la Nature entière n'a pas un seul et même but, mais nous ne saurions lui en assigner aucun sans faire intervenir l'idée morale. Le bien moral possédant seul une valeur absolue et pleinement évidente, peut seul être conçu comme but universel. Tels sont les résultats obtenus. Mais pour concilier véritablement, par cette idée d'un but moral universel, les exigences opposées de la raison pure et de la raison pratique, il faut que chacune d'elles se soumette à la Critique et rabatte un peu de ses prétentions.

La raison pure veut que toute chose et tout changement aient leur raison d'être dans une cause antécédente ; elle enchaîne tout par un lien de nécessité. Son principe serait une activité déterminée ; son système le fatalisme.

La raison pratique interrogée seule conduirait naturellement, ainsi qu'on l'a vu, à l'idée d'un Dieu personnel. Son principe serait la liberté divine ; son système, le libre arbitre dans ce monde, la rétribution dans un autre, par la volonté de Dieu.

Kant maintient en général l'opposition des deux sphères, et grâce à la manière dont il a conçu le problème du criticisme, il échappe à l'obligation de choisir absolument entre les solutions. Il dit en substance : Dans l'appréciation des phénomènes de la Nature, il est raisonnable de vous diriger comme un partisan de la nécessité universelle. Dans la pratique de la vie, vous devez vous conduire comme si vous croyiez à l'existence d'un Dieu rémunérateur. Qu'en est-il au fond? Le philosophe refuse de se prononcer, car le *pour* et le *contre* se balancent. D'un côté la subjectivité du temps et de l'espace permettent de concilier la liberté essentielle de l'être moral avec la nécessité des phénomènes. D'ailleurs, en cas de conflit, la supériorité appartiendrait à la raison pratique, attendu que la fin suprême de la vie et de la pensée se trouve dans l'excellence pratique, dans la vertu. D'autre part, l'idée de Dieu n'est pas le fondement de la vérité pratique, elle n'en forme pas un élément indispensable ; l'athée et le dévot se sentent également obligés par la loi du devoir. Ainsi les plateaux restent en équilibre.

Mais dans la Critique du jugement, Kant, allant au delà de ses propres principes, cherche la conciliation positive des deux points de vue dans l'idée d'un mécanisme qui, par le seul effet de ses lois nécessaires, amènerait la pleine réalisation du bien moral. Quelque obscure que soit cette idée, quelque peu d'importance que son auteur semble lui accorder, elle reçoit un haut intérêt de la place qu'elle occupe dans le système. C'est la seule voie ouverte à la métaphysique, si l'esprit humain veut se replonger dans cet abîme où Kant désespérait pour son compte de rencontrer la vérité

Vous le voyez : les trois Critiques de Kant sont trois fragments de regression philosophique, partant chacun d'un commencement indépendant et que l'auteur n'a pas réunis dans une synthèse complète, quoiqu'on en trouve le germe chez lui.

Elles contiennent la liste des vérités *a priori* qui dirigent nos diverses facultés dans la regression philosophique et nous montrent à quelles conclusions on arrive sur le principe universel en partant de ces vérités.

La Critique de la raison pure nous donne d'abord les formes subjectives de l'intuition ou de la perception, le temps et l'espace, puis les lois de l'entendement, subjectives aussi dans la pratique, par la nécessité de concevoir leur application dans le temps. Voilà le côté formel et subjectif. Quant au fond, l'analyse de la raison pure, considérée sous le point de vue de ce qu'elle nous enseigne relativement à l'objet, donne pour résultat le *noumenon* ou *la chose en soi*, c'est-à-dire l'être absolument indéterminé : L'être est ; il y a au fond de nos représentations autre chose que la représentation. La Critique de la raison pure ne nous en dit pas davantage.

La Critique du jugement nous fournit l'idée de but, notion importante à joindre à la table des catégories. Les catégories de l'entendement sont les catégories de la nécessité, le but est la catégorie de la liberté. — Quant à l'objet, la Critique du jugement nous suggère l'idée d'une intelligence agissant dans le monde ou d'une nature intelligente. Elle nous conduit à penser que le *noumenon*, l'être objectif, est probablement un être spirituel. Je dis, Messieurs, qu'elle fait naître en nous cette opinion, mais elle n'en garantit point la vérité positive, car le monde dont l'étude nous l'inspire, le monde auquel s'applique la faculté désignée ici sous le nom de jugement, n'est, après tout, que le monde de nos représentations.

Enfin, la Critique de la raison pratique nous apporte l'idée du devoir, la certitude de notre liberté et la foi à l'existence d'un ordre de choses, quel qu'il soit, qui nous garantit la réalisation des buts dont le devoir nous commande la poursuite. Elle nous fait comprendre que le *vrai moi*, le moi objectif ou l'être intelligible (*noumenon*) qui est au fond de notre activité temporelle, est une volonté pure et absolue. Cette vue sur le monde objectif n'est que partielle, mais c'est la plus claire, la plus élevée et la plus certaine que nous puissions obtenir.

La Critique de la raison pure se résume dans une idée négative. Elle établit la subjectivité ou, ce qui revient au même, l'insuffisance des catégories de l'entendement telles que nous les appliquons aux choses étendues et temporelles : Autres sont les lois de la pensée dans le domaine du fini, autres lorsqu'il s'agit de l'infini et de l'absolu que poursuit la philosophie. De tout l'appareil de la Critique, voilà proprement ce qui est resté dans les esprits pour lesquels la Critique de Kant n'est pas chose non avenue.

Le livre de la Raison pratique attire surtout l'attention par son résultat positif : l'autonomie de l'idée morale, l'élévation, presque involontaire, de la certitude morale au rang d'un critère de la vérité métaphysique ; d'où résulte pour les penseurs à venir, moins résignés que leur maître à ne plus chercher ce que l'humanité voudrait savoir, la nécessité d'organiser le travail de la pensée de telle façon que les résultats répondent aux besoins de la conscience morale.

Tels sont, Messieurs, les deux points les plus saillants de cette regression philosophique commencée avec profondeur, poursuivie avec le soin le plus attentif, mais qui s'est arrêtée assez loin du but.

Dans ces deux points il y a deux systèmes, deux sciences :

La philosophie allemande a tiré la conséquence de la Critique de la raison pure, dans le sens plus ou moins directement marqué par la Critique du jugement. Armée de nouvelles catégories et d'une dialectique nouvelle, elle a poursuivi l'idée d'une Nécessité intelligente qui domine dans ce dernier ouvrage, en la dégageant peu à peu du rapport avec l'idée morale qui en fait chez Kant la grandeur et l'obscurité.

Il appartient à la philosophie contemporaine de féconder la meilleure moitié du kantisme, en construisant cette philosophie dont Kant a donné le principe et le critère dans la Critique de la raison pratique.

ONZIÈME LEÇON.

Fichte. Antipode de Spinosa, il achève le système de Leibnitz. Pour lui, la substance est le sujet pur, le moi. Il arrive donc à la liberté, mais en sacrifiant l'unité. Son système ne lui fournit aucun moyen d'expliquer le monde extérieur. — M. de Schelling, approfondissant le système de Fichte, part d'un *moi* générique, antérieur à l'acte de réflexion, et retrouve ainsi l'unité substantielle. Le primitif sujet se réalise comme objet, tout en conservant la subjectivité ; ainsi la dualité sort de l'unité. Le mouvement universel des choses consiste dans le retour graduel de l'objet à la subjectivité, c'est-à-dire dans la réalisation de l'esprit. Cette réalisation est nécessaire. Panthéisme du progrès. — Hegel cherche à s'expliquer la prépondérance croissante de l'idéal par le réel, qui proprement n'est pour M. de Schelling qu'une hypothèse destinée à rendre raison de l'expérience. Il l'explique par l'idéalisme absolu. Le procès universel est la réalisation de l'idée, parce que l'idée est la substance universelle. Cet idéalisme insaisissable comporte les interprétations les plus différentes ; l'unité du système se trouve dans sa méthode. Le point de départ de Hegel est l'identité de l'être dans sa pensée et de l'être réel ; le terme est l'idée de l'être telle qu'elle doit être conçue pour qu'il soit possible à l'esprit d'en affirmer la réalité sans se contredire lui-même. Ce terme, c'est-à-dire l'absolu tel que Hegel le conçoit, est la pure forme de l'intelligence.

Messieurs,

Au commencement de ce cours[1], en exposant les conclusions auxquelles la philosophie moderne est arrivée sur

[1] Leçon III, page 44.

le problème de la connaissance, nous avons déjà indiqué la manière dont l'idéalisme subjectif de Fichte se dégage des principes posés par Kant dans la Critique de la raison pure. Je ne reviendrai pas sur ce point, qui n'offre pas de difficultés. Il est évident que la *chose en soi* de Kant est une hypothèse imaginée pour expliquer la sensation, un produit de l'intelligence, une représentation du moi, lequel est absolument circonscrit dans la sphère de ses représentations. Axiome ou théorème, ce paradoxe souvent mal compris est l'idée la plus connue du système de Fichte. Mais Fichte ne relève pas de Kant seulement, il relève aussi de Leibnitz; Fichte résume dans l'unité de sa pensée le point de vue de Leibnitz et celui de Kant; c'est un Leibnitz transformé par le criticisme, et comme il renouvelle Leibnitz, il ramène aussi Spinosa : c'est par là surtout qu'il nous intéresse.

Vous avez vu, Messieurs, l'objet propre de la métaphysique se déterminer, dans le cartésianisme, par la distinction entre le commencement subjectif de la philosophie, c'est-à-dire la première vérité connue, et le commencement objectif, ou la première vérité en soi. Descartes indique cette distinction plutôt qu'il ne l'accomplit, parce que son génie impatient, anticipant sur les résultats de la méthode, enrichit la première vérité de déterminations justes peut-être, mais non justifiées. La première vérité, le commencement qu'il importe de saisir avec une parfaite netteté pour s'expliquer le mouvement général de la pensée, n'est autre chose que ce que nous pouvons affirmer immédiatement touchant le principe de l'existence. Ce que l'esprit a le droit d'affirmer immédiatement, Messieurs, c'est ce qu'il est contraint d'affirmer, ce dont il ne peut absolument pas abstraire. Tel est le point de départ de la spéculation, c'est l'être indéterminé, l'être qui peut tout devenir et qui n'est rien encore, l'être qui n'est que puissance d'être. Je vous ai dit que Spinosa a saisi fugitivement cet antécédent obligé de toute pensée, et qu'on trouve la trace de cette intuition dans la manière dont il définit la substance ; mais j'ai ajouté que Spinosa ne s'y est point arrêté, de sorte que le commencement effectif de sa philosophie n'est pas la puissance d'être, mais l'être existant, l'être fixé. Ainsi le mot de *causa sui* n'a pas chez lui de sens positif, inhérent à la substance ; il n'exprime rien de vivant, rien de spéculatif, mais seulement une circonstance extérieure, indifférente pour ainsi dire à l'essence même de l'être, savoir qu'il n'a pas de cause hors de lui. De là résulte pour Spinosa l'impossibilité d'atteindre l'existence finie. La substance de Spinosa n'est qu'objet sans subjectivité, existence sans puissance, c'est pourquoi elle demeure l'illimité, l'infini excluant le fini.

Leibnitz, disions-nous encore, rend à l'Être la puissance et la subjectivité. Puisqu'il existe quelque chose, pense-t-il, il y a un Être qui existe par lui-même, par son propre fait ; dès lors, pour cet Être, qui est la substance de tout, et par conséquent pour la substance en général, être est un fait, être est une activité. Il existe, lui, parce qu'il se réalise, mais, tout en se réalisant, il retient en lui-même le principe de cette réalisation, la possibilité de toute réalisation, la puissance. En affirmant il se réfléchit, en se déployant il se concentre. L'affirmation de soi-même, qui fait le fond de toute existence, est donc une affirmation réfléchie. La forme essentielle de l'être est la réflexion sur soi-même, c'est une activité intérieure, et pour tout exprimer en un mot, c'est l'intelligence. Dans le fond, ou plutôt dans la forme, qui est le véritable fond, toute substance est intelligence; d'où résulte immédiatement la pluralité indéfinie des substances, car l'expansion et la concentration ne peuvent coïncider que dans la division. Il n'y a pas de réflexion sans dualité et partant sans le nombre. La substance, en se réalisant, se différencie, et cette différenciation va à l'infini. L'unité n'est donc plus qu'en puissance ou, ce qui revient au même, l'unité n'est qu'idéale. L'unité ne se trouve que dans la loi selon laquelle l'existence se réalise, ou dans l'harmonie; mais, dans l'existence proprement dite, il n'y a que pluralité.

Tel serait, selon nous, le système de Leibnitz ramené à sa forme spéculative; mais, en le ramenant à cette forme spéculative, nous l'avons transformé. Ce n'est plus le système de Leibnitz, c'est le système de Fichte dépouillé de ce qu'il a lui-même d'accidentel, je veux dire de son alliage avec le point de vue critique ou subjectif; et le système de Fichte, dégagé de cette apparence de subjectivité, est presque celui de Hegel. Fichte est la vérité de Leibnitz. Fichte réalise dans sa philosophie l'idée de subjectivité de l'être, qui commence à percer chez Leibnitz. La substance de Spinosa est l'objet pur, l'Être qui n'est qu'être; la substance de Fichte est le sujet pur, la pure activité; sa doctrine se résume dans cette maxime expressive : « Le philosophe n'a plus d'œil pour l'être, il ne voit partout que loi. » Ainsi Fichte et Spinosa sont deux antipodes.

Leibnitz avait fait un pas vers l'idée de la liberté en concevant la substance comme active, tandis qu'il n'y a proprement aucune activité chez Spinosa. Tout est déterminé par une nécessité logique; dès lors tout doit être immobile, car ce qui est appelé à se réaliser a eu, dès l'éternité, une éternité pour le faire. La nécessité pure et parfaite revient à l'immobilité, comme la plénitude et la perfection de l'activité ne se trouvent que dans la liberté. Mais l'activité telle que Leibnitz l'attribue à la substance est encore purement nécessaire, précisément parce que ce n'est pas l'activité véritable. Leibnitz n'a compris philosophiquement que l'activité intellectuelle; or la nécessité est en effet un caractère de l'intelligence, parce que l'intelligence n'est que le reflet de l'activité primitive; Leibnitz confond cet acte dérivé et dépendant avec l'acte essentiel et primordial; il reste donc enchaîné dans la nécessité et son point de vue ne conduit pas encore à la morale.

Les travaux de Kant dans cette dernière branche, la supériorité qu'il accordait à l'activité pratique sur la théorie, la tendance de toute sa philosophie, en un mot, exerça une influence décisive sur Fichte, qui ne fut et ne voulut être qu'un disciple de Kant. Aussi Fichte ne se contente pas de l'activité intellectuelle ou de la perception pour la définition de sa substance. Celle-ci n'est plus, comme la monade de Leibnitz, un embryon de *moi*, mais un moi véritable; elle n'est plus seulement intelligente, elle est active au sens propre du mot, elle se manifeste au dehors par l'action. C'est même cette activité proprement dite, cette activité morale du moi, qui oblige Fichte à reconnaître une pluralité de *moi* et par suite un monde extérieur, une Nature, à l'aide de laquelle ces *moi* entrent en rapport les uns avec les autres et deviennent réellement capables d'agir. La théorie de la connaissance détruit toute objectivité dans la pensée de Fichte, la théorie de l'activité morale reconstruit le monde objectif, non pas seulement le monde spirituel, *l'autre Monde*, mais le monde d'ici-bas. Ainsi le principe posé par Kant est poussé à ses dernières conséquences.

Fichte est également disciple de Kant sur la question de la liberté; il ne démontre pas la liberté humaine, il en est certain; elle est son point de départ, c'est la vérité dont toutes les autres dépendent et autour de laquelle gravite toute sa philosophie. Dans un sens, Fichte a donc poussé la métaphysique jusqu'au point que nous nous efforçons d'atteindre : il a conçu la Substance, l'être inconditionnel, comme une activité libre, comme une activité morale, comme un *moi*. Mais, sous un autre point de vue, il s'est écarté du but plus que tous les autres, puisque cet être inconditionnel n'est à ses yeux, du moins dans la première forme de son système, autre chose que son propre moi. Fichte, en effet, ne se détache point de son analyse des conditions du savoir, dont le résultat dernier est qu'il n'existe pour nous que le moi et ses représentations. Tout ce qu'il peut y avoir au delà ne concerne pas la science. Les autres *moi* ne sont eux-mêmes que des représentations auxquelles j'attribue une valeur objective, parce que leur objectivité est indispensable à la réalisation de mon être moral. Et si, faisant abstraction des subtilités de la méthode, nous cherchons simplement à saisir la conviction personnelle de Fichte sur ce qui fait la réalité du Monde, nous trouvons une pluralité d'activités libres, une pluralité de *moi* qui doivent travailler ensemble à leur perfectionnement réciproque ; mais l'unité substantielle ne se trouve nulle part. L'unité du système, le Dieu du système, si vous voulez, c'est la loi qui régit l'activité des individus, c'est le but moral qu'ils se proposent et qui ne peut être réalisé que par leurs efforts. Vous retrouvez ici cette harmonie de Leibnitz, à laquelle la *Critique du jugement* semble vouloir se rattacher, en lui prêtant une signification morale; chez Fichte elle n'est plus que morale. Le Dieu de Fichte est l'ordre moral abstrait, sans substance et sans personnalité; ce n'est pas, à coup sûr, l'Être absolument libre que nous cherchons; mais enfin le système de Fichte a puissamment contribué à faire envisager l'activité, l'activité morale, la liberté, comme l'essence même de l'être. Kant s'élève aux vérités métaphysiques ou religieuses en partant de la morale; Fichte fait rentrer absolument la métaphysique dans la morale, en supprimant l'objet de la religion. Ainsi la morale devient pour lui une science absolument indépendante, point de vue que nous avons rencontré tout au commencement de ce cours et que nous avons réfuté, en faisant voir l'impossibilité où il nous laisse d'expliquer le fait de l'obligation. Cette critique s'adressait essentiellement à Fichte. Je me borne à la rappeler, en vous faisant observer le rapport étroit qui unit cette forme de la science au fond même de sa pensée, qui n'est autre chose que l'athéisme; il le faut bien confesser, quoique cette pensée offrît déjà des éléments que l'on pourrait mettre à profit pour s'élever à la philosophie religieuse où nous tendons.

Fichte lui-même ne s'arrêta pas à cette première philosophie.

Indépendamment de son étrangeté aventureuse, le système de Fichte péchait par une grande lacune ; je veux dire par l'absence d'une philosophie de la Nature, ou plutôt de toute intelligence de la Nature. Fichte dit bien, en gros, dans son droit naturel, à quoi la Nature est bonne et pourquoi il faut qu'elle nous apparaisse, mais il ne fait nullement comprendre comment se produisent en nous les représentations, évidemment indépendantes de notre volonté, que nous appelons Nature. Cette imperfection du système de Fichte est l'origine de celui de M. de Schelling, qui n'eut d'abord d'autre dessein que de fixer le sens de Fichte, comme celui-ci avait eu d'abord pour seule prétention de préciser et de compléter le criticisme de Kant.

Au moment où la conscience s'éveille, nous nous trouvons au sein d'un Monde absolument déterminé, auquel nous ne pouvons rien changer. Si ce Monde, comme on le prétend, n'existe que par le moi et pour le moi, du moins faut-il reconnaître que le moi l'a produit bien innocemment ou, pour rester dans la gravité du sujet, qu'il l'a produit par une activité représentative involontaire, inconsciente, antérieure au premier réveil de la réflexion, antérieure au moment où le moi dit moi, et qui conserve après ce moment son caractère primitif de nécessité inconsciente. Pour expliquer le monde extérieur dans l'esprit de l'idéalisme et de Fichte, M. de Schelling se trouva donc conduit dès l'entrée à l'étude d'une activité antérieure au moi de la conscience et dont, par la supposition primitive, le monde extérieur et le moi de la conscience doivent être l'un et l'autre des résultats. Si le moi et le non-moi sont les produits simultanés d'un même acte, on comprend qu'ils soient nécessaires l'un pour l'autre; or l'apparente objectivité du Monde n'est autre chose que la nécessité qui nous oblige à l'imaginer tel que nous l'apercevons. Il y a plus; le moi de la conscience est seul individuel. C'est par un retour sur moi-même que je dis moi et que je me distingue de vous. Schelling était donc amené naturellement à se représenter ce moi antérieur à la conscience ou ce principe qui doit devenir le moi, comme un principe universel, comme la source commune de tous les *moi*. Ce point de vue donnait un moyen d'expliquer comment nous percevons tous le monde extérieur de la même manière, sans sortir de la donnée idéaliste. C'est nous qui avons fait la Nature, suivant cette philosophie, nous l'avons conçue par une activité idéale et son existence n'est qu'idéale; nous l'avons produite en rêvant, mais quand nous dormions ce sommeil magique, nous n'étions pas distincts les uns des autres, nous formions un seul et même être. Ce grand songeur, père et substance de la Nature et de tous les esprits, c'est l'être inconditionnel, l'être absolu du système de M. de Schelling, du moins dans ses premières formes. La modification que M. de Schelling apporta au point de vue de la philosophie précédente, peut s'exprimer d'une manière très-simple et pas trop infidèle en disant que, pour lui, la réalité ne consiste plus dans les individus, mais dans l'espèce. Ainsi Schelling se retrouve en possession d'une substance universelle, et cette substance une n'est que pure activité; c'est une activité représentative comme les monades de Leibnitz; mais l'idée de la représentation ou de la perception est plus approfondie par Schelling qu'elle ne l'avait été par Leibnitz.

Le dualisme essentiel à toute perception est mieux compris, le rapport de la production proprement dite à la réflexion mieux analysé. Schelling se replace à l'origine du mouvement de la réalisation de l'être que la spéculation doit reproduire[1]. Son point de départ est l'Être qui *n'existe* pas encore, l'infini qui n'est pas encore réalisé, la subjectivité infinie ou la virtualité infinie. En se réalisant, en s'affirmant, l'infini se détermine, il devient fini, c'est-à-dire inégal à lui-même, le contraire de lui-même. L'infini ne saurait se réaliser qu'à ce prix, car se réaliser c'est se déterminer. Mais comme la virtualité primitive est infinie, elle ne peut pas non plus se perdre, s'absorber dans cette première détermination. Le sujet infini ne se transforme pas en objet ou en existence, non, mais en séparant de lui-même l'objet ou l'existence dont il renfermait la possibilité, il se maintient néanmoins comme sujet, comme puissance, mais comme puissance placée désormais vis-à-vis d'un objet, c'est-à-dire comme l'intelligence de cet objet. Ainsi, en partant d'un seul principe, l'être indéterminé, l'être qui n'est rien encore que la puissance infinie de l'existence, la substance infinie ou le sujet infini, nous arrivons à l'opposition féconde de deux principes : le principe de passivité, d'objectivité, d'existence, le réel; et le principe de l'activité, de la subjectivité, de l'intelligence, l'idéal; et nous retrouvons ainsi les idées de la Grèce.

L'Idéal et le Réel, sortant d'une source commune, sont d'abord opposés l'un à l'autre. L'idéal placé hors du réel ne peut se réaliser qu'en pénétrant le réel pour le trans-

---

[1] La spéculation n'est pas autre chose que cette reproduction.

former; le réel, à son tour, ne peut reconquérir l'infinité, qui est sa primitive essence, qu'en s'idéalisant. L'opposition primitive de ces deux éléments rend donc nécessaire un mouvement progressif ou, comme on dit en allemand, un *procès*, idée qui domine toute la philosophie de Schelling et qui la résume. Ce procès, Messieurs, c'est le Progrès. Ainsi la croyance du XVIIIme siècle, cette religion assez superstitieuse, il faut en convenir, reçoit en Allemagne une consécration spéculative. La philosophie de Schelling, généralement désignée sous le nom de philosophie de l'Identité[1], pourrait s'appeler, avec non moins de justesse, la philosophie du Progrès. Le progrès dont nous parlons consiste proprement en ceci : que la subjectivité absolue, qui ne peut se réaliser immédiatement sans devenir le contraire d'elle-même, se réalise enfin, par une série de gradations successives, comme absolue subjectivité, comme esprit, comme Dieu.

La cosmogonie est en même temps une théogonie; la Nature et l'Histoire marquent les phases de cette genèse éternelle. Le sujet primitif, réalisé d'abord comme Matière, se manifeste dans sa subjectivité vis-à-vis de l'objet sous la forme de Lumière. La pénétration de la matière par la lumière, premier degré de l'intelligence, produit la Matière formée, rendue sensible par ses qualités, qui sont autant d'activités ou de manifestations du principe subjectif identifié à la matière première; mais, en face de cette matière déjà formée et par conséquent déjà spiritualisée en quelque façon, le principe subjectif se relève comme Vie et, péné-

---

[1] Identité du réel et de l'idéal dans leur principe.

trant la matière sensible, donne naissance à l'Organisme, où cette matière sensible n'est plus qu'un attribut et un instrument. En produisant l'organisme achevé, celui de l'homme, le principe idéal s'affranchit de ce nouveau lien, et la vie, jusqu'ici la plus haute forme de la subjectivité, devient à son tour objet pour l'Intelligence. La lacune que présentait l'idéalisme se trouve ainsi comblée, le système de Fichte est corrigé, nous comprenons l'existence de la nature extérieure, idéale dans son principe, mais réelle quant à nous.

Cependant l'impulsion qui a fait naître le système n'est pas encore épuisée, le terme du progrès n'est pas atteint. L'intelligence devient à son tour moyen et matière pour l'Activité libre dans laquelle l'homme se prend lui-même comme objet, en déterminant l'emploi qu'il veut faire de ses facultés. Enfin, par le développement de cette activité libre dans l'Histoire, dans l'Art, dans la Religion, dans la Philosophie, l'homme reconnaît qu'il n'est tout entier qu'un organe, un objet; objet, organe de l'Esprit pur qui est son génie et son intime essence, mais qui, de sa nature, est supérieur à toutes les formes individuelles. Ainsi dans l'histoire, dans l'art, qui vit d'inspiration, dans la religion, dans la philosophie, Dieu se réalise comme Dieu par l'intermédiaire de l'esprit humain. La pure subjectivité, le pur esprit atteint donc la vérité de son être en traversant toutes les formes de l'imperfection.

Dans cette philosophie l'unité du principe substantiel est mieux conservée que chez Leibnitz; elle va même jusqu'au point d'absorber les individus, comme le fait Spinosa, et de ne laisser voir en eux que des ombres passagères. Comme chez Leibnitz et chez Fichte la subjectivité, l'activité demeure l'attribut dominant, la définition de l'être; mais nous ne trouvons pas encore la liberté.

Le système de Schelling repose sur la supposition que le sujet primitif, en devenant objet, ne perd pas nécessairement toute sa subjectivité, toute sa puissance, et que par conséquent la subjectivité ou la puissance est supérieure à toute existence objective quelconque, même à un objet infini, puisque la primitive réalisation de la puissance ne peut être qu'un objet infini, une existence illimitée. Ainsi toute existence, même illimitée, est finie au regard du véritable infini. Il y a contradiction entre les deux idées d'objet et d'infinité. La philosophie de M. de Schelling fait ressortir cette contradiction; c'est ainsi qu'elle explique la présence d'un principe idéal en face du principe réel, qu'elle concilie le dualisme de l'expérience avec l'unité qu'exige la raison, et qu'elle rend compte du progrès. Après avoir déposé le réel ou la matière, le principe idéal veut encore se manifester dans son infinité; mais il ne peut pas le faire si le réel reste en dehors de lui; il cherche donc à pénétrer le réel, à le subjuguer, à l'idéaliser. De là résulte le progrès universel, qui n'est autre chose que la série des victoires du principe idéal sur le principe réel, jusqu'à la réalisation de l'esprit absolu. Ainsi le progrès, tel que le conçoit cette philosophie, est un progrès nécessaire. La liberté n'apparaît qu'un instant, pour être aussitôt niée. En effet, si la subjectivité infinie ou l'activité infinie doit être réalisée dans sa vérité, elle ne peut y parvenir qu'en traversant toutes les phases du procès que reproduit la philosophie. La liberté du premier principe est donc absolument conditionnelle. Il restera dans la puissance et rien n'existera, ou bien le procès se déroulera de la manière dont M. de Schelling l'a conçu. Je vous rends attentifs à la restriction considérable que l'idée de la liberté subit dès sa première apparition, parce qu'il ne me semble pas que M. de Schelling ait jamais réussi à l'en affranchir.

Mais, Messieurs, dans la première phase de sa philosophie, cette liberté conditionnelle elle-même n'est pas l'objet d'une affirmation positive; on l'entrevoit comme une possibilité; la pensée ne s'y arrête pas, ou plutôt elle la repousse. Il est de la nature du principe absolu de se réaliser. Ainsi l'acte par lequel il sort de la virtualité et se manifeste dans une forme inadéquate à son essence, le commencement du procès, la première Création, si vous voulez, est bien libre dans ce sens qu'il est une véritable action : le sujet primitif crée par son activité spontanée. Mais cette création, c'est sa propre réalisation, sa propre vie. Vivre, en effet, qu'est-ce autre chose, sinon traduire en existence ce qui est virtuellement, en puissance? La Création est donc la vie du sujet infini. S'il ne crée pas, il ne vit pas. Il est donc dans sa nature de créer, et même en choisissant l'interprétation la plus favorable au point de vue que nous nous efforçons d'atteindre, l'on ne peut pas dire qu'il soit plus libre de ne pas entrer dans l'évolution créatrice qu'un homme n'est libre de ne pas faire une chose d'où dépend l'accomplissement de tous ses vœux, quand elle ne présente aucun inconvénient de quelque espèce que ce soit. En effet, l'accomplissement de tous les vœux d'un être capable de désir, est de réaliser sa nature. Et cette comparaison reste insuffisante, car la volonté libre est déjà réalisée; elle est concrète, elle est satisfaite dans la mesure où elle est vraiment libre, tandis que le principe de Schelling est une puissance abstraite. La puissance tend d'elle-même à passer à l'acte. Ainsi le principe de Schelling est un principe spontané; ce n'est pas encore un principe libre. Le procès est nécessaire, par conséquent le Monde est nécessaire, et si le Monde est nécessaire, il est nécessairement tel qu'il est, d'où suit qu'il n'y a de liberté nulle part. Cette philosophie serait bien nommée le panthéisme du progrès.

Pour en apprécier la valeur logique, il faut se demander sur quoi se fonde la possibilité de la création ou du procès tel qu'il est conçu par elle. Comment se fait-il, demanderons-nous donc, que le sujet primitif, qui d'abord produit le contraire de lui-même, arrive pourtant en définitive à se réaliser en tant que sujet, en tant qu'esprit? Cela résulte, dira-t-on, de la prépondérance de la subjectivité sur l'objectivité. — Mais d'où vient cette prépondérance? Est-elle rigoureusement fondée sur une nécessité de la pensée? Voilà la question. A cette question M. de Schelling répondrait hardiment : « Non. Il n'y a pas *a priori* de nécessité absolue à reconnaître la prépondérance de la subjectivité sur l'objectivité. On pourrait concevoir que le sujet, dans sa réalisation éternelle, devînt objet et rien qu'objet, que rien ne fût par conséquent, sinon l'existence illimitée, uniforme, aveugle. Cela n'est pas absurde; mais si l'on s'en tient là, l'on se condamne à ne rien comprendre. On demeure arrêté devant la porte qui ferme éternellement au spinosisme l'intelligence de la vie. La prépondérance de la subjectivité que nous avons imaginée, Leibnitz et moi, c'est la vie ou, si vous voulez, c'est une hypothèse que nous a suggérée la nécessité d'expliquer la vie. Le progrès est une idée empirique, le progrès est le résumé de l'expérience ; et le triomphe de l'esprit sur la matière, la prépondérance du sujet sur l'objet n'est autre chose que le progrès. J'ai reconnu le fait du progrès, et j'ai cherché à formuler l'idée du premier principe de telle façon qu'elle en permît l'intelligence. »

Voilà ce que répondrait M. de Schelling, ou plutôt voilà ce qu'il déclare effectivement aujourd'hui, et je ne doute pas qu'il ne présente avec une fidélité très-judicieuse la véritable origine de sa philosophie ; mais, au moment où son génie la conçut, il ne se rendait pas un compte aussi net de la nature de son inspiration et ne l'avouait pas avec autant de franchise. On développerait donc le système primitif de M. de Schelling d'une manière assez conforme à l'esprit qui l'a dicté, en cherchant à démontrer la nécessité *a priori* de la prépondérance croissante de l'élément subjectif sur l'élément objectif, qui est proprement son principe. Pour fortifier le système il faut l'approfondir, au risque de le transformer en l'approfondissant. Ce fut la tâche du plus illustre disciple de M. de Schelling, Hegel, auteur d'une philosophie qui, pendant quelques années, éclipsa presque entièrement celle de son maître.

Le changement apporté par Hegel à la philosophie de l'Identité consiste uniquement en ceci, qu'il en approfondit mieux la base ou, en d'autres termes, qu'il la ramena plus près de son point de départ, je veux dire des recherches de Kant et de Fichte sur la nature de la connaissance et du résultat métaphysique de ces recherches. Ce résultat, Messieurs, nous le connaissons ; c'est le système de l'harmonie préétablie conçu dans sa nécessité. La pensée forme une totalité impénétrable; il n'existe aucun point de contact entre elle et les choses, mais son activité régulière correspond à la réalité des choses. Du même coup Hegel s'efforça de saisir le pourquoi du rapport entre la pensée et l'objet, c'est-à-dire le pourquoi de la science, et le pourquoi de la loi qui régit l'objet, c'est-à-dire le pourquoi du Monde, ou le pourquoi du progrès, qui est selon Schelling l'explication, selon lui l'énigme du Monde. Ainsi le problème de la connaissance et celui de la nature des choses n'en forment qu'un seul à ses yeux. Ce problème universel, vous savez comment Hegel le résout. Si la pensée, dit-il, lorsqu'elle se développe régulièrement, correspond parfaitement à la réalité, c'est que ce que vous appelez réalité n'est autre chose, au fond, que la pensée elle-même. La distinction entre la chose existante et la chose pensée n'a de fondement que dans une nécessité subjective de la pensée elle-même. Il n'y a de réalité dans les choses que celle qu'y met la pensée. Hegel dit : celle qu'y met *la* pensée, et non pas : ce que nous y mettons par *notre* pensée; et cette distinction est essentielle, car le moi lui-même, la particularité des différents individus n'est, elle non plus, qu'un phénomène produit par le développement de la pensée absolue, qui est l'essence de tout. Mais cette pensée, Messieurs, n'est pas la pensée d'un sujet absolu, d'une intelligence suprême qui crée les choses en se les représentant; elle n'a pas une intelligence pour antécédent, elle est elle-même la substance universelle et le principe.

Que si vous me demandez comment j'entends la chose, je ne vous répondrai pas : je ne l'entends pas du tout et je ne crois pas que personne l'ait jamais entendue. On ne peut comprendre le point de vue de Hegel qu'en le complétant, c'est-à-dire en le changeant, et quand on a cherché à le saisir dans son résultat définitif, comme l'expression d'une croyance, on est arrivé à des résultats très-différents les uns des autres, ce qui a fait naître au sein de l'école hegelienne de profondes divergences sur le sens du maître. En réalité les expressions de Hegel sont constamment équivoques sur les questions décisives pour la conscience et pour l'humanité.

Ce n'est pas dans les solutions qu'il faut chercher le trait distinctif du système de Hegel et l'unité de son école; c'est dans la méthode. Mais enfin, Messieurs, toute vague, toute insaisissable qu'elle soit, la doctrine que le fond des choses est idéal, que la pensée est la substance universelle ou que le vrai nom de l'être est la pensée, donnait au système de Schelling la base dont il a besoin.

L'existence objective est une forme de l'Idée. Le principe de l'être, l'être encore indéterminé, le sujet primitif qui doit se réaliser est, dans son essence, idéal. Le principe que la pensée est obligée de concevoir au commencement de toutes choses est absolument réel, et cependant il n'est que pensée. En un mot, le principe idéal est le vrai, le réel n'est qu'une apparence; tel est, dans sa plus grande généralité, le point de vue hegelien; dans cette généralité même il fait assez comprendre pourquoi la vie du monde, c'est-à-dire le mouvement qui tend à manifester ce qui est véritablement au fond des choses est, comme le veut M. de Schelling, un triomphe perpétuel de l'idéal sur le réel.

Au fond, Messieurs, il n'y a rien de nouveau dans cette doctrine, rien qui ne fût déjà dans celle de Schelling, sans que peut-être il s'en rendît parfaitement compte. (Cette prémisse idéaliste est l'attache qui lie M. de Schelling à son prédécesseur). Le système de Hegel n'est autre chose que le système primitif de Schelling élevé à la conscience de lui-même ; ce progrès de la réflexion en fait l'originalité. Du reste, il ne tend pas à faire paraître le système plus riche, mais plus pauvre. Dans toutes les phases de sa pensée et jusqu'à la dernière, M. de Schelling a toujours cru posséder plus qu'il n'avait ; disons mieux, Messieurs, il a toujours possédé, compris, voulu plus qu'il n'a prouvé. Son intime pensée est plus haute que sa formule. En précisant celle-ci pour élaguer tout ce qui la déborde, on rejette précisément le meilleur.

Je dis, Messieurs, que l'idéalisme est resté au fond du système de l'identité, malgré ses louables efforts pour surmonter l'idéalisme. J'essayerai de le prouver, en vous priant de pardonner ce qu'une telle discussion pourra présenter d'étrange et de difficile. Cette discussion n'est autre chose que l'exposition du principe hegelien :

L'Être en puissance, encore indéterminé quant à son être, la puissance qui peut devenir existence ou, pour parler la langue de cette philosophie, l'*indifférence* primitive du sujet et de l'objet, premier principe de M. de Schelling, n'existait que dans la pensée de M. de Schelling, car ce n'est pas une chose d'expérience ; or rien ne saurait être pour nous sinon dans la pensée ou dans l'expérience. L'antécédent absolu de tout développement et de toute réalité n'existant donc que dans la pensée, n'était, à proprement parler, qu'une pensée, la première des pensées, l'antécédent pour la pensée. Mais, quoiqu'il ne soit à proprement parler que cela,

M. de Schelling ne l'entendait pas ainsi; il prenait la puissance primitive dans le sens d'une puissance universelle, mais réelle, et non pas dans le sens d'une abstraction métaphysique. Quand il parlait de l'Être, soit de l'être existant, soit de l'être en puissance, quoiqu'il ne possédât réellement que l'idée abstraite d'être, il voulait parler de l'être réel, de l'être substantiel, ou pris comme substantif, de *ce qui est*. Sa pensée était : l'Être premier, *ens primum*, ce qui est à la base de toute expérience, c'est une puissance infinie; en d'autres termes, un infini réel indifférent à l'existence[1] ou à la négation de l'existence, à la subjectivité ou à l'objectivité, parce qu'il reste au fond le même, soit qu'il se manifeste comme existence objective, soit qu'il reste en puissance. Voilà le sens que M. de Schelling attache à sa thèse. Mais sur quoi repose cette assertion? pourquoi M. de Schelling affirme-t-il que ce qui est à la base de toute réalité est la pure puissance? Cette opinion n'est-elle pas simplement une hypothèse à l'aide de laquelle il espère donner une explication *a priori* de l'ensemble des phénomènes? — Oui, dans le fond c'est bien cela. Cependant cette hypothèse n'est pas arbitraire; elle repose sur un fondement logique, et ce fondement logique, Messieurs, c'est que la pure puissance est la première des idées abtraites, la première des catégories.

A première vue il semble que M. de Schelling n'ait pas le droit de parler de l'être dans le sens de *ce qui est*, du τὸ ὄν, de l'être comme substantif, mais seulement de l'être dans le sens de catégorie ou d'attribut, du τὸ εἶναι. En effet, nous ne sommes pas sûrs de connaître, par la pure pensée,

[1] Existence signifie existence extérieure, *ex-stare*.

le ὄν, l'être réel, mais bien le εἶναι, car le εἶναι, c'est-à-dire le fait, la qualité d'être, n'est que pensée. Nous ne savons pas ce qui est sans l'avoir appris, mais nous ne pouvons pas ignorer ce que c'est qu'être. Pour maintenir la philosophie dans la sphère de la pure pensée ou de la pure déduction *a priori*, il fallait donc identifier ὄν et εἶναι, c'est-à-dire l'être réel, ce qui est, avec l'être dans la pensée, l'être comme attribut, ce que c'est qu'être. Eh bien, Messieurs, cette identification est le fond même de l'idéalisme; c'est, à le bien prendre, le fond de tout rationalisme; c'est le point capital de la philosophie de Hegel.

Schelling entendait par l'*Être* plus que la qualité abstraite d'être, et cependant sa propre méthode n'était rigoureuse que si l'être dont il parle était pris dans le sens de cette qualité abstraite. Hegel voulait rendre la méthode rigoureuse et, à cet effet, il réduisit l'être dont la métaphysique parle en débutant, à ne signifier que la qualité abstraite d'être, le fait d'être; mais, comme il voulait en même temps que sa philosophie fût objective, il établit en axiome : Ce qui est, c'est le fait d'être; l'Être réel contient précisément ce qui est compris dans notre pensée lorsque nous prononçons le mot *être*. C'est un paradoxe effroyable; mais une fois ce paradoxe constaté et compris, autant que la chose est possible, on a la clef de toute la philosophie de Hegel, et l'on s'y meut avec liberté. Ce paradoxe : L'être réel n'est autre chose que ce que nous pensons quand nous comprenons le sens du verbe être, il est impliqué, je le répète, dans tout rationalisme conséquent. Hegel se croyait autorisé à l'avancer par la théorie de la connaissance que je vous ai résumée, et dont le résultat véritable, c'est qu'il n'y a d'objet pour nous que dans notre pensée. Hegel a développé la même théorie conformément aux besoins de son système, dans son livre de la Phénoménologie de l'esprit. Il n'est pas impossible d'admettre ce résultat de l'analyse et de l'entendre autrement que Hegel ; mais l'interprétation de Hegel était logiquement trop naturelle pour ne pas se faire jour : Comme rien n'est pour nous que ce que nous pensons, l'être est tel que nous le pensons. L'être universel, τὸ ὄντως ὄν, c'est ce que nous entendons par être, car ce que la pensée voit dans les choses constitue l'intimité de leur substance.

Cependant, Messieurs, j'exagère à dessein le paradoxe pour fixer votre attention, et si je m'arrêtais ici on pourrait m'accuser d'avoir exposé comme le principe de l'idéalisme moderne le vieux principe du grec Parménide. C'est, en effet, sur l'identification de l'être objectif et de la notion abstraite d'être que se fondent ces vers fameux :

> Εἰ δ' ἄγε τῶν ἐρέω κομίσαι δὲ σὺ μῦθον ἀκούσας,
> Αἵπερ ὁδοὶ μοῦναι διζήσιός εἰσι νοῆσαι.
> Ἡ μέν, ὅπως ἔστι τε καὶ ὡς οὐκ ἔστι μὴ εἶναι,
> Πειθοῦς ἐστὶ κέλευθος, ἀληθείῃ γὰρ ὀπηδεῖ.
> Ἡ δ' ὡς οὐκ ἔστι τε καὶ ὡς χρεών ἐστι μὴ εἶναι,
> Τὴν δή τοι φράζω παναπειθέα ἔμμεν' ἀταρπόν.
> Οὔτε γὰρ ἂν γνοίης τό γε μὴ ἐόν, οὐ γὰρ ἀφικτόν,
> Οὔτε φράσαις [1].

[1] Ecoute donc attentivement ce que je te dis ; quelles sont les seules voies de l'investigation qui restent à connaître ? celle-ci, que tout est, et que le non-être est impossible ; tel est le chemin de la certitude, car la vérité s'y trouve. Mais celle-ci : Quelque chose n'est pas, le non-être est nécessaire, je te la signale comme la voie de l'erreur qu'il ne faut pas suivre ; car le non-être ne peut être ni connu, ni saisi ; personne n'a pu dire ce qu'il est.

Le système de Hegel n'est pas le même, assurément, que l'éléatisme, mais il se développe en partant de la même donnée. Nous en avons formulé le premier axiome en disant : Ce qui est, c'est la qualité d'être. Pour être juste, il faut compléter la pensée comme suit : Ce qui est, c'est la qualité d'être, et toutes les autres qualités qu'une bonne logique montre impliquées dans celle d'être, c'est-à-dire dont une bonne logique fait voir qu'elles doivent nécessairement s'ajouter à la qualité d'être pour que l'affirmation de celle-ci soit possible et ne renferme pas de contradiction. La véritable définition de ce qui est sera donc le résultat de toute la logique. Vous voyez que, dans le système de Hegel, la logique se confond avec la métaphysique et presque avec la théologie spéculative. Hegel veut détruire l'opposition que la logique ordinaire établit entre la substance et l'attribut. La logique ordinaire représente les attributs comme rattachés à je ne sais quel noyau opaque absolument inconnu, qu'elle appelle l'être ou la substance. D'après Hegel, ce point de vue, dont il est bien difficile à notre esprit de s'affranchir, n'est pourtant qu'une erreur. Le noyau opaque est une illusion : tout est transparent, la substance concrète n'est autre chose que la somme de toutes les qualités dans la nécessité logique de leur enchaînement. Mais, Messieurs, l'ensemble des qualités d'un être s'exprime par la définition de cet être. L'ensemble des qualités d'un être telles que nous les concevons, en forme l'idée, le concept.

Hegel pense donc que l'être réel consiste dans l'ensemble des qualités que sa définition renferme. L'être réel est le concept. L'être absolu est l'ensemble des qualités qu'il faut nécessairement concevoir pour concevoir l'être existant par

lui-même, le concept absolu ou l'Idée. Ainsi l'absolu c'est l'Idée. Ce qui est, ce n'est donc pas simplement la qualité abstraite d'être, mais cette qualité abstraite est la base, la première qualité de l'Être parfait, qui est l'Idée. La logique se compose d'une série de définitions de l'absolu ou de définitions de Dieu, qui se réfutent les unes les autres. Ainsi la logique résume dans le mouvement d'une seule intelligence toute l'histoire de la philosophie, car la succession des systèmes revient à la succession de ces définitions. Et ce développement historique et logique à la fois de la pensée humaine, reproduit fidèlement l'éternel développement de l'objet que la pensée humaine s'efforce d'embrasser. Considérée en elle-même, la logique est la vie de Dieu. L'absolu est donc l'être, le fait d'être; mais l'être absolument indéterminé n'est rien; l'absolu n'est donc rien, bien qu'il soit; mais l'être et le néant se concilient dans le *devenir*, car ce qui devient, à prendre le mot au sens absolu, n'est pas, puisqu'il devient seulement, et cependant l'on ne peut pas non plus lui refuser toute existence : l'absolu est donc le *devenir*. La contradiction se manifestant dans l'idée abstraite de devenir, comme elle s'est produite dans l'idée abstraite d'être, conduit à de nouvelles déterminations, et ainsi de suite jusqu'à la fin de la logique. En voici, Messieurs, le résultat définitif, dans une forme imparfaite peut-être, mais saisissable : « L'absolu est l'activité infinie qui se particularise
» incessamment dans des formes finies, pour manifester par
» là son infinité en détruisant ces formes passagères et en
» se comprenant elle-même par cette destruction comme la
» réalité de toutes, comme l'activité infinie, qui les produit
» et les engloutit tour à tour. »

Telle est la seule manière dont il soit possible, selon Hegel, de concevoir l'Être existant par lui-même. Toutes les définitions précédentes, considérées comme exprimant l'absolu, impliquent des contradictions qui obligent l'esprit à les compléter en les transformant. Mais il est aisé de reconnaître que la formule à laquelle nous nous sommes arrêtés, définit ou décrit le procédé de l'intelligence. L'absolu est donc conçu par Hegel comme intelligence ou plutôt comme la forme pure de l'intelligence, car qui dit intelligence dit sujet, substance, dans le sens dont Hegel ne veut plus entendre parler. L'absolu n'est pas une forme qui se particularise, mais l'acte même de la particularisation et du retour à l'identité. Vous reconnaissez le disciple fidèle de Fichte, qui ne reconnaît pas l'être et ne voit partout que des lois. L'idée de Hegel est une loi, la loi des lois. Son Dieu est la logique universelle, la logique des choses ; il ne reconnaît d'autre Dieu que celui-là.

NOTE.

Les lecteurs auxquels le point de vue de l'idéalisme allemand n'est pas familier, trouveront de précieux éclaircissements sur le sujet de cette leçon dans le livre *de la Philosophie allemande* de M. C. de Rémusat, particulièrement dans l'article sur la philosophie de Hegel, pages. CXII à CXXXV.

DOUZIÈME LEÇON.

Le système de Hegel aboutit à la pure nécessité logique. S'il ne conduit pas au résultat que nous cherchons, sa méthode peut nous aider à y arriver. Caractère de cette méthode : Toute notion abstraite appelle son contraire. La vérité est dans la conciliation des termes opposés. La vérité logique de cette proposition fort ancienne est indépendante de l'application qu'elle reçoit dans l'idéalisme absolu. On a tenté d'appliquer la méthode de Hegel à la formation d'un système de philosophie qui, consacrant la personnalité divine et la liberté humaine, satisferait les besoins moraux de l'Humanité. — La nécessité providentielle d'un retour de la philosophie aux idées chrétiennes est marquée par le mouvement des esprits qui tend au renversement des églises établies et de l'autorité traditionnelle. — Nouveau système de M. de Schelling. Ce système, aussi ancien que celui de Hegel, se propose comme le hegelianisme d'expliquer le fait du progrès, tel qu'il se présente comme résultat de la *philosophie de la Nature*.

Messieurs,

Nous avons dit qu'en dernière analyse le principe absolu de Hegel est la loi logique, qui régit le Monde et se manifeste successivement dans la nature, dans l'histoire et dans la pensée. Je n'ai pas le dessein de poursuivre l'explication de la philosophie hegelienne au delà de ce point décisif, et de montrer quelles difficultés l'assimilation des notions de substance et de loi prépare à l'intelligence lorsqu'il s'agit d'expliquer l'existence du monde sensible. En vérité, le dualisme fatal de la philosophie grecque n'est pas vaincu par celle-ci ; le principe négatif, matériel, le μὴ ὄν y est déguisé, il n'en est pas extirpé ; en le niant, Hegel le suppose, parce qu'il ne saurait s'en affranchir. La manière dont Hegel opère le passage de l'idéal au réel ressemble plus à de la prestigitation qu'à de la dialectique sérieuse. Mais, de peur d'allonger le chemin, je n'essayerai pas de justifier ces allégations, non plus que d'examiner dans leur ensemble les conséquences du hegelianisme. Je m'en tiens à ce qui nous importe, la question de la liberté. Il est clair, Messieurs, que si le principe de toutes choses est une loi logique ou, pour rendre cette idée intelligible, au risque de l'altérer, une force dont le développement n'a d'autre règle que la logique, et d'autre fin que de manifester la majesté des lois logiques dans l'esprit humain qu'elle produit à cet effet ; le système de l'univers est un système de nécessité où la liberté n'a point de place, car la nécessité logique est la nécessité par excellence. A la vérité, Hegel parle fréquemment et non sans quelque affectation de la liberté de l'Idée ; mais il entend par là simplement que le développement de l'Idée est tout spontané ; le mot *liberté* ne signifie jamais dans sa bouche que l'absence de contrainte, non l'absence de nécessité. Au contraire, la liberté véritable se confond pour lui avec la nécessité absolue. La métaphysique de Hegel ne nous donne donc point ce que nous cherchons. Si nous la comparons à celle de Schelling et surtout à celle de Fichte, loin de voir en elle un progrès dans le sens de la liberté, nous serions porté à la considérer comme un pas rétrograde. Cependant, Messieurs, il ne faut rien exagérer, et surtout rien oublier. Hegel aussi a fait une œuvre positive. Il apporte mieux qu'une pierre à l'édifice, il apporte un levier nouveau pour aider les travailleurs. Nous l'avons déjà dit, le grand côté de son système n'est pas le résultat, mais la méthode. Si le résultat de Hegel est la négation de toute liberté, d'où suit, par une conséquence qu'il a désavouée, mais qui n'apparaît que trop manifestement aujourd'hui, la négation de toute morale, nous ne pouvons pas en conclure avec certitude que la méthode hegelienne soit incapable de porter d'autres fruits. Pour en juger, il faudrait tout au moins renouveler l'épreuve; mais d'abord il faut chercher à se faire une idée exacte de cette méthode célèbre. Permettez-moi donc de l'examiner un moment.

Si nous considérons la méthode de Hegel en elle-même, abstraction faite de toute supposition préliminaire, il est facile de reconnaître qu'elle consiste dans l'application de l'idée du *procès*, de Schelling, à la pensée logique. Hegel, partant de l'idée que tout est vie dans l'esprit, ne peut considérer les catégories que comme un résultat de cette vie. La vie de l'esprit, qu'il s'agisse de l'esprit infini, de l'Idée, ou de l'esprit individuel, la vie de l'esprit consiste à produire les catégories. Pour comprendre la valeur des notions logiques, pour leur assigner leur vraie place, il faut donc les saisir dans l'acte même de l'esprit qui les fait être; au lieu d'en constater simplement la présence, il faut les créer une seconde fois.

Il faut donc partir de l'idée générale la plus simple, la plus pauvre, la plus vide possible, de ce minimum de pensée sans lequel il n'y aurait point de pensée; il faut vider le vase afin d'observer comment il se remplit. Eh bien, Messieurs, ce qui reste au fond du vase, après qu'on l'a vidé, ce qui est impliqué dans toutes les autres idées et ce qui ne peut pas ne pas être pensé, du moment où l'on pense, c'est l'être dans la pure abstraction de son idée élémentaire. Le principe de mouvement qui force le vase à se remplir de nouveau, c'est la contradiction. Toute idée abstraite, isolément considérée, renferme une contradiction qui oblige l'esprit à la compléter pour la conserver. Elle contient sa propre négation ou le contraire d'elle-même ; l'esprit se meut nécessairement à travers une série de termes contraires qui se réfutent réciproquement. Chacun des deux a pourtant sa vérité ; l'esprit ne peut abandonner ni l'un ni l'autre, ils lui sont également indispensables. Pour les conserver il faut qu'il les concilie, et s'il poursuit son évolution naturelle, il finit par les concilier en effet dans une troisième idée, plus réelle, plus concrète, expression plus fidèle de la vérité, où le tranchant de l'opposition première subsiste sans réussir toutefois à détruire les termes opposés. On a donc tort de formuler le premier principe de la logique en disant : Il est impossible que A soit et ne soit pas, ou : il est impossible que l'esprit admette la vérité simultanée de deux propositions contradictoires. Il faudrait dire : Il est impossible que A soit et ne soit pas dans un sens absolu, il est impossible que $+$ A et $-$ A subsistent à la fois s'ils ne sont compris dans B ; impossible, en un mot, que l'esprit admette l'existence simultanée de deux termes contradictoires sans les subordonner l'un et l'autre à un troisième.

L'opération de la pensée qui relève la contradiction inhérente à chaque idée et tend ainsi pour son compte à la détruire, s'appelle la *dialectique*. La fonction par laquelle l'esprit saisit intuitivement la manière dont les termes de l'opposition peuvent se concilier, l'idée supérieure dans laquelle ils coexistent, est la *spéculation*, dans le sens le plus étroit de ce mot.

Ainsi, pour nous en tenir à l'exemple déjà cité, l'être abstrait est une conception nécessaire et par conséquent une conception vraie; il nous est impossible de ne pas penser à l'être et de ne pas affirmer qu'il est. C'est la thèse commune à tous les esprits.

Mais l'être, au sens absolu du mot, est complétement indéterminé; nous ne saurions dire en quoi l'être consiste, sans lui donner des attributs qui impliqueraient la négation des attributs contraires; or l'être absolu ne comporte aucune négation; il est donc absolument impossible de dire ce qu'il est, c'est-à-dire qu'il n'est rien. Voilà l'antithèse dialectique.

L'être absolu n'est rien, en effet, et cependant il est, car il devient quelque chose; l'être et le néant coexistent dans le *devenir*. En tant qu'absolu, l'être n'est rien, mais il devient tout; il est la puissance infinie du devenir; telle est la première synthèse spéculative qui, vous le devinez aisément, donne le ton à tout le système. L'Idée absolue que nous trouvons comme résultat définitif et suprême, n'est autre chose que cette puissance du devenir dont la notion se complète et se précise par l'indication de la forme et des phases de son développement.

C'est la gloire de Hegel d'avoir signalé la loi de cette logique intérieure par laquelle les idées universelles *a priori* surgissent, pour ainsi dire, toutes seules et se disposent, en se formant, selon leur ordre véritable. Du reste, le principe de cette découverte, l'idée que toute proposition métaphysique absolue appelle irrésistiblement la proposition contraire et que la vérité réside dans la synthèse de ces contraires,— cette idée féconde a été plus ou moins clairement aperçue dans tous les temps. Les Éléates et Platon (pour ne pas remonter jusqu'à Pythagore) ont fort bien connu la dialectique et l'ont maniée avec vigueur. Le ternaire de la thèse, de l'antithèse et de la synthèse est la méthode de Proclus; analogie qui n'est pas l'une des moindres causes de l'admiration des Hegeliens pour l'école d'Alexandrie.

La dialectique, au sens que ce mot prend ici, est aussi vieille que la philosophie; mais, pendant quelque temps, elle parut oubliée. Elle revendiqua bientôt sa place; on en trouve chez Kant des applications remarquables. Fichte et Schelling s'en servent comme d'une méthode constante, mais ils n'en avaient pas tracé les lois, et peut-être est-il vrai de dire que Hegel s'en rendit un compte plus exact que ses devanciers.

Comme ces derniers et comme Platon, il applique résolument le procédé dont nous venons d'indiquer le mécanisme, à la solution du problème métaphysique. Sans adopter entièrement le principe idéaliste sur lequel Hegel se fonde, on peut reconnaître le droit qu'il avait d'en user ainsi. Ce droit repose sur la conviction qu'il y a un infini et que la connaissance de l'infini ne peut venir que du dedans, conviction que Descartes exprimait en disant : Je trouve en moi-même l'idée d'un être parfait, donc il existe un tel être. Descartes avait raison; l'idée de l'être parfait se trouve en nous-même, mais non pas, je l'ai déjà dit, au début de toute réflexion, sans préparation et sans travail. L'idée que nous trouvons ainsi, celle que nous ne saurions pas ne pas avoir, dont nous ne pouvons pas faire abstraction, n'est pas la notion complète de l'être parfait, quoiqu'elle en forme un élément ; loin d'être la plus parfaite des idées universelles, cette première notion *a priori* est la moindre de cet ordre. L'idée vraie de l'être parfait doit résulter, ceci est une donnée du bon sens, du plein développement de l'élément *a priori* de notre intelligence. Ce n'est pas celle dont il n'y a pas moyen d'abstraire ; c'est celle au-dessus de laquelle il est impossible de s'élever. La première notion ontologique est celle de l'être dans son abstraction ; la dernière sera celle qui a surmonté toutes les contradictions qui s'opposent à ce qu'elle subsiste dans la pensée d'une manière indépendante, et, par conséquent, à ce qu'on puisse y voir la définition de l'Être qui subsiste réellement d'une manière indépendante. Ainsi la dernière idée de la métaphysique est celle de l'être qui possède en lui-même toutes les conditions de l'existence ou de l'être inconditionnel. La méthode de Hegel trouve donc les titres de sa légitimité dans la constitution même de l'esprit humain. Quant au résultat il n'a rien d'absolument définitif. Il est fort possible que le terme auquel Hegel s'est arrêté ne soit pas le véritable achèvement de la logique spéculative, soit que tous les intermédiaires par lesquels il passe ne possèdent pas une égale valeur, soit qu'il y ait encore dans l'idée absolue de Hegel le germe d'une contradiction que l'auteur n'aurait pas aperçue et qui nous forcerait à pousser au delà, suppositions qui, du reste, ne s'excluent point l'une l'autre.

Plusieurs philosophes contemporains en ont ainsi jugé.

Elevés dans la discipline de Hegel et dominés par l'influence irrésistible de sa découverte, ils ont espéré s'avancer plus loin que leur maître en suivant le même chemin, parce que la valeur de la méthode dialectique était devenue évidente à leurs yeux par l'habitude de s'en servir, tandis que d'autres considérations, plus ou moins scientifiques, de l'ordre de celles que nous avons présentées au début de ce cours, les portaient à croire que le but est effectivement plus éloigné. Ils ont donc, les uns poursuivi, les autres recommencé le travail de la logique spéculative, pour établir que la seule idée de l'Être dans laquelle il ne reste plus de contradictions n'est pas l'absolue nécessité de l'intelligence, mais l'idée d'un principe moral, d'un principe de volonté libre, susceptible de recevoir le nom de Dieu. Ne pouvant entrer ici dans aucun détail sur leurs doctrines, il paraît superflu de les énumérer; mais leur exemple vous montre dans quel sens la méthode de Hegel peut être un moyen d'arriver à la philosophie de la liberté.

Les hommes qui, les premiers dans notre siècle, ont dirigé de ce côté la pensée métaphysique, sont F. Baader, commentateur ingénieux et bizarre du mysticisme de la Renaissance, puis, Messieurs, l'illustre auteur de la philosophie de la Nature, M. de Schelling. Au point de vue logique, cette transformation du principe premier et par là de la philosophie tout entière, est un progrès véritable; nous essayerons de le démontrer. Au point de vue de la philosophie de l'histoire, c'est un retour, brusque en apparence, mais en réalité préparé de diverses manières, à la vérité substantielle sur laquelle se fonde la civilisation moderne, que la pensée moderne a pour mission de s'assimiler, et dont la science hâte à son insu l'élaboration, alors même qu'elle s'en éloigne et qu'elle la renie. Avant qu'un tel retour eût lieu, il fallait, semble-t-il, que toutes les autres voies eussent été tentées. L'esprit moderne n'est revenu à son origine que par la nécessité constante d'avancer, et par l'impossibilité de le faire autrement. Mais ici, comme partout sans doute, la nécessité n'est qu'une forme que revêt l'action de la volonté divine. La restauration du principe chrétien dans la philosophie est un fait providentiel. En rapprochant cet événement du mouvement général des pensées et des choses dans notre époque, on en découvre le sens. Nous vivons au milieu d'une révolution dont le commencement date de la jeunesse de nos pères. Une révolution, c'est l'histoire qui finit et qui recommence. La pensée moderne traverse, elle aussi, les crises d'une révolution; mais, incapable de se donner un point de départ à elle-même, elle ne saurait, sans se détruire, répudier absolument celui qu'elle a reçu.

La substance de notre pensée, la source féconde de nos mœurs, de nos lois, de nos arts, de toute cette civilisation qu'on a pu ébranler, mais qu'on ne remplace pas, vous conviendrez, Messieurs, que c'est le christianisme. Il faut l'accorder, pour peu que l'on examine les faits sans prévention, quelque opinion qu'on ait d'ailleurs sur ce grand événement et sur cette grande doctrine.

Le christianisme a régné longtemps comme fait social sur le fondement de l'autorité, s'imposant aux consciences individuelles et les dominant avant de les transformer. Aujourd'hui le christianisme social tend à s'effacer, toutes les formes de la foi d'autorité sont ébranlées. L'œuvre que la Réforme a commencée sans le vouloir, en proclamant le droit de chaque fidèle à interpréter les saintes Ecritures, la philosophie et la Révolution française l'ont menée à fin. La philosophie du XVIIme siècle a repoussé la tradition, parce qu'elle ne voulait pas en tenir compte. La philosophie du XVIIIme siècle a repoussé la tradition, parce qu'elle en avait perdu le sens et la tenait pour une imposture. La philosophie du XIXme siècle repousse la tradition, parce qu'elle croit l'avoir absorbée. Elle se flatte de posséder dans ses formules l'éternelle vérité du christianisme, et nie le fait historique, qu'elle estime en contradiction avec ce christianisme éternel. A ses yeux il ne saurait y avoir de révélation dans le sens d'un dialogue entre Dieu et l'esprit humain, puisque son Dieu, à elle, n'acquiert la faculté de parler qu'en devenant lui-même l'esprit humain; mais la tradition chrétienne s'explique pour elle comme un mythe successivement élaboré selon les lois constantes de l'intelligence, qui, dans son premier mouvement, saisit toujours la vérité sous la forme de mythe. Je suis loin d'accepter les thèses de la critique négative destinées à justifier cette interprétation en prouvant que les livres de l'Evangile ne sont pas authentiques; mais elles paraissent assez plausibles pour suggérer un doute à des esprits impartiaux. Quoi qu'il en soit, en renonçant à toute autre autorité que celle de la Révélation écrite, le protestantisme s'est imposé la tâche de prouver scientifiquement l'authenticité de cette Révélation et de fixer son contenu; en faisant du christianisme une affaire individuelle, il a imposé le même devoir à tous les chrétiens pris individuellement; mais, loin que chaque membre de l'Eglise soit capable d'accomplir une œuvre pareille, elle surpasse peut-être les forces des plus savants et des plus sages. Ainsi la Réforme du XVIme siècle, en se fondant sur l'autorité et en établissant la Révélation écrite comme autorité exclusive, se plonge dans des embarras insolubles qui tendent au renversement de toute espèce d'autorité. Les hommes sincères se mettront facilement d'accord sur ces faits, mais ils n'en tireront pas tous les mêmes conséquences.

En rapprochant cette situation du protestantisme des transformations que subit l'Eglise romaine et du mouvement général des esprits, les incrédules seront fondés à penser, en dépit de quelques réactions passagères, que le christianisme se meurt. Ceux qui croient le christianisme immortel jugeront que la crise présente n'atteindra pas la substance divine de la religion, mais seulement ses rapports avec la société et son intelligence scientifique. La religion ne saurait devenir une question pour eux, mais bien l'Eglise et la théologie, graves problèmes dont on n'a pas toujours assez compris la solidarité. Si le christianisme légal et social se décompose, s'ils voient les efforts tentés pour arrêter cette dissolution conspirer à la rendre plus rapide, ils en concluront que le moment du christianisme individuel est venu, et, sans s'effrayer de leur petit nombre, ils remplaceront l'établissement d'autrefois, qui n'est plus aujourd'hui qu'un mensonge, par la libre association. S'ils rencontrent de grands obstacles dans la tentative de légitimer scientifiquement la valeur de l'autorité commune à tous les fidèles, ils se réfugieront sur le terrain où leur conviction personnelle s'est affermie, et concluront de la foi à la Bible comme on a conclu jusqu'ici de la Bible à la foi. Le chrétien protestant qui veut demeurer fidèle au protestantisme, est obligé de chercher les raisons de sa croyance au-dessus de la sphère où se meut la critique. Et la question n'est pas particulière au protestantisme: Ce que la philosophie conteste, c'est la possibilité même d'une Révélation. Si la religion veut conserver un rapport positif avec la science, s'il doit subsister encore une science de la religion, c'est la possibilité d'une Révélation qu'il faut prouver. A cet effet il est besoin d'une philosophie assez élevée, assez compréhensive, pour mettre le principe de la religion révélée, la libre personnalité de Dieu à l'abri des objections du panthéisme; en établissant la supériorité de ce principe sur le principe du panthéisme. Qu'il s'agisse de la Révélation comme fait historique, ou du contenu de cette Révélation qu'il faut concilier avec elle-même pour l'accepter sérieusement et tout entière, c'est toujours au principe universel qu'il faut remonter, c'est toujours une philosophie qu'il faut acquérir. La preuve traditionnelle a pour corrélatif une religion sociale; la preuve d'expérience personnelle, indispensable à la réalité de la foi, ne produit qu'une conviction incommunicable. Pour se maintenir sur le terrain de la libre discussion, la religion cherchera ses titres dans des vérités universellement démontrables, c'est-à-dire que la philosophie reproduira, sans l'altérer, le principe de la religion, et que la théologie, à son tour, se fondera désormais sur la philosophie. Telle est, ce nous semble, la seule manière dont le christianisme puisse rester debout dans la situation présente de l'humanité et conserver sa valeur universelle, tout en devenant parfaitement individuel. Si le christianisme est éternel, cette marche sera suivie. Nous voyons qu'en effet la pensée chrétienne s'apprête à la suivre. Ce n'est pas le christianisme qui s'en va, c'est la foi d'autorité. Les fondements de l'autorité s'ébranlent, il est vrai, mais pourquoi? Tout simplement parce que l'autorité n'est plus nécessaire du moment où l'esprit humain est arrivé au point de reconnaître librement dans le christianisme le moyen de satisfaire ses besoins intellectuels aussi bien que ses besoins moraux.

Le passage de la foi d'autorité à cette libre soumission fondée sur des motifs intérieurs ne saurait s'effectuer sans une crise d'autant plus forte que l'acceptation du christianisme suppose toujours un sentiment plus ou moins vif du mal auquel il apporte un remède, c'est-à-dire un développement plus ou moins complet de la conscience morale, d'où suit qu'elle reste l'affaire d'un petit nombre. Jadis le préjugé plaidait pour le christianisme, maintenant il lui est contraire, et c'est toujours une position difficile que d'avoir le préjugé pour ennemi. Cependant une foi sincère verra là plus de sujet de se réjouir que de s'affliger, et n'aura pas de peine à s'expliquer comment il arrive qu'au moment où les institutions chrétiennes s'ébranlent et s'affaissent, la pensée philosophique retourne au principe chrétien.

Les convictions philosophiques dont je parle se sont formées par un mouvement assez naturel.

La philosophie idéaliste où le criticisme vient aboutir, est comme un tourbillon formé par des vents opposés. Elle était nécessairement obscure, cette philosophie, parce qu'elle était équivoque; elle pouvait se développer dans plusieurs directions contraires. Toutes ces directions devaient être suivies, toutes les possibilités devaient se manifester. Le trait dominant de la philosophie dont nous parlons est le panthéisme. Le sujet et l'objet, l'homme qui pense et la vérité, n'avaient été jetés par Kant à une distance infinie l'un de l'autre que pour se réunir aussitôt plus étroitement de l'autre côté. Cette réunion fut d'abord une absorption de l'un des termes par l'autre. Le sujet et l'objet furent confondus. On reconnut que toutes nos conceptions viennent de nous-mêmes, que le sujet produit l'objet, que la pensée crée Dieu comme elle crée le monde. En dégageant cette doctrine de l'analyse sur laquelle elle se base, pour nous attacher au résultat, seul intelligible pour le grand nombre, nous dirons, en un mot, qu'elle enseigne l'identité de la pensée humaine et du principe absolu. Mais cela même est obscur. La raison est théogonique, à la bonne heure ! l'histoire semble le prouver. Mais cette création idéale est-elle une création proprement dite ou le retour naturel de l'âme à Dieu ? La question reste en suspens. L'idéalisme pouvait se développer dans le sens d'une anthropologie athée ou revenir à la théologie. L'identité de la pensée et du principe universel présentait d'abord la signification suivante : « Il n'y a point de Dieu, mais tout est divin, et ce qu'il y a de plus divin, l'essence, l'intelligence, le centre de tout, c'est moi, qui ai compris cette vérité profonde. Rien n'est plus divin que l'homme et tout est divin dans l'homme, toutes ses tendances, toutes ses passions, toutes ses pensées, et sa chair, sans laquelle il n'y aurait pas de pensée. » L'idéalisme pouvait se développer dans cette direction ; aussi l'a-t-il fait. C'est la conséquence la plus logique peut-être des systèmes de Schelling et de Hegel ; quelques naturalistes assez connus l'ont tirée des premiers travaux de Schelling ; hardiment prêchée par une fraction puissante de l'école hegelienne, elle est devenue la religion des lettrés dans une grande partie de l'Allemagne. Il n'était pas très-difficile de prévoir ce qui devait sortir de là.

Mais l'idéalisme, je le répète, pouvait accomplir son évolution autrement, et ramener la pensée à Dieu. Il y tend par l'effet de cet instinct qui porte l'esprit humain à ne pas abandonner Dieu pour ne pas rester orphelin sur la terre. La logique ne le contraint pas à le faire, mais la logique le lui permet, et cela suffit. Le criticisme et le panthéisme sont un double fossé qu'il fallait franchir pour arriver d'une philosophie qui laissait la religion hors de sa sphère et d'une religion qui laissait hors de soi la pensée, à l'intelligence spéculative de l'idée chrétienne. Le retour du panthéisme à la religion fait l'intérêt principal de la nouvelle philosophie de M. de Schelling, qui s'élève sur la base du panthéisme.

Le nouveau système de M. de Schelling forme une articulation importante dans la série de pensées qui nous occupe. Il mérite de notre part une attention très-sérieuse. Quoique insuffisants, les renseignements publiés jusqu'ici sur cette doctrine sont assez nombreux et assez étendus pour me permettre de vous en entretenir sans indiscrétion. Je rectifierai de mon mieux, d'après mes souvenirs, ce qu'il peut y avoir d'inexact dans ces expositions. Je serais même autorisé à les compléter, mais le plan que nous nous sommes tracé m'empêche de profiter aujourd'hui comme je le voudrais de cette faveur précieuse. Je suis obligé de m'attacher, ici encore, au point central du système, sans aborder les applications magnifiques que M. de Schelling en fait à la philosophie de l'histoire. C'est un malheur pour vous, Messieurs, car ces applications donneraient de l'intérêt et du charme aux abstractions métaphysiques dont vous me reprochez peut-être déjà l'excès. C'est presque une injustice vis-à-vis de mon noble maître, qui voit avec raison dans l'interprétation des faits la pierre de touche de son principe. Que la nécessité soit mon excuse pour un tort qu'il me serait bien doux de réparer le plus tôt possible.

Ce qu'on appelle la nouvelle philosophie de M. de Schelling est, à proprement parler, l'œuvre de toute sa vie. Il en fit connaître les bases il y a quarante ans, à peu près au moment où Hegel, qui jusqu'alors avait été son collaborateur, entrait dans une direction plus indépendante. Le premier écrit où se révèlent clairement les tendances actuelles de M. de Schelling, est daté de 1809. C'est une dissertation étendue et approfondie sur la manière dont le principe de la métaphysique doit être compris pour donner une place à la liberté humaine. Alors déjà l'illustre philosophe avait clairement aperçu la vérité qui nous sert de boussole, savoir que, pour conserver dans son intégrité le fait évident de la liberté humaine, il faut s'élever à la liberté divine; et c'est proprement la liberté divine qu'il cherchait en partant des prémisses posées dans sa philosophie de la Nature. Quoiqu'il n'ait attiré que plus tard l'attention générale, le système actuel de M. de Schelling est donc contemporain du système de Hegel. Ils se proposent l'un et l'autre de compléter, en l'approfondissant, la philosophie de l'Identité; l'un et l'autre commencent par des recherches psychologiques; mais, dans sa *Phénoménologie*, Hegel s'attache au développement de l'intelligence, tandis que l'attention de Schelling se concentre sur la volonté. Cette circonstance n'est rien moins qu'indifférente.

La philosophie de l'Identité reposait sur l'intuition et résumait dans une idée sublime l'expérience universelle. L'ensemble des faits, le Monde, en un mot, s'expliquait pour elle par la lutte de deux puissances : le sujet ou la pure activité d'un côté, de l'autre le principe opposé, la matière première des Grecs, objet de cette activité, et par la prépondérance croissante du sujet sur l'objet ou de l'esprit sur la matière. Ainsi le Monde ne forme qu'un seul tissu, une trame et une chaîne; la Nature et l'histoire sont un développement continu; l'idée qui le domine est celle de l'homme, son but la parfaite réalisation de l'humanité. L'homme résume le Monde, l'homme est le Dieu du Monde, le Dieu-monde; le progrès est l'histoire de ce Dieu. Tel est le fait; pour le reconnaître il suffit d'un sentiment profond des choses; pour voir il faut des yeux sans doute, mais lorsqu'on le possède, ce regard pénétrant de l'intelligence, il suffit de s'en servir. Ainsi parlait M. de Schelling, et jusqu'à un certain point nous croyons l'entendre. Mais cette intuition qui nous livre le fait ne nous enseigne pas le pourquoi du fait. La philosophie de M. de Schelling formulait bien la loi du phénomène; elle laissait la question de la cause en suspens.

Le système de Hegel est une manière de résoudre cette question, sans faire intervenir aucun principe supérieur à ceux qui sont donnés dans le fait lui-même. Si le principe idéal l'emporte constamment sur le principe de résistance dans la Nature et dans l'histoire, c'est, nous dit Hegel, parce que le principe idéal est seul vraiment substantiel ; le principe matériel n'en est que l'ombre. C'est l'Idée qui produit elle-même les obstacles à sa réalisation pour se donner le plaisir de les surmonter, ou plutôt, Messieurs, hâtons-nous de corriger ce langage, l'Idée n'a pas le choix ; elle produit son contraire parce que c'est l'essence même de l'Idée de se développer par la synthèse des contraires. L'arbitraire de cette solution est dissimulé sous une équivoque qu'on a déjà souvent relevée. Il est vrai qu'une détermination de la pensée appelle la détermination contraire dans l'intelligence, comme dans le monde réel toute action provoque une réaction. Il est encore vrai que, dans le domaine des abstractions logiques et dans l'ordre de la vie, le progrès consiste à concilier les termes opposés, de telle sorte qu'ils se pénètrent sans toutefois se neutraliser. Mais de tout cela il n'est pas encore permis de conclure que la pensée en général produise d'elle-même le contraire de la pensée : la matière ou l'objectivité, pour se transformer, par cette opposition qu'elle se serait donnée elle-même, en quelque chose qui ne serait ni l'objet ni la pensée, mais la vérité de l'un et de l'autre, l'esprit réel, l'esprit vivant. Cette synthèse couronne magnifiquement toutes les autres ; elle nous montre la formule logique la plus haute et la plus féconde élevée à la puissance de l'absolu ; nous rendons une pleine justice à son élégance ; mais ce mérite esthétique, qui pourrait aisément nous séduire, ne la justifie pas. Pour la justifier, Messieurs, il faudrait, avant tout, la rendre intelligible, car elle ne l'est aucunement. Nous ne comprenons pas comment la Pensée dans son abstraction (l'Idée en soi), peut faire jaillir de son sein le contraire d'elle-même, et cela tout d'abord, parce que nous ne pouvons pas arrêter notre esprit sur cette Pensée dans son abstraction. Le défaut de l'idéalisme ne peut être corrigé par aucun appareil d'argumentation ; son défaut, c'est d'être l'idéalisme, c'est d'exiger que nous nous représentions une idée réelle qui ne soit pas l'acte et le produit d'une intelligence. Selon Hegel, en effet, ce n'est pas l'esprit qui donne naissance à l'Idée, mais c'est l'Idée qui donne naissance à l'esprit ; et voilà ce qu'il est impossible non-seulement de se représenter, mais d'admettre. A ce vice capital de la solution hegelienne au point de vue de la raison, ajoutons les conséquences fatalistes qui la condamnent aux yeux de la conscience, et la nécessité de tenter une autre explication des faits sera suffisamment démontrée.

M. de Schelling, je le répète, chercha la réponse à cette question du *pourquoi* en même temps que Hegel, et d'une manière tout à fait indépendante des travaux hegeliens. Dès le commencement de ses investigations il fit rentrer dans les données du problème un élément que les philosophies de Kant et de Fichte avaient mis très en relief, mais que la philosophie de la Nature avait jusqu'ici laissé dans l'ombre, savoir le grand fait de la liberté humaine. Le hegelianisme fond ensemble dans un panthéisme absolu la théorie idéaliste de Fichte sur la connaissance et le naturalisme de Schelling. Le système dont nous allons nous occuper cherche à son tour à concilier, non plus dans le panthéisme, mais dans le monothéisme, les grands résultats de la philosophie morale de Kant avec la formule du progrès universel qui résume l'expérience dans une intuition spéculative. Le point de départ est donc, ici encore, le fait du Monde tel qu'il est généralisé par le système de l'Identité : « Lutte constante de deux principes, le réel et l'idéal ; triomphe graduel du principe idéal. » La tâche est d'expliquer cette prépondérance de manière à faire place à l'élément de la liberté. J'ai déjà fait sentir, Messieurs, que dans ma pensée la solution idéaliste devait se présenter la première, parce qu'elle était plus ou moins impliquée dans la manière dont M. de Schelling posait originairement la question. Il part, en effet, d'un sujet pur ou d'une puissance primitive dont l'acte intemporel produit d'abord le contraire de la puissance et de la subjectivité, la pure existence ou la matière première. En se réalisant ainsi dans son contraire, cette puissance se redouble, parce qu'elle est infinie, et que dès lors l'existence passive, même l'infinité de l'existence, ne saurait l'absorber entièrement. M. de Schelling obtient par là deux facteurs, une substance et une cause, identiques dans leur essence, opposées dans leur manifestation ; et quand il a ses deux facteurs, l'imagination aidant, il en déduit bientôt tout le reste. Mais, il est à peine besoin de le dire, tout ceci n'est pas la généralisation du fait, tout ceci n'est pas donné dans l'intuition du Monde ; c'est une manière d'expliquer le fait fourni par l'intuition ; c'est une hypothèse, hypothèse contestable, et dont l'origine remonte à Fichte. Cette subjectivité pure qu'on suppose au commencement, c'est le moi transcendental imaginé par Fichte pour expliquer le moi de l'expérience et pris par M. de Schelling dans un sens universel. Ainsi l'idéalisme absolu est déjà dans Schelling ;

pour lui déjà le réel n'est au fond qu'une ombre et une apparence. La principale différence entre Hegel et lui, c'est qu'avant de projeter cette ombre, Hegel fait exécuter à l'Idée une série d'évolutions dont la nécessité préalable n'est rien moins qu'établie. Il est donc permis de douter que le principe objectif, matériel, commun à toutes les sphères de l'expérience, résulte du déploiement d'une puissance primitivement idéale. Il n'est pas prouvé qu'il soit l'acte d'un sujet qui sort de lui-même pour se réfléchir en lui-même. Cette supposition est hardie, elle est belle, probable si l'on veut, car de puissantes analogies nous la suggèrent, mais ce n'est pas une donnée de l'intuition.

Acceptons cependant la puissance primitive. On suppose qu'elle devient existence extérieure parce qu'il faut expliquer cette existence extérieure ; mais on ajoute qu'elle ne saurait s'absorber et se perdre dans l'existence ; l'idéal, dit-on, surpasse et domine toujours la réalité, même infinie. Ceci est encore une hypothèse, non le résultat d'une nécessité logique. Il n'est pas évident de soi que la puissance ne puisse pas se neutraliser tout entière dans son produit ; seulement si l'on admettait cette supposition, le Monde, inexpliqué jusqu'ici, deviendrait inexplicable. Nous nous serions enlevé tout moyen de comprendre la pluralité des êtres, l'intelligence et le progrès. La philosophie de Leibnitz nous a déjà suggéré des réflexions analogues. Et en effet, Schelling nous ramène à peu près au point de vue de Leibnitz. Le sujet pur de l'idéalisme transcendental joue le même rôle que la monade centrale de Leibnitz ; seulement, dans le nouveau système, la dialectique est plus évidente, et la grande idée du progrès joue un rôle plus important.

Il faut donc bien distinguer dans la philosophie de M. de Schelling entre ce qui constitue l'intuition proprement dite ou la conception du fait, et les efforts tentés pour remonter au delà du fait. La conception intuitive du fait est le véritable point de départ du système dans l'esprit qui l'a conçu; elle en forme aussi l'élément le plus important. C'est elle que M. de Schelling a voulu conserver en y rattachant sa nouvelle philosophie, et cette conception, je le répète, est celle du progrès.

Dans la Nature, dans l'histoire, dans l'âme humaine, partout enfin, nous apercevons deux principes opposés : la substance et la cause, l'esprit et la matière, le sujet et l'objet; les noms divers sous lesquels on peut les désigner marquent les transformations qu'ils subissent; l'essentiel est le rapport. Toute réalité est produite par une sorte d'équilibre entre ces deux principes; mais, dans toutes les sphères de la réalité, nous voyons le principe spirituel acquérir une prédominance toujours plus grande, de sorte que la totalité des êtres ne forme réellement qu'une série ascendante, depuis le point où l'existence aveugle est affectée le moins possible par le principe opposé, jusqu'à celui dans lequel la spiritualité règne seule, après avoir surmonté toutes les résistances et fait évanouir dans ses rayons l'opacité du principe matériel.

TREIZIÈME LEÇON.

Nouvelle philosophie de M. de Schelling. — Exposition abrégée de sa partie regressive. — Le Monde s'explique par la lutte de puissances universelles, le principe objectif et le principe subjectif tendant à réaliser le sujet — objet : l'esprit. Cette lutte suppose une opposition fondamentale et une unité supérieure à l'opposition. Le Monde se présente ainsi comme le résultat d'un acte libre par lequel Dieu a opposé les unes aux autres les puissances indissolublement liées en lui. Ne pouvant se séparer à cause de leur union en Dieu, les puissances tendent à rétablir leur harmonie ; ce rétablissement graduel de l'harmonie entre les puissances divines constitue la Création. Effectivement, l'analyse de l'idée de Dieu nous fait retrouver les mêmes puissances que l'analyse spéculative du Monde expérimental conduit à distinguer.

Messieurs,

Comme la nouvelle philosophie de M. de Schelling est à peu près inédite, je ne puis pas en supposer chez vous la connaissance préalable. Avant de la discuter, il faut bien que je l'expose, du moins jusqu'au point que le but de notre recherche nous appelle à étudier. Il faut que je vous montre par quels intermédiaires M. de Schelling s'élève de l'idée du Monde, telle que sa première philosophie la lui fournit, à celle de la liberté de Dieu. Je ne puis me flatter d'être compris de tous. Peut-être M. de Schelling lui-même n'y réussirait-il pas du premier coup ; mais du moins il vous dominerait par l'éclair de son regard et vous captiverait par la gravité précise de sa parole. Sous l'abstraction des formules vous verriez percer une pensée sûre d'elle-même, qui résume en un seul mot une infinité d'idées, et, la sympathie excitant la curiosité, vous finiriez par surmonter tous les obstacles. Pour moi, je n'ai d'espoir que dans votre bonne volonté, dans votre attention persévérante; heureusement vous m'avez permis d'y compter.

La philosophie de la Nature livre à M. de Schelling les éléments du monde, les principes universels de l'expérience. Selon cette philosophie, la Nature, l'histoire et l'esprit humain s'expliquent par l'opposition de deux principes: l'être illimité ou le pur objet et l'activité pure, le sujet pur. L'expérience nous montre ces principes dans un rapport déterminé; partout le principe objectif, matériel, se montre plus ou moins modifié par le principe subjectif, et l'on pourrait disposer tous les êtres réels de la nature, toutes les puissances de l'âme et tous les produits de notre activité, dans une seule série ascendante, partant de l'être ou de la sphère dans laquelle l'objet est modifié le moins possible, jusqu'au point où l'objet est complétement transformé par le sujet. L'objet pur et le sujet pur n'appartiennent ni l'un ni l'autre à cette série; en effet, nous ne les trouvons pas dans l'expérience; ils n'existent que pour l'esprit, qui reconnaît en eux les principes de l'expérience, parce qu'ils lui fournissent les moyens de la comprendre. Mais ils ne sauraient tomber ni l'un ni l'autre sous le regard de l'expérience directe, pas plus de l'expérience psychologique que de l'expérience sensible. Il vaut la peine de justifier cette assertion.

Si l'on cherchait l'objet pur quelque part, ce serait,

d'après l'idée que nous commençons à nous en former, dans le champ de l'expérience sensible ou dans le monde matériel. Mais l'objet pur ne saurait être perçu d'aucune manière, car il ne devient sensible qu'en recevant l'empreinte du principe subjectif. En effet un objet ne peut être perçu et connu que par ses qualités, par sa forme, ou, ce qui revient au même, par ses limites, (toute qualité déterminée étant une limite, en ce qu'elle exclut la qualité contraire); mais la détermination, la forme, les limites, les qualités, ne viennent pas de l'existence objective, elles viennent du principe opposé, du principe de l'intelligence. Il est clair que la limitation de l'existence n'est pas impliquée dans l'existence elle-même et qu'elle atteste l'influence d'un principe contraire; cependant l'être ne peut être connu que s'il est limité, d'où résulte que le principe négatif qui le circonscrit, le rend seul perceptible et intelligible.

C'est à dessein, Messieurs, que j'insiste sur un argument dont la valeur mérite d'être soigneusement pesée. Nous trouvons ici groupés et concentrés plusieurs axiomes métaphysiques que la philosophie française a un peu perdus de vue depuis Descartes. La sérieuse attention dont les penseurs grecs sont l'objet depuis quelques années, les a remis en mémoire, mais pas assez pour rendre toute explication superflue.

Le premier des axiomes dont je parle enseigne l'identité de la sensation et de la pensée. La perception sensible n'est qu'une forme, une fonction, un degré inférieur de l'intelligence. L'objet sensible est donc par cela même intelligible dans une certaine mesure.

Le second axiome établit l'identité, ou, pour rester dans les vraies limites, l'affinité de l'intelligence et du principe qui rend les choses intelligibles. La vérité consiste, de l'aveu de tous, dans l'accord entre la pensée et son objet. Puisqu'il faut que la pensée ressemble à l'objet pour être une connaissance, on doit accorder également que l'objet, pour être connu, doit ressembler à la pensée.

Ainsi toute science repose sur une analogie; le semblable seul comprend le semblable; la sympathie est à la base de l'intelligence, et les choses ne deviennent accessibles à la pensée que par l'influence et la présence du même principe qui, se déployant librement en nous, reçoit le nom de pensée. Cette affinité nécessaire du sujet intelligent et de l'objet intelligible était universellement admise par les anciens. L'école d'Ionie mit ce principe évident au service du matérialisme; l'idéalisme l'exploite avec plus d'apparence; il n'est pas impossible, nous le croyons, de le tourner au profit d'un vrai spiritualisme, en suivant la voie ouverte par M. de Schelling et par Maine de Biran; mais, quoi qu'il en soit, et bien qu'il touche aux mystères, c'est un principe en lui-même incontestable et renfermé implicitement dans les propositions les plus communes. Leibnitz, de nos jours, le remit en honneur; Kant en a fait un usage que nous appellerions volontiers excessif; il est indispensable de l'avoir constamment présent à l'esprit pour entendre les successeurs de ce dernier; il faut comprendre sur quel fondement repose cette proposition pour rendre justice au sérieux de leurs tentatives. — Il y a donc quelque chose de l'intelligence dans tout être intelligible et par conséquent dans tout être sensible.

Le troisième axiome impliqué dans le raisonnement de M. de Schelling porte sur la définition de l'intelligence elle-même. Pour la philosophie des anciens, de quelques scolastiques profonds et de l'Allemagne contemporaine, il y a dans l'intelligence quelque chose de négatif. Toute pensée est une limitation, toute définition implique une négation ; la réflexion est le contraire de l'expansion, et l'intelligence le contraire de l'existence. Comprendre, c'est absorber, digérer, dissoudre, détruire, non pas tout absolument, mais précisément ce qu'il y a dans l'être de rebelle à l'intelligence, et ce principe rebelle c'est l'objectivité, l'extériorité, l'existence dans le sens précis que l'étymologie donne au mot *existence*, l'expansion sans réflexion, sans contre-poids, et par conséquent aussi sans réalité. Pour bien entendre cette idée il faut aller jusqu'au bout et dire, sans se préoccuper outre mesure de l'ambiguité des mots dans des langues imparfaites, qu'*exister* et *connaître* sont deux fonctions correlatives du même principe, savoir la pure activité. Exister c'est s'épanouir, s'affirmer sans réflexion, sortir de soi ; connaître, c'est se réfléchir, revenir de cette *extase*, rentrer en soi. Ainsi la connaissance est le contraire de l'existence, l'existence le contraire de la connaissance, et si, conformément à l'exemple de la philosophie que nous essayons d'éclaircir, on prend l'existence pour la fonction positive, il est tout naturel de dire que l'intelligence est une négation ; c'est la négation de l'existence au sens abstrait que nous donnons à cette expression.

L'objet, intelligible ou sensible, est donc toujours affecté par le principe négatif ; l'objet pur ne peut pas être connu directement, il ne tombe pas dans le domaine de l'expérience.

Il en faut dire autant du sujet pur. Si nous cherchions celui-ci quelque part, ce serait en nous-même, nous le demanderions à la conscience psychologique. Eh bien! là tentative serait vaine; le principe subjectif est actif dans toutes les opérations de l'intelligence, mais la réalité de l'intelligence ne s'explique pas par l'idée du sujet pur ou de l'activité pure, qui est la même chose. L'activité de l'intelligence a toujours quelque résistance à surmonter, et nous ne pouvons l'apercevoir qu'aux prises avec ce principe de résistance. L'intelligence, en agissant, produit toujours un effet quelque part. Où donc, Messieurs? — Dans la substance même de l'esprit. Ainsi le dualisme du principe de l'existence et du principe de l'activité se retrouve dans l'intelligence elle-même, dans toutes ses fonctions, dans toutes ses opérations; la conscience psychologique ne nous laissera jamais apercevoir l'activité pure et primitive, quoique la conscience psychologique ne s'explique pas sans cette activité.

Pour abréger, nous désignerons désormais l'objet pur par la lettre B, le sujet pur par la lettre A, et nous dirons que le progrès dans la nature et dans l'histoire se présente à nous comme la succession des triomphes de A sur B, ou comme la série des transformations de B, principe de résistance, qui s'idéalise de plus en plus, en devenant d'abord perceptible, puis sensible, puis intelligible et enfin intelligent.

L'expérience nous fournit donc deux principes opposés soutenant entre eux un rapport nécessaire. Elle nous donne ces principes dans ce sens qu'elle s'explique par leur rapport nécessaire; mais la plus haute généralisation de l'expérience ne nous fait pas comprendre pourquoi les deux principes dont il s'agit se trouvent placés l'un vis-à-vis de l'autre dans le rapport à la fois constant et variable que nous observons. Le résultat net de l'analyse est l'idée du *procès universel*, d'où la pensée s'élève à la conception des facteurs immédiats de ce procès : l'objet pur et la puissance qui tend à produire en lui la subjectivité ou la spiritualité. Mais un examen attentif du procès fait voir que nous n'en avons pas encore indiqué toutes les conditions. Puisque B est l'objet d'une action continuelle de A, qui tend à le transformer, il est évident que B n'est pas ce qui doit être, la réalité véritable ou le but. A ne l'est pas davantage, puisqu'il n'est que l'agent d'une transformation ; évidemment le procès a pour tendance de produire autre chose que B et que A, savoir un être dans lequel ces deux principes se pénètrent et se confondent, l'identité de l'existence et de la puissance, une existence pleine de puissance, une puissance existante ou, en d'autres termes, l'esprit, que nous désignerons par A^2.

Je m'attache à conserver, autant que possible, la forme authentique de cette analyse, dont la signification ne peut être comprise qu'à la fin. Toutefois, Messieurs, ici déjà vous pouvez voir que nous ne jouons pas simplement avec des mots et des lettres. La définition métaphysique de l'esprit où nous sommes conduits a de la valeur pour l'intuition. En effet l'esprit existe, puisqu'il a conscience de lui-même. Et cependant il n'existe que dans son activité et par son activité. Si vous supposez l'esprit complétement inactif, vous ne pouvez plus, sans tomber dans le matérialisme, comprendre en quoi consiste son être. L'esprit est donc bien défini : la puissance qui existe, l'identité de l'existence et de la puissance. — Vous me l'accorderez, mais vous objecterez peut-être que l'esprit seul est vraiment quelque chose, tandis que l'existence et la puissance pures ne sont que des abstractions logiques, dont la valeur est toute subjective et dont, ici comme ailleurs, on fait mal à propos les éléments constitutifs du réel. — J'ai quelques raisons pour ne pas trop combattre cette idée ; je rappelle seulement que les notions d'existence et de puissance sont des notions nécessaires à notre pensée et que, selon le principe allemand, qu'il n'est pas si facile de réfuter, il faut une harmonie véritable entre les éléments de notre intelligence et les éléments des choses pour que la science en général soit possible. Je reprends donc ma traduction sommaire :

Si B ne reste pas ce qu'il est, c'est qu'il n'est pas ce qui doit être ; il est donc *l'accidentel*. Néanmoins il n'y aurait aucune raison pour que cet être accidentel ne restât pas en repos, s'il n'apportait aucun obstacle à la réalisation de ce qui doit exister. Ainsi le fait même que B subit une transformation nous prouve la nécessité de recourir à un troisième principe, but véritable de tout le procès, et dont le procès lui-même nous fait comprendre la nature : ce principe c'est la subjectivité existante ; nous l'avons appelé A^2.

Voici donc les puissances supérieures à l'expérience qui rendent le monde de l'expérience intelligible :

1. Nous trouvons d'abord B, la substance identique de toutes choses, le substrat des transformations, la matière

du procès, le contraire de la spiritualité, l'accidentel : c'est le *commencement*.

2. Vient ensuite A, que nous ne saurions apercevoir directement[1]; nous ne le connaissons que par ses effets, par sa fonction ; dès lors nous ne pouvons en dire autre chose sinon qu'il est la puissance qui tend à produire en B la subjectivité ou la spiritualité. Si B est la Substance par excellence, A est la Cause ; il ne joue d'autre rôle que celui de cause efficiente, cause du mouvement, cause de la transformation, cause du progrès, partout où il y a progrès, transformation, mouvement. A est la cause par son essence, cause nécessaire, mais hypothétiquement nécessaire ; l'activité qu'il déploie dépend de la position de B. Si B existe, comme il n'est pas ce qui doit être, il faut nécessairement qu'il soit transformé, et par conséquent il faut qu'il y ait une puissance occupée à le transformer. A est donc l'agent universel, insaisissable du changement, la puissance *intermédiaire* du procès, dont B, l'existence aveugle et illimitée, est le commencement et la base permanente.

3. B n'est rien pour lui-même, car il ne se possède pas, il est hors de soi, pure existence (*ex stasis*). A n'est rien non plus pour lui-même, car toute son activité s'absorbe dans B ; il n'est occupé qu'à réduire B et à produire ainsi la troisième puissance, A^2. Celui-ci, l'objet ramené à la subjectivité, se possède lui-même ; il renferme en lui la puissance ; il peut agir, sans avoir besoin d'agir, sans être,

---

[1] Il n'en est pas de même de B, nous apercevons B directement, et même nous ne voyons jamais que lui soit dans la nature, soit dans la conscience : mais nous ne le voyons pas dans sa pureté ; il est partout plus ou moins modifié par le principe spirituel.

comme le précédent, contraint d'agir pour se réaliser, car il est déjà réel, il existe. Il est donc libre, cet être, qui est l'être vraiment nécessaire, parce qu'il est le but. Il est libre, mais il suppose avant lui les deux autres puissances ; il ne saurait exister sans elles et, sous ce point de vue, il en dépend. Il est la *fin* du procès dont nous possédons ainsi tous les éléments, le commencement, le milieu et la fin ; la Substance, la Cause et le But.

La substance du procès, c'est-à-dire du Monde, est le contraire de la spiritualité ; la cause, c'est la force encore inconnue qui produit la spiritualité ; le but, c'est l'esprit existant. Toute spiritualité réelle, tombant dans le domaine de l'expérience, est entée sur son contraire. Au fond de la douceur, la passion. Au fond du génie, la folie.

On peut généraliser davantage; puisque tout ce qui existe a quelques traits, un souffle au moins, de la spiritualité, on peut généraliser davantage et dire : Toute chose est devenue ce qu'elle est ; mais devenir c'est passer du contraire au contraire. Si le terme du mouvement universel de production est la réalité de l'existence spirituelle, comme nous ne pouvons guère en douter, il faut bien que le point de départ de ce mouvement soit le contraire de l'esprit. On ne s'étonnera donc point de trouver ce point de départ inintelligible : c'est sa propriété, c'est son rôle d'être inintelligible, puisqu'il est l'opposé de l'esprit. — Il faut aussi qu'il y ait une cause quelconque qui change en esprit ce principe anti-spirituel. — Tels sont les éléments du Monde, impliqués dans le Monde lui-même, comme l'idée de chacun d'eux est impliquée dans celle du progrès pris dans un sens universel. Ceux d'entre vous, Messieurs, qui ont étudié un peu la Métaphysique d'Aristote, les fragments des pythagoriciens et les Dialogues de Platon, trouveront matière à de nombreux rapprochements. Je vous rappelle, en particulier, quelques pages fort remarquables du Philèbe.

Voilà donc pour le procès, pour le Monde; mais il s'agit de trouver dans le procès le moyen de nous élever au-dessus de lui. En effet, si l'idée du procès telle que nous l'avons analysée explique et résume l'expérience, le procès lui-même est encore inexpliqué. Il commence par le contingent, il a sa base dans ce qui ne doit pas être. Nous avons appelé B le principe anti-spirituel, l'accidentel, ce qui ne doit pas être. Pourquoi cela? Ce n'est pas arbitrairement, ce n'est pas *a priori;* mais c'est que dans le procès lui-même nous voyons B toujours limité, restreint, réduit, transformé. Nous sommes donc autorisés par les principes de la méthode inductive, à l'appeler accidentel. Jusqu'ici, quoi qu'il en semble, notre marche est toujours empirique. C'est un empirisme d'une nature particulière, très-élevée, toute spéculative; c'est de l'empirisme pourtant. Nous recherchons, comme les Grecs, les éléments du monde.

Mais, si le fondement du procès est accidentel, le procès tout entier doit l'être; le procès ne s'explique pas par lui-même, il n'est pas tout, il n'est pas Dieu, comme le panthéisme contemporain l'imagine; car le panthéisme contemporain ne s'est pas élevé au-dessus de cette idée d'un procès éternel.

Au-dessus du procès et des principes qui le constituent, causes secondes, principes engagés dans le produit, il faut reconnaître une cause absolue hors du procès, et cette cause absolue mérite seule le nom de Dieu. C'est Dieu qui assure la prépondérance du principe idéal sur le réel durant le procès, c'est Dieu qui amène la réalisation de l'être spirituel, but du procès; enfin c'est Dieu qui donne à la première puissance cette position inexplicable en elle-même et lorsqu'on la considère isolément, qui, rendant sa transformation nécessaire, produit le mouvement universel. Ce mouvement générateur, c'est Dieu qui l'institue, c'est Dieu qui l'amène à ses fins. Le procès suppose au commencement un être illimité qui est en fait et qui cependant ne doit pas être. Il est clair que, puisqu'il ne doit pas être ce qu'il est au commencement, c'est-à-dire illimité, il n'est pas nécessairement et de lui-même dans cette position où nous le trouvons en cherchant à nous expliquer la genèse universelle. Il n'a pas pris cette position de lui-même, il l'a prise par l'effet d'un pouvoir supérieur, capable de se servir de lui comme d'un moyen. Et nous concevons en effet que l'être illimité, anti-spirituel, soit un moyen dans les mains de Dieu, parce qu'il est indifférent à Dieu que l'être soit limité ou illimité; Dieu est par lui-même supérieur à l'être[1]. Mais, si le premier acte de Dieu consiste à déployer l'être sans limites, il est clair qu'avant tout acte, naturellement, l'être n'est pas sans limites, mais limité. Dieu le possède naturellement comme limité, et s'il le laisse s'étendre sans limites, ce n'est pas pour l'être lui-même, c'est en vue du procès et du but marqué au procès. Aux éléments du procès, aux trois causes immanentes du monde, répondent trois causes transcendantes ou trois manières d'agir de Dieu.

A la première puissance, B, l'existence illimitée, anti-

[1] A l'être du Monde : c'est dans ce sens qu'il est appelé transcendant.

spirituelle, répond l'acte de Dieu qui la déploie. La seconde puissance, cette activité nécessaire qui produit la subjectivité dans l'existence aveugle, est une nouvelle manière d'agir, une nouvelle manifestation de Dieu. Dieu est bien le même lorsqu'il donne essor à l'existence illimitée et lorsqu'il la fait rentrer en elle-même; cependant il n'est pas le même absolument et sous tous les points de vue, car ces deux actes sont simultanés et non pas successifs, autrement le second serait un mouvement rétrograde, inconcevable dans l'absolu. Dieu ne revient pas en arrière. Non, l'acte par lequel il pose B est un acte permanent; l'acte par lequel il le ramène est donc un autre acte permanent, une autre volonté, une autre puissance de la Divinité, mais ce n'est pas un autre Dieu. Il en est de même du troisième terme.

Vous le voyez, Messieurs, l'être du Monde se présente ici comme distinct de Dieu, mais Dieu le possède et le domine. Il peut lui donner carrière, ou le laisser dormir dans son sein. Dieu se présente à nous comme maître de l'existence. Le résultat de notre analyse regressive, tel qu'il se présente à nous maintenant, est encore un dualisme, mais c'est un dualisme qui n'offre aucun des inconvénients du dualisme ordinaire, puisque l'un des principes est absolument subordonné à l'autre. Le nom même de Dieu semble se rapporter à ce dualisme; Newton a dit que le mot Dieu désigne une relation : *Deus vox relativa, Deus significat Dominus*. Le mot Dieu se rapporte à l'être et signifie Seigneur de l'être.

Nous concevons l'être de trois manières et nous concevons Dieu comme Seigneur de l'être de trois manières :

L'être est primitivement limité ou contenu en Dieu ; Dieu le possède en lui-même comme limité, latent, en puissance. Il le possède ainsi naturellement et sans aucun acte. C'est le premier état dans lequel nous concevons le principe de l'être, et Dieu comme Seigneur de l'être.

Mais l'être n'est pas nécessairement limité ; il peut aussi se déployer sans limites, et nous sommes obligés d'admettre un tel déploiement pour comprendre le procès, qui suppose à sa base une existence aveugle, illimitée. Si l'être sort ainsi de lui-même, c'est que Dieu le veut, parce qu'il sait que, même alors, il en sera toujours le maître. Dieu permet donc à l'être de se déployer sans limites. C'est le second état dans lequel nous comprenons l'être, et Dieu, Seigneur de l'être.

Enfin, si l'être est incessamment produit, mis au dehors comme existence illimitée, ce n'est pas afin d'assurer la réalité de cette existence hors de Dieu, mais c'est afin d'assurer la réalité de ce qui doit s'élever sur elle. L'être est mis dehors pour retourner à Dieu, pour rentrer en lui-même et dans le sein de Dieu. Nous voyons donc l'être illimité recevoir dans le cours du procès une limitation progressive qui le force à rentrer de plus en plus en lui-même jusqu'à la fin du procès, où cet être objectif, extérieur, tout en continuant d'exister au dehors par l'acte qui le produit et le fait jaillir, est pourtant redevenu entièrement subjectif, intime, spirituel. Nous concevons que c'est Dieu qui imprime lui-même cette limitation graduelle à l'être qu'il pose comme illimité. Tel est la troisième manière dont nous concevons l'être, et Dieu comme Seigneur de l'être.

Sous ces trois formes l'être est le même être ; dans ces

trois actes[1] ou dans ces trois états Dieu est le même Dieu. Il n'est Dieu dans aucun de ces actes en particulier, mais dans tous. Il possède l'être, il le produit, il le gouverne. Dans ce triple rapport avec l'être, il se fait et se sent le même Dieu ; c'est en cela que consiste l'unité concrète de Dieu.

Ces idées suffiraient à l'explication du procès, c'est-à-dire de l'origine et de la destinée des êtres particuliers dont l'ensemble forme le Monde. Cependant M. de Schelling n'en est pas encore satisfait. Il ne trouve pas en elles la solution du problème capital de la philosophie, et cela, Messieurs, vous le comprenez sans peine, à cause de ce dualisme dont il a franchement confessé la présence. Si le dualisme, comme Bayle dit quelque part, rend compte assez facilement des faits d'expérience, il n'en choque pas moins la raison, et le meilleur des dualismes est encore une métaphysique imparfaite. Le Dieu que nous comprenons jusqu'ici n'a, vis-à-vis de l'être, qu'une liberté conditionnelle ; il le possède et ne le crée pas. Tel que nous l'avons défini, Dieu n'est pas l'absolu ; l'absolu c'est Dieu, plus le principe de l'être distinct de Dieu ; c'est-à-dire que proprement il n'y a point d'absolu ; or la pensée a besoin de l'absolu, et ce que nous voulons c'est de comprendre Dieu comme absolu. Pour atteindre notre but, il faudrait donc faire rentrer entièrement en Dieu ce principe substantiel de toute existence (extérieure) ou de toute création, que nous avons trouvé jusqu'ici complétement soumis à Dieu quant à la manière dont il se manifeste, mais plus ou moins indépendant de lui

[1] Au point de départ, Dieu possède l'être sans agir, mais alors néanmoins, l'existence divine est un acte.

dans la racine même de son être. Jusqu'ici nous voyons bien par quelle évolution Dieu tire tout de la substance première, mais nous exigeons qu'il crée la substance première elle-même, et nous sommes certains que, pour comprendre Dieu philosophiquement, il faut comprendre comment il la crée.

Nous sommes donc obligés d'admettre que cet être en puissance, ce principe limité, mais susceptible de se déployer sans limites, que nous avons considéré jusqu'ici comme demeurant en Dieu, mais distinct de Dieu et, dans un sens du moins, coéternel à Dieu, est Dieu lui-même, non pas Dieu tout entier, non pas l'essence de Dieu, mais quelque chose qui, sans être son essence, est pourtant lui, c'est-à-dire, Messieurs, sa Volonté.

Dans son état primitif, ce principe éternel de l'existence contingente est une volonté en puissance, la simple faculté de vouloir, volonté qui ne veut point ou qui ne se réalise point. Mais lorsqu'elle passe à l'existence actuelle, lorsqu'elle se déploie et se roidit, en un mot, lorsqu'elle veut, elle devient cette substance, ce B dont nous avons parlé jusqu'ici.

La substance de toutes choses n'est donc qu'une volonté actuelle, un vouloir éternel de Dieu, vouloir dont il possède par lui-même la puissance et qu'il peut, à son gré, déployer ou laisser dormir dans son sein. Cette volonté n'est que volonté, pure énergie; une fois déployée elle ne se possède plus elle-même. Sans objet déterminé, sans réflexion, ce vouloir primitif est naturellement un vouloir aveugle.

En nous examinant attentivement nous-même, nous trouverions des faits qui répondent à cette idée et qui l'expliquent, ne fût-ce que l'impatience maladive dont nous sommes saisis parfois sans pouvoir en dire la cause.

Le fond de toute chose est donc un être aveugle, c'est-à-dire un vouloir aveugle. Aussi le progrès ne s'accomplit-il pas sans effort, puisqu'il doit triompher d'une volonté; mais ce qui rend le progrès concevable, c'est précisément le fait que la matière du progrès, la substance universelle, est une volonté. La volonté est la seule chose qui résiste, la seule aussi qu'il soit possible de soumettre et de changer.

La substance du monde est donc un vouloir de Dieu, mais Dieu n'est pas en lui tout entier, puisque, tel que nous le concevons maintenant, ce vouloir est l'accident, ce qui ne doit pas être. Dieu est ce vouloir primitif, substance de toutes choses; et, en effet, la substance des choses prise en elle-même ne se conçoit que comme une force, c'est-à-dire comme une volonté, et, rapportée à Dieu, comme une volonté de Dieu. Dieu est ce vouloir, il est dans ce vouloir, mais il conserve toujours la puissance de le réduire. Il est donc cette volonté primitive; il est la puissance opposée qui la subjugue et la transforme; il est la conscience de leur identité originelle et du but qu'elles poursuivent en commun dans leur opposition. C'est Dieu qui entre lui-même dans le mouvement et qui devient la substance du Monde; il se dépouille lui-même de sa divinité pour donner essor à la création. Mais, s'il y consent, c'est qu'il le peut sans compromettre sa divinité absolue.

La première explication que nous avons donnée du *procès* universel, tel qu'il est généralement compris, cette première manière de rattacher le procès à son origine repose sur le dualisme de l'être et de Dieu. Elle rappelle très-distinctement l'hellénisme. Sous les noms de Monade et de Dyade, d'être et de non-être, de Dieu et de matière, les pythagoriciens et Platon désignent évidemment les principes qui nous ont occupés, et ils s'efforcent de les concevoir dans le rapport que nous avons nettement établi.

Tout perfectionné qu'il est, ce dualisme ne nous a pas semblé suffisant, et nous venons de le corriger. Comment cela, Messieurs? Il le faut confesser : par le panthéisme. Le point de vue que nous venons de lui substituer est, dans une sphère plus haute, parallèle au panthéisme des Indiens. Pour l'Inde aussi, le monde naît d'un abaissement de Dieu. Bouddha se dépouille lui-même de sa divinité afin de donner une place aux choses particulières. Le Dieu que nous avons essayé de définir est la substance identique des puissances dont le jeu produit le Monde; il forme l'unité, le lien des puissances; il est le même, au fond, dans toutes les puissances. S'il peut se réaliser comme existence (B), c'est qu'il peut le vouloir, c'est que sa divinité essentielle n'est pas compromise par cette réalisation dans une forme opposée à la divinité, c'est qu'il reste le maître de gouverner cette puissance, qui est sa propre substance et qu'il projette cependant hors de lui. Dans la pensée indienne, il n'en est pas autrement de Bouddha. Le panthéisme ne s'explique que par un principe supérieur au panthéisme. Les principes cosmologiques, les puissances qui agissent dans le monde, ne sont les puissances de la divinité que parce que Dieu est l'unité éternelle de ces puissances, unité supérieure au Monde, indépendante du Monde et du rôle des puissances dans le Monde.

Le panthéisme pousse lui-même à cette affirmation; mais

pour sortir philosophiquement du panthéisme, il faut comprendre l'unité de Dieu supérieure au Monde. Jusqu'ici, Messieurs, nous la réclamons, nous ne la comprenons pas encore, et cette imperfection de nos tentatives ne nous permet pas de nous y arrêter.

Les recherches qui précèdent nous ont fait connaître Dieu dans sa causalité ou, ce qui est la même chose, dans son rapport avec le Monde; nous avons vu ce qu'il doit être pour produire le Monde, tel que nous le connaissons par l'expérience, le Monde que le mot *procès* nous semble résumer et définir. Nous exprimons l'idée de Dieu dans sa causalité en disant : Dieu est la puissance qui devient, en se réalisant, l'existence aveugle et sans bornes; il est la puissance capable de limiter, de réduire, de spiritualiser cette existence; il est en même temps la puissance qui peut et qui doit exister comme esprit. Nous savons donc que les principes qui président à la formation et au développement du Monde, sont les puissances de Dieu; mais nous ne savons pas ce qu'est Dieu indépendamment de toute production. Nous le connaissons comme cause, nous ne le connaissons pas encore en lui-même, dans son être, comme substance. Ainsi nous n'avons d'autre idée que celle d'un rapport possible, nous ne connaissons point encore Dieu comme être réel. Nous croyons que Dieu est un être réel, actuellement existant, mais nos investigations laborieuses ne touchent en rien jusqu'ici l'existence actuelle de Dieu. En effet nous disons qu'il est la puissance de devenir existence extérieure, existence aveugle, la puissance de devenir B, et qu'il est autre chose encore; cela signifie qu'il possède cette puissance. Mais cette puissance qu'il possède n'est pas la réalité de son être, cette puissance n'est pas son existence, car la puissance est le contraire de l'existence. Aussi longtemps qu'elle reste puissance, elle n'existe proprement pas. Les deux autres puissances n'existent pas davantage, il le semble du moins, car elles n'ont de signification que relativement à la première. Aussi longtemps que la possibilité de devenir *objet* demeure à l'état de possibilité, la seconde puissance, c'est-à-dire l'activité qui s'emploie à faire rentrer en soi cet objet, n'a rien à faire et par conséquent n'est rien qu'une possibilité plus reculée. Enfin la troisième n'est rien non plus, puisqu'il faudrait la définir : la possibilité de ressortir en forme spirituelle d'une objectivité qui n'est pas. C'est donc rien enté sur rien. Tout est enseveli dans la nuit du possible, nous n'atteignons le réel nulle part.

Ainsi, Messieurs, si l'on nous demande ce qu'est vraiment Dieu, non dans sa qualité de Dieu, s'il est permis de s'exprimer ainsi, c'est-à-dire comme cause et créateur du Monde, mais ce qu'il est comme être absolu, indépendamment du Monde, nous devrons, pour être sincères, répondre que nous n'en savons rien. Et cependant nous sommes obligés d'admettre qu'indépendamment du Monde Dieu n'est pas une simple puissance, mais un être réel, puisque nous attribuons l'origine du Monde à sa liberté. Nous ne pouvons donc pas rester dans notre ignorance; il faut tâcher de comprendre comment l'être absolu peut exister.

Nous chercherions vainement à nous élever directement à cette idée en partant des puissances telles que nous les connaissons ; ces puissances-là, les éléments du Monde, ne sauraient être les éléments de l'idée de Dieu, sans quoi Dieu ne serait pas libre vis-à-vis du Monde. Pour conserver l'idée de la création libre, il faut dire que les puissances ouvrières sont elles-mêmes un produit de la volonté divine : Dieu crée le possible comme le réel ; Dieu lui-même est l'auteur des puissances qu'il met en acte. En effet s'il créait au moyen de ses propres puissances constitutives, sans créer les puissances elles-mêmes, il serait déterminé par la nature de ces puissances, il ne serait pas vraiment libre.

Nous verrons bientôt, Messieurs, quelle est la portée de ces propositions, nous verrons jusqu'à quel point se réalisent les promesses qu'elles renferment. Aujourd'hui contentons-nous de les enregistrer et d'en tirer, avec M. de Schelling, la conséquence immédiate.

Le chemin qui nous conduit des faits accidentels à leur loi constante, et de la loi aux causes immédiates et multiples du fait, aux puissances, nous fait arriver aux dernières limites du contingent, et là nous abandonne. Il faut donc quitter la méthode empirique, il faut laisser là les puissances du Monde et chercher ailleurs les éléments de la science divine. Ailleurs, c'est-à-dire dans ce que nous savons déjà de Dieu. En effet nous en savons déjà quelque chose ; il ne serait pas juste de prétendre que nous n'ayons aucune idée de Dieu ; il ne nous est pas scientifiquement démontré qu'il existe, mais nous savons ce que nous cherchons sous son nom.

Et d'abord, Messieurs, Dieu est l'essence universelle, le fond de toutes choses, ou simplement l'Essence ; toute négation de ce principe nous rejetterait dans le dualisme. D'un autre côté, Dieu est un être réel, il existe. C'est la contradiction infinie, le miracle des miracles, que Dieu soit l'Essence et que cependant il existe. Partout ailleurs la pensée distingue le fond et la forme, la puissance et l'acte, l'essence et l'existence. Ainsi l'essence des individus c'est l'espèce, mais l'espèce n'existe pas comme espèce ; ce qui existe, ce sont les individus. Dieu est l'essence qui existe ; cette définition s'impose à la pensée de tout homme qui croit en Dieu, du moment qu'il en comprend les termes.

Descartes voulait prouver l'existence de Dieu en faisant voir que l'existence est une perfection de l'essence, d'où s'ensuivrait que l'existence est impliquée dans la notion de l'essence absolue, dont nous ne pouvons pas faire abstraction. Descartes se trompait ; l'existence n'est point contenue dans l'idée de l'essence. Au contraire, la pensée trouve de grandes difficultés à concevoir que l'Essence existe, et ces difficultés ne peuvent être surmontées que par un acte de volonté, par un acte de foi. Il n'y a pas besoin de foi pour croire à l'essence absolue, universelle, car la raison nous y conduit d'elle-même ; mais, pour croire qu'elle existe, il faut un acte de foi. On ne peut donc pas prouver, directement du moins, que l'Essence existe, mais, si on croit en Dieu, on le suppose, et lorsqu'on part d'une telle supposition, il est naturel de rechercher à quelles conditions l'idée de l'essence doit satisfaire pour qu'elle puisse exister.

M. de Schelling analyse donc *a priori* l'idée de l'essence qui existe. Cette analyse, dont il me serait très-difficile de vous reproduire avec clarté le mouvement dialectique, me semble s'appuyer plus ou moins sur les données psychologiques qui sont au fond du mysticisme de Jaques Böhme. Il y a une parenté étroite entre l'idée mère du système de Schelling et la pensée de Böhme, parenté que M. de Schelling semble admettre lui-même lorsqu'il reproche à Böhme de ne pas sortir de son commencement, qui est, dit-il, magnifique.

Ici, Messieurs, je m'en tiendrai à une indication très-abrégée, suffisante pour vous faire comprendre vers quel but le système est dirigé, sans rien prononcer, et sans rien préjuger sur la manière dont ce but est atteint, ni sur la valeur logique des intermédiaires employés. Cette question doit rester réservée, car il faudrait, pour nous mettre en mesure de la résoudre, une exposition plus détaillée, plus approfondie, peut-être aussi plus rigoureuse.

Dieu, disons-nous, est l'essence qui existe : mais l'essence, comme telle, ne saurait exister; il y a, entre l'idée d'essence et celle d'existence, une contradiction qui ne saurait être levée directement.

Il faut donc, en Dieu, distinguer l'essence de l'existence, tout en constatant l'identité au sein même de la distinction. Ainsi Dieu est l'Essence en elle-même : l'Essence ou la Puissance, c'est-à-dire la possibilité d'une réalisation infinie; cette possibilité ne doit pas se réaliser; la puissance doit rester puissance; c'est en restant ainsi dans la virtualité, dans le non-être, dans l'intimité d'une concentration parfaite, qu'elle constitue Dieu comme Essence. Mais dans cette forme, à la prendre seule, Dieu n'existerait proprement pas. Si Dieu n'était que cela, le panthéisme aurait raison, Dieu serait la racine de tout être, sans proprement être lui-même. L'existence est donc un second élément de l'idée de Dieu et, par conséquent, en vertu de l'incompatibilité que nous avons signalée, une seconde puissance de l'être absolu. En tant que Dieu existe effectivement, réellement, il n'est pas l'infinie puissance ; il est, d'un côté, puissance infinie, de l'autre, existence infinie. Cette existence n'est pas celle qui résulterait du déploiement de la puissance ou qui viendrait après la puissance, mais c'est une existence coéternelle à la puissance, éternellement supportée par la puissance, et qui ne se déploie librement dans son infinité que si la puissance reste puissance. Si la puissance était seule (et l'idée d'une puissance n'est pas, je le répète, la négation abstraite de l'être, mais l'être dans l'absolue contraction, l'être au minimum de réalisation), si la puissance était seule, dis-je, elle ne resterait pas à l'état de puissance, mais, obéissant à sa tendance naturelle, elle se réaliserait, c'est-à-dire qu'en se transformant en existence, elle se perdrait. La puissance n'est donc pas seule ; à côté d'elle, au-dessus d'elle, se trouve l'existence infinie. Ainsi Dieu, l'essence qui existe, se trouve, d'un côté puissance infinie, de l'autre existence infinie.

Mais ce n'est pas tout; car, s'il n'était que cela, l'unité de son être serait compromise et, avec l'unité, la vérité de son être. Je dis la vérité de son être ; en effet s'il n'était que ce que nous venons de dire, il ne serait pas véritablement, puisqu'il ne serait pas pour lui-même. La puissance, en tant que puissance, n'est pas pour elle-même, car elle ne se manifeste pas à elle-même ; elle ne se réalise pas. L'existence pure n'est pas non plus pour elle-même, car elle n'a pas la puissance, et par conséquent elle ne se connaît pas. L'intelligence suppose toujours, Messieurs, que le sujet qui connaît possède en lui-même comme puissance ce qui est réalisé dans l'objet.

L'être absolu n'est donc pas seulement, d'un côté, puissance absolue, de l'autre, existence absolue; mais il est encore, primitivement, éternellement, l'identité de l'une et de l'autre, c'est-à-dire qu'il possède éternellement la conscience de sa puissance, et c'est dans cette conscience que proprement il existe en tant qu'Absolu, indépendamment de toute création et de toute relation. En un mot, Messieurs, l'existence de Dieu, l'existence infinie, ne s'épanouit pas seulement lumineuse sur la base de son pouvoir, mais cette lumière est un regard. Elle revient sur cette base pour l'élever jusqu'à soi, pour se la représenter, pour la comprendre; et cette intelligence ineffable de l'immensité qui sommeille en son sein, fait proprement la vie de l'absolu. Dieu vit dans le sentiment de sa puissance, comme, à son tour, je le crois, aussi longtemps qu'elle reste puissance, la puissance vit elle-même par l'intelligence de la Divinité. Dieu comprend, il est compris; c'est ainsi qu'il se comprend lui-même. Flux et reflux éternel, constante harmonie des fonctions, dont la permanence produit au sein de l'unité les distinctions les plus réelles que l'intelligence puisse concevoir.

Ainsi Messieurs : 1° Puissance ou sujet pur A^1; 2° Existence, objet pur A^2; 3° Conscience de la puissance, esprit pur A^3 : Tels sont les éléments constitutifs de l'essence qui est, les éléments constitutifs de l'être de Dieu en tant que Dieu.

Vous pouviez aisément le prévoir, Messieurs, cette analyse nous donne pour résultat les mêmes puissances que nous avons déjà appris à connaître comme puissances créatrices ou comme les éléments du Monde; mais nous les trouvons dans une autre situation, non plus comme puissances créatrices, mais comme les principes qui constituent l'être de Dieu lui-même, de sorte qu'il dépend de lui d'en faire ou de ne pas en faire les puissances de la Création, et par conséquent, dans ce sens, de créer ces puissances génératrices ou de ne pas les créer.

Dans la situation des puissances que nous venons de décrire, tout est tranquille. Dieu existe éternellement comme être absolu par la conscience de la puissance absolue. Il ne sort de cet état que s'il veut produire une autre existence que la sienne, s'il veut être Dieu. S'il le veut, il le peut; car il possède en lui-même une puissance d'être infinie, laquelle restant puissance ou sujet, est la base de l'existence divine, tandis que, devenant objet, elle sert de base à une autre existence.

Que si Dieu veut, en effet, créer, et se réaliser ainsi non-seulement comme être absolu, mais encore comme être relatif ou comme Dieu, alors le rapport des puissances sera changé. Il laissera se déployer la puissance qu'il recèle en lui-même, invisible et perdue dans la transparence de son être. C'est cette puissance qui désormais remplira l'espace infini de l'existence infinie. Par là l'existence pure et primitive de Dieu n'est pas altérée, mais elle rencontre une limite contraire à sa nature, elle est gênée, niée, refoulée en elle-même, et devient ainsi puissance, c'est-à-dire que, son empire étant contesté, elle éprouve l'irrésistible besoin de le rétablir. L'harmonie des deux premiers principes étant détruite, le troisième, qui n'est que la conscience de cette harmonie, se trouve, lui aussi, nié, et réduit à la condition de puissance. L'être primitif de Dieu est toujours objet par son essence; il lui est naturel d'être objet, c'est-à-dire déployé, manifesté; mais, par l'élévation soudaine d'un autre objet, il est refoulé dans la puissance, il devient sujet et tend à se rétablir dans l'objectivité absolue. Il entreprendra donc sur le nouvel objet, l'objet faux, ou qui, par sa destination essentielle, ne doit pas demeurer objet, le travail de limitation, de transformation, d'assujettissement et d'assimilation que nous avons déjà décrit, et, ramenant ainsi la fausse existence [1] à l'état de puissance qui lui convient, il se rétablira lui-même dans l'existence, et par conséquent ramènera la troisième puissance au rang suprême qu'elle occupait. Ainsi commence le Procès tel que nous le connaissons; rien n'est changé dans l'idée du procès; tout ce que nous avons gagné par ce développement dialectique de la définition de Dieu, c'est de voir que les puissances créatrices ou les éléments du Monde sont, dans leur essence primitive, les puissances constitutives de l'être absolu. Elles ne deviennent les puissances constitutives d'un autre être, les principes de la vie du Monde, que si Dieu les y appelle par un acte de libre volonté. Pour comprendre la possibilité d'une telle résolution, il faut reconnaître en Dieu non-seulement l'unité de fait des puissances, mais leur unité nécessaire, absolue. Leur unité subsiste en lui alors même qu'elle est brisée ou renversée; car la

---

[1] M. de Schelling l'appelle *fausse* parce qu'elle se présente d'abord comme existence infinie, tandis qu'elle n'est point appelée à jouer ce rôle définitivement. L'adoration de ce principe constitue le faux monothéisme, principe et point de départ des religions mythologiques.

véritable infinité des puissances consiste en ceci, qu'elles peuvent s'opposer entre elles en changeant leur situation respective, et produire ainsi l'Univers, tout en demeurant dans leur principe absolument unies. Ainsi Dieu n'est pas seulement la cause absolue du procès, nous comprenons Dieu en lui-même, indépendamment du procès ou du Monde; et nous comprenons comment il peut, s'il le veut, donner naissance au procès, en faisant de ses propres puissances les puissances du procès.

Mais tout ce développement repose sur l'idée de l'Essence qui existe, c'est-à-dire sur une base hypothétique ou, si vous le préférez, sur la base de la foi en Dieu.

S'il est un Dieu, nous savons ce qu'il est; en d'autres termes, si l'Essence existe, nous savons comment elle existe; nous n'avons pas encore établi scientifiquement le fait de son existence. Pour le démontrer, qu'y a-t-il à faire, Messieurs? Il n'y a qu'à voir si les faits s'accordent avec cette hypothèse, ou, ce qui est la même chose, s'ils s'expliquent par son moyen. Il faudra donc analyser *a priori* l'idée du procès hypothétique dont nous connaissons les facteurs, et comparer les phases diverses du procès que le développement de cette idée *a priori* nous conduit à déterminer, avec les différentes sphères de l'existence réelle. Si le développement logique de ce procès, par lequel une puissance primitivement spirituelle retournerait à la spiritualité dont elle est sortie, nous explique dans leur intimité l'ensemble des vérités expérimentales, nous serons certains que ce procès n'est point une chimère, mais la base même de l'expérience, d'où nous concluerons nécessairement que les facteurs de ce procès existent, et enfin, toujours avec la même nécessité, que l'unité absolue des puissances, qui seule peut les maintenir dans le rapport constitutif du Procès, existe également. Telle est la tâche de la philosophie progressive, qui justifie la réalité des principes exposés jusqu'ici, en interprétant par leur moyen la Nature et l'âme humaine, la religion et l'histoire.

La philosophie regressive nous fournit donc l'idée de Dieu; la philosophie progressive nous donne la preuve de son existence : preuve expérimentale, comme il convient qu'elle soit, car nous ne devons jamais faire abstraction de la réalité; mais dont la marche est *a priori*, comme il le faut également, car nous n'avons de connaissance réelle qu'en saisissant l'effet dans sa cause. La démonstration de l'existence de Dieu n'est pas un sujet particulier de la philosophie; c'est la philosophie tout entière. Et cette démonstration ira toujours se perfectionnant et s'approfondissant, à mesure que la science expérimentale se développera, et que le monde lui-même avancera vers l'accomplissement de ses destinées.

QUATORZIÈME LEÇON.

Nouvelle philosophie de M. de Schelling. — Résumé de l'exposition précédente. — Idée de Dieu et de la Création, de l'homme, de la Chute, de la Restauration. — Appréciation du système. La théorie des puissances repose sur l'intuition, mais elle ne rend pas raison de la liberté absolue. La liberté de Dieu selon M. de Schelling, consiste dans la faculté de déployer ou de comprimer une puissance déterminée. C'est une liberté limitée et non pas absolue. Or les mêmes motifs qui nous obligent à attribuer à Dieu la liberté de créer ou de ne pas créer, nous portent à reconnaître en lui une liberté absolue, et nous poussent au delà du système de M. de Schelling.

Messieurs,

Nous avons vu comment M. de Schelling cherche à saisir l'infinie spiritualité de Dieu dans les puissances qui la constituent. Dieu est l'unité nécessaire de ces puissances, et cette nécessité fait sa liberté vis-à-vis d'elles, puisque, sans altérer son unité, il peut, s'il le veut, les changer en puissances créatrices, en les opposant les unes aux autres. Le trait caractéristique de ce point de vue est l'idée d'un principe divin qui, sans être précisément Dieu, forme cependant la base de l'existence divine, quoiqu'il soit susceptible d'exister hors de Dieu. La puissance génératrice réside proprement dans ce principe, en ce sens qu'il fournit la substance, la matière première de toute création. Si nous considérons en lui-même et dans sa pureté le principe dont il s'agit, nous ne pouvons le désigner par aucun nom emprunté à l'expérience, soit extérieure, soit même intérieure, parce qu'en effet nous ne l'apercevons jamais pur; l'expérience ne nous le montre jamais sans que l'influence des autres puissances l'ait en quelque façon modifié. Cependant il convient de lui donner un nom tiré de l'expérience, pour faire sentir que ce n'est pas une abstraction de la pensée, mais une force réelle. Nous chercherons donc à suivre l'analogie la plus exacte possible, et nous l'appellerons *Volonté*. En effet sa nature ne se révèle nulle part aussi bien que dans la volonté.

Ainsi l'existence immuable, éternelle de Dieu repose sur la base de sa volonté. Aussi longtemps que cette volonté reste en puissance, Dieu la possède comme sa puissance, et l'existence de Dieu distincte de cette puissance consiste à la posséder; c'est en elle qu'il se sent vivre, c'est en elle qu'il trouve la félicité, qui est proprement l'acte éternel de son être. Il existe donc comme esprit, parce qu'il possède dans la profondeur de son essence la puissance de la volonté. Son existence objective, comme esprit infini, n'a rien de contraire à cette puissance aussi longtemps qu'elle demeure puissance, et la conscience de cette harmonie entre son existence réelle et la puissance d'être qui réside en lui, est la véritable forme de sa vie, la troisième puissance de la Divinité. Il est donc puissance ou sujet pur, acte pur ou objet pur, enfin identité de la puissance et de l'acte, de l'objet et du sujet : esprit pur. Il est cela sans aucune volonté, aussi longtemps qu'il ne suscite pas ce vouloir où gît la possibilité d'une existence autre que la sienne. Mais sur ce principe repose l'avenir de toutes les créations. Il voit éternellement les créations futures dans la puissance qu'il possède. Cette puissance tend naturellement à se déployer, elle est l'attrait qui invite l'Eternel à créer. Cependant cet attrait n'est pas une nécessité. Une impulsion aveugle est sans force sur Celui qui est esprit. S'il crée, c'est par un motif. Ce motif, c'est l'intention réfléchie d'être connu, d'être aimé. La création a donc pour fin de multiplier l'existence spirituelle; le but de Dieu est de produire un être semblable à lui. Cependant l'existence qui résulte immédiatement de l'acte créateur ou du déploiement de la puissance créatrice, ne saurait être semblable à l'existence divine; ce qui la caractérise, c'est qu'elle est une autre existence; pour devenir semblable à la première sans se confondre avec elle, il lui faut subir une série de limitations et de transformations. L'acte créateur, donnant essor à une puissance infinie, produit une existence infinie, qui gêne et comprime nécessairement l'existence infinie que Dieu possède avant tout acte; car il peut bien y avoir plusieurs principes infinis, mais non plusieurs infinis existant actuellement.

Ainsi l'acte créateur est un mouvement, mais un mouvement dans le sein de Dieu, car tout est en Dieu. C'est un renversement des puissances constitutives de la Divinité qui forme la base et l'essence de l'Univers; l'Univers est l'*unité renversée*. La puissance infinie d'être, sujet ou substrat primitif, devenant objet, l'objet primitif devient, à son tour, dans le Monde du moins, dans la Création, puissance ou sujet; mais, comme cette position est contraire à sa nature essentielle, éternelle, il travaille à la quitter et à redevenir objet, à regagner la surface ou l'empire, en s'assujettissant la nouvelle existence, la seconde existence, la fausse existence, qui doit redevenir base ou puissance pour servir de fondement à une seconde existence spirituelle, à l'esprit créé, comme elle est, avant tout acte, base et substance de l'esprit incréé.

Dieu peut, s'il le veut, mettre ainsi les puissances de son être en lutte les unes contre les autres, parce qu'il n'est pas seulement l'unité de fait des puissances universelles (en réalité, tout esprit et même tout être réel, à quelque ordre qu'il appartienne, nous présente une telle unité de fait); mais il est leur unité nécessaire, l'unité des puissances supérieure aux puissances, l'unité des puissances dans leur harmonie et dans leur contradiction. Tel est le secret de sa Liberté.

Ainsi, ce qui existe, ce qui fait proprement la substance de tout être créé, c'est une volonté divine qui sort incessamment du sein de Dieu et qui pourtant n'est pas Dieu, puisque dans l'existence divine elle est latente, et qu'après l'avoir dégagée, Dieu ne cesse pas d'être lui-même. La puissance proprement divine, celle en qui réside l'être de Dieu, est constamment active dans le procès qui produit et maintient l'existence du Monde, dans la création, mais dans le Monde elle n'existe nulle part sous sa forme propre. L'être du Monde n'est donc pas le même que l'être de Dieu, mais le mouvement du Monde tend à assimiler, en les unissant, l'être du Monde et l'être de Dieu, en sorte qu'à la fin Dieu soit tout en tous.

Le principe constitutif de l'existence divine n'est pas réel dans le Monde, disons-nous; il ne s'y trouve qu'à l'état de puissance, et c'est précisément pour cela qu'il y joue le rôle de principe actif, de cause du progrès; il est la cause par excellence, la cause efficiente ou la cause *motrice*, selon l'analyse si juste des péripatéticiens; car le mouvement, partout où il a lieu, résulte de l'effort d'une puissance qui tend à se réaliser. La forme de l'existence divine cherche donc à s'imprimer sur le Monde, l'existence divine cherche à se réaliser dans le Monde, et elle s'y réalise en effet, à la fin du procès créateur; toutefois, même alors, ce n'est proprement pas elle, ce n'est pas la seconde puissance qui *existe* ou qui occupe la surface, ce n'est pas elle qui est manifestée; elle n'existe que dans son identité avec la première. Ce qui existe à la fin, c'est la première, complétement assimilée à la seconde par l'influence de celle-ci; c'est-à-dire, Messieurs, pour exprimer enfin la vérité de la chose, ce qui existe n'est ni la première, ni la seconde, mais la troisième. Le terme du procès est une nouvelle unité des trois puissances, dans laquelle la troisième, l'esprit, occupe derechef le premier rang, et donne à l'être son caractère. Ce terme de la création, c'est l'Homme, produit commun des trois puissances, unité des trois puissances, dieu nouveau à l'image du Dieu éternel. En lui, les puissances qui, dans leur opposition, sorties du sein de l'unité suprême, ne se comprenaient plus les unes les autres, sont de nouveau conciliées. Ainsi la venue de l'homme amène la paix dans la Nature, parce qu'il est l'achèvement de la Nature. Il est libre, parce qu'aucune puissance n'exerce sur lui d'empire exclusif, et, comme la puissance créatrice de l'être est redevenue puissance en lui, il peut devenir créateur à son tour. Mais sa mission n'est pas d'éveiller une seconde fois ce redoutable mystère, car la Création est terminée. Cette force apaisée qui sommeille en son sein serait plus grande que lui. Ce n'est pas *sa* volonté, c'est la volonté de Dieu ; il en est le gardien, non le maître.

S'il l'excite, absorbé par elle, il tombe sous son empire ; elle règne de nouveau exclusivement, elle refoule de nouveau les forces proprement spirituelles dans l'obscurité du non être ou de la puissance, et ne peut être soumise une seconde fois que par un second procès. Mais, comme le procès qui fait surgir la Nature est un drame qui se joue dans le sein de Dieu, le second Procès est un drame qui se joue dans le sein du nouveau créateur, dans l'âme humaine. Les créations qui naissent de ce procès et qui en marquent les phases, correspondent aux créations naturelles ; mais elles n'ont de réalité que dans la pensée. Telle est l'origine des mythologies, des théogonies, reproduction idéale de la cosmogonie primitive.

Comme la première création est un accident divin, l'effet de la volonté incalculable de Dieu, la seconde création est un accident humain, un effet de la volonté incalculable de l'homme. La cause en est le désir que l'homme conçoit de s'élever en déployant la puissance créatrice qui fait la base de son être spirituel. En cédant à ce désir, il amène un renversement des puissances, une chute. La Chute, au sens où nous prenons ce mot ici, explique seule la condition primitive de l'humanité et le caractère dramatique de son histoire. Pour donner un sens aux documents des premiers âges, il faut nécessairement admettre que les religions mythologiques se sont succédé dans la conscience, d'abord collective, de l'humanité, d'une manière irréfléchie, involontaire, par l'effet d'une nécessité intérieure analogue à celle qui produit les songes ; et que la libre réflexion, le doute, le raisonnement, l'individualité morale, n'ont commencé que plus tard, par le retour graduel de l'esprit à sa primitive harmonie. Comme le premier Procès se termine par la création de l'homme, image réelle (naturelle) de Dieu, le second Procès se termine par le rétablissement de l'idée du vrai Dieu, du Dieu triple et un, dans la pensée humaine.

Je ne poursuivrai pas, Messieurs, le développement de ce système et la démonstration expérimentale de sa vérité dans la philosophie de la Mythologie et dans la philosophie de la Révélation ; ce que j'en ai dit suffit à notre dessein.

Vous apercevrez au premier coup d'œil que le style de cette métaphysique, s'il est permis de s'exprimer ainsi, diffère entièrement de celui du panthéisme rationaliste, auquel elle tend à se substituer. Ici l'explication des faits n'est plus cherchée uniquement dans la loi de leur production ou dans une formule abstraite, mais dans des puissances réelles. La question suprême n'est plus de connaître la loi des faits, la formule universelle, précisément parce que la seule existence de fait pour nous, c'est-à-dire le Monde, n'est plus identifiée à l'absolu. Au-dessus des faits qui font l'objet de notre expérience, au-dessus de l'ensemble auquel ces faits appartiennent, l'esprit reconnaît une cause substantielle des faits, et la philosophie reçoit pour mission de déterminer quelle est cette cause substantielle. Après s'être élevée du fait à la formule et de la formule à la cause, elle cherche à redescendre de la cause au fait par le même intermédiaire. Les principes qui doivent rendre raison des phénomènes sont ici des puissances réelles, susceptibles, dit M. de Schelling, de devenir elles-mêmes un objet d'expérience, non-seulement dans ce sens qu'elles expliquent l'expérience universelle, mais encore directement. En effet ce regard intérieur, qui fait seul la psychologie, aperçoit au fond de notre âme la lutte des puissances dont nous nous sommes entretenus, et les saisit là dans leur énergie.

Ainsi, dans la production poétique ou philosophique, comme dans tout déploiement puissant de la volonté, nous constatons l'effort de la raison, de l'intelligence proprement dite, de la seconde puissance, pour s'assujettir le principe substantiel de l'esprit, la pure expansion, la pure force, la première puissance, qui d'elle-même n'est pas la raison et n'a pas de raison, mais qui est susceptible d'écouter la raison, et qui, lui restant soumise, fait la fécondité du génie, la virilité du caractère.

Cette observation psychologique est d'une incontestable vérité; son ancienneté ne nous en fera pas méconnaître la profondeur. Sous des formes diverses, nous la retrouverions aisément chez Platon, chez Aristote, partout où s'est manifesté l'esprit philosophique. La philosophie de M. de Schelling est donc profonde, dans ce sens qu'elle repose sur une intuition profonde. Si cette intuition fait défaut, la porte du système reste fermée. De là vient, sans doute, le reproche de mysticisme qu'on a dirigé contre le point de vue de M. de Schelling. En effet, ce qu'il y a de plus intéressant et de plus spéculatif chez les écrivains généralement désignés sous le nom de mystiques, ce sont précisément leurs vues sur l'âme humaine. Dans la bouche du vulgaire, le mot mystique s'applique à tout homme qui donne une attention sérieuse aux choses de la religion. En philosophie il ne convient qu'aux penseurs qui croient découvrir la vérité par quelque faculté particulière dont tous les hommes ne jouissent pas. M. de Schelling n'élève pas cette prétention; mais, comme il n'est pas toujours facile de distinguer entre une différence de nature et une différence de degré, l'accusation de mysticisme portée contre lui ne doit pas surprendre. Sans contredit, il faut le sentiment des problèmes pour arriver aux solutions. Je reviens à celles que propose M. de Schelling.

Entre les choses finies et le Dieu absolu, il place comme intermédiaire des puissances qui sont à la fois les causes du monde engagées dans le monde, les principes *cosmiques*, et les principes constitutifs de la Divinité. Mais, ces puissances étant infinies, il admet qu'elles peuvent se trouver les unes vis-à-vis des autres dans une double relation : ici unies et conciliées dans l'être inaltérable de Dieu, là séparées et opposées dans les procès successifs et simultanés qui forment l'existence du monde. Ainsi se trouve accusée et presque résolue la contradiction qui semble inévitable dans tous les points de vue où l'on reconnaît Dieu : Tous admettent en effet que Dieu est l'être absolu, et qu'il ne perd point ce caractère bien qu'un être différent de lui vienne le limiter. — L'infinité positive de Dieu consiste en ceci, qu'il peut se limiter lui-même pour donner place à une autre existence. C'est l'infini de la liberté, supérieur à celui de l'existence abstraite. Toutefois l'idée de l'existence infinie doit trouver une place : il faut que Dieu soit infini et absolu dans le sens de l'actualité ; mais, par l'accomplissement de la création, cette exigence de la pensée se concilie avec la réalité de la créature dans la pure sphère de la vie morale, forme suprême de la réalité. C'est l'amour de Dieu pour la créature et l'amour de la créature pour Dieu qui rétablissent l'infini dans son droit et font triompher l'unité. Quand la créature aime Dieu comme elle en est aimée, l'idéal est réalisé, l'existence universelle est divine comme la substance universelle, parce que Dieu est tout en tous.

M. de Schelling admet donc que les mêmes puissances soutiennent entre elles deux rapports opposés et forment ainsi, d'un côté la triplicité des principes cosmiques, de l'autre la Trinité des puissances divines. La puissance qui proprement *existe* dans le Monde, n'*existe* pas en Dieu; elle est en lui latente, à l'état de base, tandis que la puissance qui existe en Dieu n'existe pas dans le Monde; elle y agit comme cause du mouvement. On peut donc dire que l'être du Monde n'est pas le même que celui de Dieu; mais, à prendre les mots dans leur acception générale, il faut avouer que M. de Schelling considère le Monde comme formé de substance divine. Plusieurs en concluront, sans hésiter, que son système est un panthéisme. Ce reproche serait bien injuste. La racine du panthéisme est coupée du moment où l'origine des choses finies est rapportée à un acte libre, et si le système est attaquable, ce n'est pas de ce côté.

Mais M. de Schelling pense être remonté jusqu'au principe sur lequel se fonde la liberté divine; il déduit la liberté de ce principe et, par là, il se trouve conduit à la soumettre à des conditions qui me semblent incompatibles avec la notion de l'absolu telle que la raison la conçoit nécessairement *a priori*. Les difficultés qui m'arrêtent tiennent peut-être à la forme plutôt qu'au fond de la pensée, et se lèveraient d'elles-mêmes dans une exposition plus large et plus ferme que la mienne. Toutefois, Messieurs, je vous demanderai la permission de les présenter :

La liberté de Dieu, selon M. de Schelling, consiste dans la faculté qu'il possède de déployer ou de tenir cachée la puissance de créer une autre existence que la sienne. Cette puissance est le fondement de l'existence de Dieu lui-même, elle est la base sur laquelle s'élève l'unité concrète de la vie divine. M. de Schelling est obligé de la considérer ainsi parce qu'il ne saurait concevoir un être qui n'eût pas son principe en Dieu. Mais comme, pour jouer ce rôle, il faut que la puissance demeure puissance, Dieu ne la suscite qu'aux dépens de sa propre unité. La production d'une nouvelle existence est la négation de l'existence divine. En créant un monde Dieu devient monde, et cependant il peut créer sans cesser d'être Dieu, parce qu'il est l'unité des puissances dans un sens plus profond que celui d'une simple unité de fait ; il est l'unité nécessaire des puissances, l'unité supérieure aux puissances, l'unité des puissances dans leur harmonie et dans leur contradiction.

Sur ces explications textuelles je ne ferai qu'une observation : c'est qu'en proclamant Dieu l'unité des puissances supérieure à leur contradiction, on ne le définit proprement pas, on l'affirme ; et la seule chose qu'on définisse, ce sont les puissances. En effet, Messieurs, si l'on admet la théorie des puissances comme le fruit d'une induction légitime, ce que je ne veux point contester légèrement ; si l'on admet que le monde réel est l'œuvre des puissances telles que nous les avons conçues, il faut bien admettre aussi une unité supérieure aux puissances ; il faut l'admettre, nous l'avons vu, pour expliquer le rapport que les puissances soutiennent entre elles, rapport qui nous a fourni la solution du problème du Monde. S'il n'y avait rien de supérieur aux puissances, s'il n'y avait pas entre elles un lien qui les force à rester unies lorsqu'elles tendent à se séparer, elles s'isoleraient en effet, elles constitueraient chacune un monde à part ; nous ne les trouverions pas dans cet état de tension et de lutte qui résume à nos yeux l'expérience ; le monde réel, le monde progressif, le monde humain n'existerait pas. Si l'on admet les puissances, il faut donc admettre une unité libre, supérieure aux puissances, mais de ce qu'on est obligé de l'admettre il ne s'ensuit pas qu'on la comprenne en son intimité, et les développements de M. de Schelling ne nous l'expliquent pas. Ils nous apprennent que les puissances sont inséparables, que leur essence infinie leur permet de rester unies en Dieu, tandis qu'ailleurs elles se combattent. Nous complétons ainsi notre étude des puissances, nous n'arrivons pas à l'essence de Dieu.

Je ne puis ni ne veux en dire davantage sur la théorie des puissances cosmogoniques. Je n'ajouterai pas que si cette doctrine s'appuie sur des vues physiologiques et psychologiques profondes, l'intuition y fait pourtant quelquefois défaut. Je ne demanderai pas si M. de Schelling fait comprendre aussi clairement la fonction de la seconde puissance dans l'unité divine absolue que son rôle dans le Monde. Je ne demanderai pas si la troisième, l'identité du sujet et de l'objet, a véritablement le caractère d'un principe distinct et substantiel, d'une Cause, ou si plutôt elle ne se présente pas constamment comme un produit ; enun mot, je ne demande pas si la théorie des puissances est achevée. Cet examen difficile nous détournerait de notre sujet ; il exigerait au préalable une exposition beaucoup plus approfondie et plus complète que la mienne.

J'accepte donc les puissances comme principes générateurs du fini ; mais, Messieurs, j'insiste sur cette observation que la doctrine des puissances ne nous fait pas connaître Dieu en lui-même, précisément parce que, comme le dit M. de Schelling, il est supérieur aux puissances, supérieur *toto cœlo*. Toute autre méthode pour arriver à la liberté de Dieu est donc au moins aussi légitime que la théorie des puissances ; car, après tout, la théorie des puissances n'est pas une méthode qui nous y conduise. Elle nous fait remonter jusqu'à un certain point dans l'interprétation spéculative de l'univers, elle nous amène jusqu'aux marches du trône : arrivés là, la chaîne du raisonnement philosophique est brisée. L'échelle dressée sur la terre ne va pas jusqu'au haut de la muraille. Lorsqu'on est au sommet de l'échelle, il faut rassembler son courage, saisir le créneau et sauter dans la place, c'est-à-dire affirmer l'inévitable inintelligible. La liberté de Dieu n'est ici qu'une affirmation énergique, fondée sur un besoin réel de la pensée ; ce n'est pas le résultat d'une déduction, et nous ne connaissons pas Dieu dans son *prius*, comme M. de Schelling pense nous le faire connaître[1]. Le défaut du système que nous venons

[1] Voyez la préface de M. de Schelling à la traduction allemande des *Fragments philosophiques* de M. Cousin.

d'étudier consiste précisément en ce qu'il ne s'est pas contenté d'affirmer la liberté de Dieu, mais qu'il veut remonter à sa cause. Nous venons de dire que cette prétention n'est pas fondée. Encore une fois, si Dieu est supérieur aux puissances, sa nature essentielle n'est pas expliquée par la nature des puissances. Examinons maintenant les conséquences de la tentative, légitime ou non, de remonter au *prius* de la liberté divine.

Le dessein d'expliquer la nature du Dieu libre au moyen de ses puissances, nous semble conduire l'esprit à se représenter la liberté divine comme une liberté conditionnelle et limitée par les puissances, point de vue que nous ne saurions concilier avec l'idée de l'absolu.

Dans ce système, en effet, la création est déterminée par la nature de Dieu. Créer, ici, c'est déployer une puissance que nous connaissons déjà; créer, c'est réaliser l'existence illimitée, opposée à la spiritualité, afin que cette négation soit surmontée par l'action du principe de l'existence spirituelle, réduit à l'état de puissance. Comme dans les philosophies panthéistes, toutes les phases de la Création sont contenues dans l'idée de la création possible, et cette idée est déterminée avec nécessité. Créer, c'est commencer le procès dont nous avons analysé les principes. Si Dieu crée, il créera de cette manière et pas autrement. La liberté divine est donc restreinte dans les limites rigoureuses d'une alternative : un *oui* ou un *non;* le *veto* et le *placet*. Dieu peut, s'il le veut, créer ou ne pas créer dans le sens absolument déterminé que nous venons de marquer; mais il ne peut pas créer ce qu'il lui plaît et comme il lui plaît.

Sous ce point de vue, la liberté de Dieu n'est ni plus ni

moins parfaite que la liberté primitive de l'homme. Comme la liberté de Dieu est déterminée par la nature de ses puissances, la liberté de la créature primitive est déterminée par sa position. La créature spirituelle se trouve, elle aussi, en face d'une simple alternative : elle peut réveiller ou ne pas réveiller la première puissance, rester immobile ou se poser en second créateur. Elle n'a de choix qu'entre ces deux alternatives, et les conséquences de l'une et de l'autre sont absolument nécessaires. Si la créature veut créer à son tour, elle tombe dans le faux théisme, dans l'adoration du principe de la nature, d'où résulte infailliblement le procès mythologique, dont l'issue est le rétablissement du théisme vrai.

Vous voyez donc clairement, Messieurs, quelle espèce de conciliation ce système établit entre les deux principes colluctans de la liberté et de la nécessité. Tous les fils de la pensée se rattachent à un nœud que la liberté tranche : dès ce moment la nécessité reprend son empire, la pensée *a priori* tend de nouveau ses fils, qui se serrent dans un nouveau nœud, dont la solution réclame une nouvelle intervention de la liberté. La nécessité pose les conditions et tire les conséquences; mais rien n'est réel que par la liberté. Cette solution est supérieure, je le crois, à celle du panthéisme moderne. Celui-ci, dans son plan du monde, met la nécessité au centre et ne laisse que d'insignifiants détails à la liberté, qu'il rejette à l'extrême surface, où elle se confond avec le hasard[1]. Mais, à la considérer en elle-

[1] Voyez M. *Cousin*. Cours de Philosophie de 1828, Leçon X, sur les grands hommes. Selon la théorie hegelienne développée dans cette leçon, leur grandeur consiste en ceci, qu'ils ne sont point eux-mêmes, qu'ils ne sont point libres, qu'ils ne sont point hommes.

même, la solution proposée par M. de Schelling nous suffit-elle entièrement? Peut-on réellement affirmer que Dieu est libre, lorsqu'on entend sa liberté à la manière de M. de Schelling? Ne peut-on pas du moins concevoir cette liberté d'une manière encore plus élevée? Nous sommes conduits à nous poser cette question par le système de M. de Schelling lui-même, et M. de Schelling lui-même ne saurait en méconnaître la légitimité. Le mouvement de la pensée qui l'a fait sortir du panthéisme et qui lui a suggéré son système de liberté conditionnelle, le même mouvement, le même intérêt, la même évidence, nous font douter de cette liberté conditionnelle et nous poussent vers l'absolue liberté.

En effet, Messieurs, dans la pensée de M. de Schelling, la liberté, telle qu'il la comprend, est ce qu'il y a de plus excellent; la liberté est le trait distinctif de l'absolu; la liberté fait de l'absolu ce qu'il est. Mais, si la liberté fait de l'absolu ce qu'il est, ne s'ensuit-il pas que cette liberté elle-même ne saurait être conçue comme restreinte et conditionnelle, mais qu'elle doit être absolue? Disons-le, Messieurs : du moment où l'intelligence a conçu l'idée de la liberté absolue, la valeur objective de cette idée ne peut plus faire question; elle s'impose à l'esprit au nom de sa propre autorité. Du même droit que M. de Schelling s'écrie avec courage : « Je ne veux rien du panthéisme; je veux un système qui m'explique le monde par l'acte positif d'un Créateur libre; » du même droit nous pouvons dire, à notre tour : Je ne veux pas d'une liberté emprisonnée entre les cornes d'un dilemme; je ne veux pas mettre sur le trône de l'univers un roi constitutionnel qui n'ait qu'à se prononcer par *oui* ou par *non* sur les propositions qui lui sont faites. Je veux une liberté pleine, entière, qui crée les possibilités et qui les réalise. J'attribue à Dieu cette liberté absolue, illimitée, insondable, parce que c'est la plus haute idée à laquelle mon esprit s'élève, et que plus mon idée de Dieu sera haute, plus elle s'approchera de la vérité. C'est là, Messieurs, la vraie méthode et la plus certaine, qui se résume en un seul point : « Elargissez vos pensées ! » Quelle est la définition rigoureuse de la liberté ? quel est le nom de l'absolu, le mot suprême, le miracle évident, l'inévitable impossible ? M. de Schelling le sait bien. Demandez-lui comment Dieu s'appelle, il répondra : JE SUIS CE QUE JE VEUX.

Quelle que soit la hardiesse de ce paradoxe, nous ne pouvons pas mettre en question sa vérité : nous devons définir Dieu par la liberté absolue, parce que l'absolue liberté est la plus haute conception dont nous soyons capables. Or il est impossible que Dieu ne soit pas ce qu'il y a de plus grand. Si nous pouvons imaginer quelque chose de plus grand que Dieu, il est clair que nous n'avons pas encore compris Dieu. Mais l'absolue liberté, quoique nous ne puissions ni l'imaginer ni la comprendre, est telle néanmoins que nous devons reconnaître en elle ce qu'il y a de plus grand et de plus excellent, malgré l'obscurité, le paradoxe et l'ironie que renferme cette idée à la fois la plus abstraite et la plus concrète, la plus négative et la plus positive, la plus insaisissable et la plus certaine.

Nous verrons bientôt, Messieurs, le sens de ce paradoxe et le sérieux de cette ironie ; mais, dès ce moment, nous acceptons la définition proposée sur l'autorité de son évidence immédiate ; nous en faisons le critère de nos appréciations, et, sans méconnaître tout ce que M. de Schelling a fait pour lui conquérir sa place, nous disons qu'elle nous oblige à sortir du système de M. de Schelling, ou du moins à nous affranchir de la forme qu'il a donnée à son système en le rattachant à ses travaux précédents; car il est possible que cette forme nous en ait plus ou moins dissimulé le sens intime et que M. de Schelling ait tenu compte d'avance de nos principales objections. Plusieurs de ses idées, plusieurs mots sortis de sa bouche me porteraient à le supposer.

Quoi qu'il en soit, Messieurs, tel qu'il ressort de notre exposition sans doute imparfaite, le nouveau système de M. de Schelling nous semble porter la marque d'une pensée dont le développement n'est pas encore achevé; je veux dire que, comme dans tous les systèmes précédents, la conclusion n'en coïncide pas entièrement avec le point de départ. M. de Schelling est définitivement sorti du panthéisme, en faisant sa place à la vérité incomplète sur laquelle le panthéisme se fonde; mais, d'un côté, il prétend expliquer Dieu par ses puissances, de l'autre, il reconnaît que l'unité divine est supérieure aux puissances, ce qui semble détruire la possibilité d'une telle explication. Plus généralement, il veut rendre compte de l'essence divine, et cependant il enseigne la liberté absolue de Dieu, d'où résulte à nos yeux l'impossibilité de sonder Dieu dans son essence. Nous rendons justice à la grandeur de ce système, qui éclaire d'un jour puissant les problèmes les plus mystérieux de la nature, de l'histoire et de la conscience, en même temps qu'il résume dans une pensée originale les spéculations profondes des Grecs, des philosophes juifs, des

Pères de l'Eglise et du vieux mysticisme allemand ; mais nous éprouvons cependant le besoin de tenter une autre voie pour nous élever au but qu'il a signalé.

Comme le Monde résulte d'un acte libre de Dieu et non pas d'une nécessité de la nature divine, ainsi que l'implique l'idée de la liberté que nous acceptons sur la foi de son évidence et que nous avons acceptée dès l'origine sur la foi de la conscience morale ; il est clair qu'en partant du Monde nous ne pouvons pas arriver à comprendre ce que Dieu est en lui-même, mais seulement ce qu'il veut être relativement à ce monde. M. de Schelling l'a bien aperçu, et nous avons vu que lorsqu'il s'agit d'atteindre l'idée pure du Dieu absolu, il laisse de côté la théorie des puissances fondée sur l'intuition, pour chercher un nouveau commencement dans une définition de Dieu déjà philosophique : « l'essence qui existe. » Mais le théisme seul accorde cette définition, et la discussion métaphysique que nous avons imparfaitement résumée, n'a d'autre but que de retrouver les puissances du monde réel découvertes par l'analyse précédente, dans la notion de Dieu telle que la fournissent le théisme et le christianisme, ou, ce qui revient au même, de prouver aux croyants la vérité du système de M. de Schelling.

Nous concevons la tâche un peu différemment. Nous voulons, s'il est possible, développer sous la forme d'une démonstration régulière cette vérité immédiatement certaine, que l'être absolu est pure liberté. Nous partirons donc, nous aussi, d'une définition de Dieu, ou, pour mieux dire, d'une définition du principe des choses, mais d'une définition que tout le monde soit obligé d'accepter. Nous partirons de la base commune au théisme et au panthéisme, à l'incrédulité comme à la foi : « Le principe universel est un être qui subsiste de lui-même ; » et nous nous efforcerons d'établir par la pure pensée que l'être existant de lui-même ne saurait être conçu que comme pure liberté. Ce sera l'objet de notre prochaine leçon. Nous examinerons ensuite la portée de cette définition quant à l'économie générale de la science, et nous tenterons de résoudre, au moyen de cette clef, les problèmes les plus importants que l'expérience nous suggère.

QUINZIÈME LEÇON.

RECHERCHE SYSTÉMATIQUE DU PRINCIPE PREMIER.

I. *Le principe de toute existence est un.* Preuve : La raison affirme immédiatement l'unité du principe de l'être. Nous avons besoin à la fois de rattacher nos connaissances à un principe unique et de donner pour base à la science le principe de la réalité. Remarque : Ce premier axiome est le fondement du panthéisme, qui ne répond point à nos besoins, mais dont nous ne pouvons nous affranchir qu'en le surpassant.

II. *Le principe de l'existence est absolue liberté.* Preuve : Le principe de l'existence existe par lui-même ; donc 1° il est cause de son existence objective ou relative, c'est-à-dire qu'il est une activité qui produit sa propre existence ; il est *substance*. 2° Il produit lui-même l'activité intérieure par laquelle il se manifeste ; il se produit comme substance ; il est *vie*. 3° Il se donne à lui-même la loi de sa production spontanée ; il détermine la forme de sa vie ; il est libre ; il est *esprit*. 4° Il produit sa propre spiritualité ; il est *absolue liberté*. — La liberté absolue est la seule notion qui, de sa nature, ne puisse convenir qu'à l'être absolu, la seule dès lors par laquelle nous puissions le définir, s'il est possible d'obtenir une connaissance certaine de cet être, en d'autres termes, si la science peut commencer, ou si la science est possible ; elle contient donc en elle-même les titres de sa légitimité, ce qui ressort immédiatement du fait qu'elle est la plus haute conception à laquelle notre pensée se puisse élever.

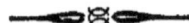

Messieurs,

La philosophie étant la science des choses par leur principe, son premier soin doit se porter sur la découverte de ce principe lui-même, c'est-à-dire, pour nous servir des termes consacrés, qu'elle devrait chercher d'abord les preuves de l'existence de Dieu. Mais l'idée de prouver l'existence de Dieu appartient à une époque où la science ne s'était pas encore rendue un compte assez exact de sa propre nature. Cette manière de poser le problème vient de la scolastique et d'une maxime par laquelle Descartes a transplanté la scolastique dans la science moderne, en bornant le doute philosophique aux jugements sans l'étendre aux idées. Le dessein de prouver l'existence de Dieu suppose qu'on a déjà l'idée de Dieu au début ; et cependant cette idée suprême ne saurait être conçue sans un suprême effort. Si l'on se contente de la notion commune à tous les systèmes, celle d'un principe indéterminé de l'être, alors la réalité d'un tel principe est immédiatement évidente, de sorte qu'il n'y a rien à prouver.

Le vrai problème consiste donc à déterminer l'idée de Dieu. Prouver l'existence de Dieu, c'est prouver que le principe de l'être est Dieu ; en d'autres termes, c'est prouver que ce principe est un principe libre, car un principe libre mérite seul le nom de Dieu. Ainsi la démonstration de la liberté divine occupera dans notre métaphysique la place réservée aux preuves de l'existence de Dieu dans la métaphysique des écoles. Après avoir déterminé cette idée, nous chercherons à résoudre par son moyen les problèmes que l'expérience nous suggère ; si le succès couronne notre entreprise, la réalité de l'objet conçu sera prouvée. Ainsi l'existence d'un Dieu libre ressortira non d'une démonstration ou d'une discipline spéciale, mais de la science tout entière.

L'ancienne méthode était évidemment imparfaite en ceci qu'elle commençait par démontrer l'existence de Dieu pour en développer l'idée ensuite, dans la théorie de ses attributs métaphysiques et moraux, c'est-à-dire qu'elle posait une inconnue, quitte à se demander après la preuve, ce que proprement l'on avait prouvé. Nous corrigerons ce vice de l'ancienne méthode ; nous établirons l'idée et l'existence par un seul et même acte de la pensée, en démontrant que l'Être capable d'exister et d'être conçu par lui-même est absolue liberté. Il s'agit donc d'une démonstration universelle *a priori*.

Notre critère est celui de Descartes : la lumière naturelle. Notre point de départ est la définition de Spinosa justifiée par le critère de Descartes : « *Per substantiam intelligo* » *quod in se est et per se concipitur : Substantia hujus modi* » *esse nequit nisi una.* »

Vous m'accorderez, Messieurs, l'unité du principe de l'être comme un axiome qui n'a pas besoin d'être démontré. S'il était possible de le prouver, il faudrait le faire ; car les axiomes démontrables ne sont pas de vrais axiomes, et quand les philosophes s'occupent, suivant le conseil de Leibnitz, à légitimer l'évidence elle-même, ils ne perdent nullement leur temps. C'est pour eux un point d'honneur de ne pas accepter à titre de concession ce qu'ils peuvent arracher de force. Le nombre des vérités soi-disant premières doit être réduit autant que possible ; l'élégance et la solidité de la science tiennent à cette condition. Mais il en est de l'unité du principe réel comme de l'aptitude de l'esprit humain à connaître le vrai, thèses connexes et solidaires, qui ne sont au fond qu'une seule et même thèse considérée sous deux aspects différents. Elles commandent tout et ne dépendent de rien. Il n'est pas possible de les prouver, il n'est pas possible de les contester sincèrement. Elles résument en elles l'évidence immédiate de la raison.

Il n'est pas possible de prouver par la logique, c'est-à-dire par le moyen d'une autre vérité plus évidente, que le principe de l'être est un. Il n'y a pas de contradiction proprement dite à supposer plusieurs êtres qui existent par eux-mêmes, plusieurs principes ou plusieurs dieux, et si le doute sur ce point trouvait accès dans notre âme, on ferait vainement appel à l'expérience pour le combattre. Le raisonnement que l'on essayerait de fonder sur l'expérience reviendrait à ceci : Les choses que nous connaissons forment un tout par les rapports infinis qui les unissent, et puisqu'elles forment un tout, elles ne sauraient avoir qu'un principe. Mais il est toujours loisible de supposer d'autres sphères d'existence absolument séparées de celle à laquelle nous appartenons et inaccessibles à toute espèce d'expérience. Qui sait même, pourrait-on dire en se plaçant avec Bayle au point de vue empirique, si le désordre que nous trouvons autour de nous et surtout en nous-mêmes, ne provient pas d'un conflit entre les sphères de l'être, d'une lutte entre les principes qui les régissent? Je sais bien qu'en partant de l'infini il est aisé d'arriver à l'unité ; mais c'est une grande question de savoir s'il est logiquement nécessaire que l'être existant par lui-même soit en tous sens un être infini.

Cependant si l'unité du principe n'est pas démontrable, elle n'est pas non plus sérieusement contestable, et si la raison n'est pas très-sévère sur les preuves de cette vérité, c'est qu'elle en est convaincue avant tous les essais de preuve. Si nous supposons plusieurs principes éternels, soit que nous les mettions en contact les uns avec les autres dans la même sphère d'existence, soit que nous les considérions comme absolument séparés et gouvernant chacun un univers, toujours faut-il que nous pensions simultanément à cette pluralité de principes ; car des principes auxquels nous ne penserions point ne seraient rien pour nous : la question de leur existence deviendrait absolument transcendante, ou plutôt elle ne saurait être posée. Dire qu'il peut exister des principes inaccessibles à notre pensée, c'est prononcer des paroles qui se détruisent elles-mêmes, car nous pensons à ces principes en affirmant leur possibilité. Dans l'hypothèse, nous pensons donc à plusieurs principes, et par cela seul nous les mettons en rapport, par cela seul nous créons entre eux une unité idéale, par cela seul nous nous imposons le devoir de chercher et de trouver leur unité. Kant avait raison de le dire, l'unité est pour la raison le premier besoin et la suprême loi. L'esprit n'est satisfait que dans l'unité. Nous ne croyons savoir les choses et nous ne les savons en effet comme nous voulons les savoir, que lorsque nous sommes parvenus à les comprendre au moyen d'un seul et même principe. Mais, s'il faut un seul principe à la science en vertu de l'impérissable idéal gravé dans notre âme, il faut aussi, pour répondre à ce même idéal, que la science explique les phénomènes par leurs causes réelles. Aussi longtemps que le principe par lequel nous comprenons les choses n'est pas celui qui les fait être, la science n'est pas achevée et son but n'est pas atteint. L'unité nécessaire de la connaissance nous atteste donc l'unité de l'être, ou plutôt l'unité de la connaissance et l'unité de l'être sont une seule et même thèse. Au fait, Messieurs, l'évidence n'est autre chose qu'une nécessité intérieure qui nous oblige à telle ou telle affirmation ; nous croyons à l'unité du principe de l'être par l'effet d'une nécessité qui s'impose à notre raison : par conséquent l'unité de l'être est *évidente*. La mettre en question c'est mettre en question l'autorité de la raison elle-même, ce qui est toujours possible il est vrai, mais jamais dangereux. Je n'insisterai pas davantage[1], mais j'éprouve le besoin de faire ici une remarque dont vous apprécierez aisément l'importance.

L'unité du principe de l'être ou de l'Être existant par lui-même implique rigoureusement, c'est en vain qu'on feindrait de le méconnaître, l'identité de tout être dans son principe, thèse fondamentale du panthéisme. Ainsi nous acceptons le panthéisme dès l'entrée. Le panthéisme devient notre prémisse. Nous n'aurons plus à le craindre, puisque nous lui faisons loyalement sa part. La justice et notre propre intérêt nous le commandent également. Le panthéisme de Schelling et de Hegel a prouvé par le fait sa supériorité logique sur le théisme qu'il a combattu. De fort bonne heure, peut-être même un peu trop facilement, mais non sans des raisons plausibles, on a reconnu dans le spinosisme la conséquence régulière des principes de Descartes, qui enseignait cependant la doctrine d'un Dieu séparé du monde et le dualisme de l'esprit et de la matière dans le monde. La scolastique du moyen âge, commentaire philosophique du dogme chrétien dont nous n'avons point méconnu la profondeur, était réellement panthéiste par sa base, je veux dire par sa doctrine de l'Être parfait, qu'elle

[1] Comparez Leçon troisième, p. 41-49.

définit : la totalité de l'être ou la réalité de tous les possibles. Pour faire sortir le panthéisme de ce principe, il ne s'agissait que d'oser s'avouer l'évidence. Une philosophie sérieuse ne peut donc ni faire abstraction du panthéisme, ni le combattre avec des armes déjà brisées. Le maître qui s'obstinerait à demeurer dans un point de vue dépassé laisserait l'esprit de ses disciples sans défense contre la puissante séduction intellectuelle de systèmes logiquement supérieurs, quoique moins bons peut-être d'intention et moins vrais dans leurs résultats généraux. Dès lors si le panthéisme ne satisfait pas aux besoins de la raison et du cœur, s'il ne répond pas aux intérêts de l'humanité, il faut nous efforcer de nous l'assujettir et non pas le laisser planer au-dessus de nos têtes. Cette vérité se fait jour. Nous obéissons donc aux exigences actuelles de la situation comme aux exigences de la pensée, en prenant notre point de départ dans le panthéisme. Nous nous efforcerons, par le développement régulier de sa donnée fondamentale, de le réfuter en le dépassant ; mais nous commençons, comme lui, par l'unité de l'être ; comme lui, nous demandons : Qu'est-ce que l'être ? et nous raisonnons ainsi :

I. Etre signifie tout d'abord : exister pour nous, *être perçu*, par les sens ou par la pensée, peu importe. Cette existence relative ou passive doit avoir une cause : la raison nous l'enseigne évidemment. Il y a donc une cause de l'existence ; cette cause, nous la trouverons ou dans l'être existant ou hors de lui. S'il s'agit d'une existence particulière, on peut admettre qu'elle ait sa cause hors d'elle-même ; mais alors elle n'est pas ce que nous cherchons, puisque pour exister et pour être conçue elle suppose autre chose qu'elle-même. L'existence dont il s'agit est toute relative à nous, extérieure, objective ou phénoménale. L'existence phénoménale est le premier et le plus faible degré de l'être, ou plutôt ce n'est pas même un degré de l'être, c'est l'être apparent, l'être faux. A proprement parler, le phénomène n'*est* pas; ce qui est véritablement, ce n'est pas lui; il n'est que la manière d'exister d'autre chose. C'est le *mode* de Spinosa. La matière, j'entends la matière purement passive telle qu'on la conçoit généralement, trouve ici la seule place qui lui convienne [1].

II. L'être véritable existe par lui-même, il est lui-même la cause de son existence, son existence phénoménale est un effet; son être véritable est la cause de cet effet. Mais il est impossible de concevoir une cause réelle autrement qu'active. L'être véritable est donc actif, ou plutôt il est activité; c'est une activité continuelle qui se dépense à produire son existence phénoménale. Telle est l'idée la plus élémentaire, le premier degré positif de l'être : il est cause de son existence [2]. Nous voyons *a priori* que l'Être en général doit être cela, c'est-à-dire qu'être signifie cela. L'expérience nous offre partout des exemples de cette notion générale. Nous ne pouvons pas hésiter sur le nom qui lui convient, elle est dès longtemps connue et nommée : on l'appelle la *Substance*. Le mot *substance* pris dans le sens absolu signifie l'être qui par son activité produit sa manifestation ou son existence apparente; et dans le sens relatif, quand on dit : la substance de telle ou telle chose, substance désigne l'activité qui produit l'existence.

[1] *Ens phœnomenon.*
[2] *Ens reale, causa phœnomeni.*

LE PRINCIPE DE L'ÊTRE EST ABSOLUE LIBERTÉ.

Si les corps inorganiques sont de véritables substances, c'est que leur être véritable est une activité, une force qui produit les qualités par lesquelles ces corps existent pour nous : leur expansion ou leur volume, leur impénétrabilité, leur pesanteur, et les qualités qui affectent diversement nos sens particuliers. Il faut l'avouer ou reconnaître que les soi-disant substances corporelles ne sont pas des substances, mais des phénomènes, des effets, des modes d'une autre substance; que celle-ci soit Dieu, ou la Nature, ou peut-être le moi, comme le pensent les idéalistes. La nature inorganique ne serait donc pas morte, son apparente immobilité ne serait que l'uniformité du mouvement, sa passivité qu'une activité qui se terminerait en elle-même; mais c'est là un point secondaire pour notre objet, et sur lequel nous ne voulons pas insister.

Avant de poursuivre, arrêtons-nous un instant sur les deux idées capitales de substance et de cause que nous venons d'employer. Substance et cause ne sont pas synonymes, mais ce sont deux notions du même degré ou plutôt susceptibles de gradations correspondantes. Ici nous les concevons sans gradation, dans leur forme élémentaire, comme la simple substance et la simple cause, et déjà nous apercevons leur solidarité. Déjà nous pouvons dire : Toute substance est cause, il n'y a de causes réelles que les substances.

III. Cette forme élémentaire ne suffit point au but que nous poursuivons. Nous voulons développer, dérouler ce qui est impliqué dans l'idée d'être. Nous voulons nous rendre un compte aussi exact que possible des conditions auxquelles l'être doit satisfaire pour pouvoir être conçu par lui-même, indépendamment de toute relation, et nous reconnaissons d'abord que l'être existant par lui-même, l'être absolu, est substance ou cause de son existence. Ce n'est point assez : L'être qui produit les signes de son existence n'est pas encore cause de lui-même, car en lui-même il est substance ; nous pouvons donc demander encore d'où lui vient sa substantialité, et si nous le pouvons, nous le devons ; par conséquent nous ne le comprenons pas encore comme être absolu, mais seulement comme être relatif, qui en suppose un autre. Pour être cause de lui-même, il devrait non-seulement produire son existence, mais se produire lui-même comme substance. L'être vraiment indépendant est cause de lui-même dans le sens que nous indiquons. La source de son existence s'alimente elle-même.

Nous ne comprendrions pas sans doute comment la chose est possible, si l'expérience ne nous en fournissait dans la nature vivante un exemple admirable quoique imparfait. Les êtres organisés sont des substances, ils produisent leur existence apparente par leur activité intérieure. La matière dont ils sont formés est à la fois l'instrument et le produit de cette activité qui constitue leur être véritable ; mais ce n'est pas là proprement ce qui en fait des êtres organisés. Le trait essentiel de l'organisme consiste en ceci, que la vie du tout individuel produit une pluralité de parties vivantes elles-mêmes, une pluralité de vies partielles ou de fonctions, qui produisent à leur tour la vie du tout ; car la soutenir c'est la produire. La vie est à la fois la cause de l'existence des organes et l'effet des fonctions des organes. Les organes sont également les effets et les causes de la vie ou du tout. Chaque fonction est, directement ou par quelques intermédiaires, cause et effet de toutes les autres. L'organe facilite et soutient la fonction, la fonction produit l'organe. Il y a donc un double et constant mouvement du centre aux extrémités et des extrémités au centre. L'unité intime produit la pluralité des manifestations, et la pluralité des manifestations produit à son tour l'unité intime, c'est-à-dire que l'unité se réalise comme telle, par l'intermédiaire de la pluralité. En décrivant les êtres organisés, je viens, Messieurs, de définir la *vie*, et l'idée de la vie, supérieure aux idées plus simples de substance, de cause, de force et d'activité que nous avons traversées, se présente à nous comme identique à celle de *but*. L'être susceptible d'être connu d'une manière indépendante est cause de lui-même; l'être cause de lui-même est vivant; l'être vivant est son propre but. Aristote, le grand observateur, avait trouvé dans la nature les secrets de sa métaphysique. L'étude de la réalité lui révéla les vrais rapports de la cause finale et de la cause efficiente. La cause finale est le vrai commencement, la vraie cause; la cause efficiente n'est que le milieu, le moyen, ou plutôt, dirons-nous, la cause finale et la cause efficiente se confondent; le véritable agent c'est le but qui produit lui-même les intermédiaires par lesquels il se réalise dans son unité. Le but, comme *idéal* qui doit être réalisé, est la cause des moyens par lesquels il se réalise, la cause efficiente des organes, qui sont à leur tour cause efficiente de la *réalisation* du but. L'idée de but nous présente un cercle fermé : L'être qui est son propre but est à la fois cause et effet de lui-même. Cette idée d'un but inhérent à l'être ou plutôt identique à l'être, manquait à Spinosa. Aussi longtemps que la substance n'est cause que des phénomènes, on ne peut pas, je le répète, dire avec vérité qu'elle soit sa propre cause ; elle est plutôt cause d'autre chose, mais elle devient sa propre cause pleinement et réellement lorsque le rapport des modes à la substance est aussi positif, aussi actif que celui de la substance aux modes. Alors ceux-ci reçoivent le nom d'organes, et la substance se produit réellement elle-même par l'intermédiaire de ses organes. Elle est cause de son unité, de son intimité, de sa réalité, cause d'elle-même dans le véritable sens de ce terme. Cette idée, dont Spinosa sentait le besoin sans l'atteindre, est indispensable à l'intelligence de la *cause* aussi bien qu'à celle de l'*être*. La vraie cause est cause par son essence et non par accident. Son essence est d'être cause, c'est-à-dire qu'elle existe comme cause ou qu'elle est cause d'elle-même. Mais l'être cause de lui-même est le seul dont on n'ait pas sujet de demander la cause, le seul qui puisse être conçu comme possédant l'être par lui-même [1].

IV. L'être premier est donc un but substantiel, un organisme, une vie. Nous voyons clairement que pour subsister de lui-même et s'expliquer par lui-même, il doit satisfaire à ces conditions ; mais nous ignorons si la liste des conditions qu'il doit remplir est déjà close. Un examen attentif du problème nous fera reconnaître qu'il n'en est rien. Partant du fait de l'existence, mais nous avons dit : L'être réel produit lui-même son existence ; l'existence vient de l'activité de la substance. D'où vient à son tour l'activité de la substance ? Si elle la reçoit d'une autre substance, elle n'est pas ce que nous

[1] *Causa sui;* ἐντελέχεια.

cherchons. L'être réel ne produit donc pas seulement son existence par son activité, mais il s'imprime lui-même cette activité ; il est cause de son activité intérieure aussi bien que de son existence apparente ; il est vivant. Cette découverte nous ouvre les portes du monde idéal. L'être existant par lui-même est à la fois réel et *idéal*. L'organisme est l'Idée vivante qui produit les moyens de se réaliser : comme Idée, l'organisme préexiste à sa propre réalisation ; l'organisme est son propre but. Mais il est malaisé de concevoir un but sans une intelligence, spontanée ou réfléchie, qui le pose et qui le poursuit. L'idée que nous avons obtenue n'est pas encore, sans doute, celle d'une véritable intelligence distincte de son but et libre vis-à-vis de lui, mais nous entrevoyons déjà l'intelligence. La vie est un germe d'intelligence, car dans la vie il n'y a pas simple déploiement ; la vie est un retour, une réflexion de l'être sur lui-même, aussi bien qu'un mouvement expansif. Ce caractère de réflexion naturelle inhérent à la vie, nous explique pourquoi il n'y a pas de vie sans une pluralité de fonctions distinctes. Distinction, spécification, réflexion, sont autant d'idées inséparables.

Ces remarques vous font pressentir, Messieurs, un résultat qu'il faut demander à la pure analyse. L'être réel est son propre but ; l'idée de but conduit à celle d'intelligence ; celle-ci mène à la diversité par laquelle nous pourrions redescendre aux phénomènes ; elle mène aussi à la *Loi*, qui nous offre les moyens de nous élever au vrai principe.

L'existence de l'être est nécessairement une existence déterminée ; nous ne saurions en concevoir une autre comme réelle. L'être produit donc son existence, il se produit lui-même dans sa substantialité par le moyen de cette existence d'une manière déterminée. La circulation de la vie obéit à des lois. L'activité de l'être existant par lui-même est une activité réglée. D'où lui vient cette règle? L'être réel est un but vivant, une loi vivante. D'où vient sa loi? Si l'on identifie la cause et la loi, si l'on dit : « L'être se produit lui-même selon une loi immuable, la loi est l'essence et le principe, elle est ce qu'elle est, nous la constatons sans l'expliquer; » il faut convenir que l'on s'arrête arbitrairement, au mépris des règles de la méthode; car dans la recherche de l'inconditionnel il n'est permis de s'arrêter que devant une impossibilité bien constatée d'aller plus loin. Ici il n'y a aucune impossibilité de ce genre. L'être se donne l'existence à lui-même par une activité déterminée. Si la règle de cette activité lui vient d'ailleurs, il est relatif : supposant un autre être, il est limité par celui-ci; mais s'il possède cette règle en lui-même, comme l'exige la notion de l'absolu, c'est qu'il se la donne : il est, dans un sens positif, cause de sa propre loi; il se fait ce qu'il est, il produit la manière dont il se produit.

Comme la notion précédente a son nom, qui est la Vie, parce que l'expérience nous fait connaître la vie, celle-ci trouve aussi dans l'expérience la preuve de sa valeur objective; son nom est bien aisé à découvrir : c'est l'*Esprit* ou la *volonté*. Déjà, Messieurs, nous approchons, déjà nous voyons blanchir l'aurore.

Déterminer soi-même la nature de son activité, la manière dont on est cause de soi-même, c'est être esprit. L'expérience intérieure nous atteste la réalité de l'esprit. Nous-mêmes nous sommes cause de notre activité, cause de la manière dont nous sommes cause, cause des lois selon lesquelles nous nous produisons. Nos actions sont l'effet de notre caractère. Notre état moral, le développement de notre intelligence, sont les causes permanentes, intimes, des actions extérieures et des mouvements intérieurs de pensée, de sentiment et de volonté qui, dans leur multiplicité continue, manifestent seuls aux autres et à nous-mêmes l'existence de notre esprit, c'est-à-dire, en prenant les mots dans leur vrai sens, qui constituent seuls toute cette existence. Notre esprit n'*existe* que dans ses actes, et notre caractère, nos convictions, nos facultés, sont la substance de ces actes. Eh bien, ce caractère, ces convictions et jusqu'à ces facultés, nous nous les sommes données à nous-mêmes, non pas absolument, non pas complétement, mais pourtant il est certain que nous nous les sommes données à nous-mêmes. Si vous êtes savant, c'est que vous avez étudié ; si vous êtes intelligent, c'est qu'en pensant vous avez appris à penser ; si vous êtes généreux, c'est que vous avez dompté votre égoïsme ; si nous sommes méchants, c'est que nous avons fait le mal. Nous sommes donc cause de notre causalité ou plutôt de sa loi ; c'est nous qui déterminons la manière dont nous sommes causes, c'est nous qui déterminons notre substance et notre vie. En un mot, nous sommes libres. Esprit et *Liberté*, c'est la même chose.

La notion que nous venons d'introduire n'est donc point chimérique, puisque l'expérience la confirme ; nous voyons d'ailleurs clairement qu'elle est réclamée par notre dessein de réunir dans la conception de l'Être toutes les conditions de son existence. L'être existe ; mais il n'existe pas seulement, il se fait exister, il est substance; il n'est pas simplement substance, mais il se fait substance; il est vivant, il est son propre but et se réalise selon sa loi; plus encore, il se marque son but et se donne sa loi; il est esprit, il est libre.

Voilà, Messieurs, ce qu'il faut pour remplir le mot sonore de Spinosa *Causa sui*.

V. Il semble que nous ayons trouvé ce que nous cherchions. Cependant la question de la cause peut se produire une dernière fois. — L'Être est libre, disons-nous. On peut demander d'où vient la liberté de l'Être; d'où vient la faculté qu'il possède de déterminer lui-même la manière dont il est cause? Il se peut qu'il l'ait reçue. Nous comprendrions dans ce cas qu'il ne la possédât que partiellement, d'une façon restreinte, comme nous la possédons, nous autres hommes; mais c'est là l'idée d'un être relatif, d'un être fini; ce n'est pas celle que nous cherchons. L'être qui existe par lui-même ne tient évidemment la liberté que de lui-même, c'est-à-dire, au sens positif, qu'il se la confère. Substance, il se donne l'existence : Vivant, il se donne la substance : Esprit, il se donne la vie : Absolu, il se donne la liberté. L'être absolu, cause de sa propre liberté, la possède pleinement, sans limitation, puisque nous ne trouvons rien dans son idée qui puisse la limiter. Il est ABSOLUE LIBERTÉ.

Il est absolue liberté : tel est le terme que nous nous proposions d'atteindre ! Nous y sommes arrivés en suivant une méthode légitime, car nous n'avons fait autre chose qu'appliquer le principe de causalité à la notion générale de l'être, jusqu'à complète pénétration.

Il n'y a rien d'illusoire dans notre résultat, puisque les degrés de l'être que nous avons constatés comme autant de puissances progressives, se distinguent parfaitement les uns des autres et présentent chacun une idée nette et précise : La substance est cause de ses manifestations ; — la vie s'alimente elle-même en produisant les organes qui la réalisent selon une loi déterminée ; — l'esprit se donne des lois à lui-même et détermine sa propre vie.

Mais il y a dans l'esprit fini cette contradiction, que d'un côté il se détermine, tandis que de l'autre il est primitivement déterminé : c'est-à-dire que l'esprit fini est à la fois esprit et nature, et non pas seulement esprit. La perfection de l'esprit serait d'être pur esprit, sans nature : l'esprit pur n'est que ce qu'il se fait, c'est-à-dire qu'il est absolue liberté. Mais ici nous sommes arrêtés. Il est impossible de remonter au delà de la formule de la liberté absolue : JE SUIS CE QUE JE VEUX ; cette formule est donc la bonne.

Nous devons définir Dieu : l'absolue liberté ; parce que l'absolue liberté est la plus haute idée à laquelle nous soyons capables de nous élever ; or il est évident que Dieu est la suprême grandeur ou, comme le disait la scolastique, l'être souverainement parfait, la réalité par excellence. Si nous pouvons imaginer ou concevoir quelque chose de plus grand et de plus excellent que Dieu, nous n'avons pas compris Dieu ; mais l'idée de liberté absolue est telle que nous sommes obligés de reconnaître en elle ce qu'il y a de plus grand, ce qu'il y a de plus excellent, malgré son inévitable obscurité, malgré son inévitable abstraction, malgré ce qu'elle a nécessairement de paradoxal et d'impossible.

Le possible, Messieurs, c'est ce que nous comprenons, ce que nous croyons embrasser par la pensée ; or il répugnerait, on l'a fait sentir bien souvent sans apercevoir peut-être toute la portée de cette réflexion, il répugnerait que notre pensée finie mesurât la réalité de l'infini. L'idée suprême ne doit donc pas, d'après les données premières du problème, être celle d'un être possible, mais celle d'un être supérieur au possible ; c'est-à-dire une idée qui forme la limite immuable de nos conceptions, une idée que nous atteignons, que nous venons toucher, pour ainsi dire, sans y pénétrer jamais, sans en faire jamais le tour. Il ne faut pas que nous en ayions l'intuition, il ne faut pas que nous puissions la comprendre, il suffit que la raison nous en démontre la vérité, la nécessité ; et c'est précisément le cas de la formule que nous avons donnée. Si haut que s'élève le vol de notre pensée, l'idée à laquelle nous nous élançons sera toujours dominée par celle-ci : JE SUIS CE QUE JE VEUX.

On peut rendre plus saisissable l'évidence sur laquelle nous nous fondons, en empruntant la forme consacrée de l'argument ontologique. Ce syllogisme concluait ainsi : « L'idée de Dieu est celle de l'être parfait ; or la perfection implique l'existence réelle : donc l'idée de Dieu implique l'existence réelle de son objet. » Nous tournons la prémisse du raisonnement au profit de la liberté et nous disons : « L'idée de Dieu est celle de l'être parfait ; mais un être parfait de sa nature le serait moins que celui qui se donnerait librement la même perfection ; l'idée d'un être parfait de sa nature est donc une idée abstraite et contradictoire ; l'être parfait *de sa nature* serait encore imparfait ; l'être parfait est celui qui se donne lui-même la perfection qu'il possède, c'est-à-dire l'être absolument libre : donc Dieu est absolue liberté.

Nous arrivons au même résultat en analysant l'idée d'activité. Quel est le plus grand, le plus fort, le plus réel, de l'actif ou du passif? Evidemment ce qui est actif est le plus réel : l'activité est le côté positif de l'être, et quand vous auriez retranché d'un être toute activité, soit sur lui-même, soit au dehors, quand il ne produirait absolument plus aucun effet, il serait comme s'il n'était pas, ou plutôt il ne serait pas; vous auriez détruit cet être. L'*être*, c'est l'activité; la passivité n'est que relative, l'être passif n'est que l'être pour un autre; mais, au fond et pour lui-même, tout être est actif. C'est faire quelque chose que d'être, et tous les êtres font quelque chose; c'est en cela que leur être consiste. A le bien prendre, activité et réalité sont des synonymes : plus il y a d'activité, plus il y a de réalité. — Mais si l'activité est la vraie réalité, il n'est pas moins évident que la véritable activité ne se trouve que dans la liberté. La pierre que je lance produit des effets par son choc, et dans ce sens elle est active; cependant vous savez qu'en lui donnant cet attribut, on s'exprime improprement : ce n'est pas la pierre qui est active, c'est la main qui la jette. Il n'y a d'activité véritable que l'activité spontanée. Ainsi l'activité spontanée, tel est le caractère essentiel de la réalité. Mais une activité spontanée et déterminée par une loi nécessaire n'est pas encore la véritable spontanéité, ni par conséquent la véritable activité; ce n'est pas la spontanéité parfaite, ce n'est donc pas la réalité parfaite. S'il y a plus d'activité, plus de spontanéité, plus d'être dans la plante qui pousse et qui fleurit d'elle-même que dans la pierre lancée par mon bras, il y en a plus dans l'homme qui réfléchit et délibère, qui fait ce qu'il veut, parce qu'il le veut, qu'il n'y en a dans la plante qui, sans le savoir et sans le vouloir, obéit aux lois de son espèce. Si l'activité réelle d'un être est seulement celle qu'il s'imprime à lui-même, il est clair que l'activité que l'être s'imprimerait selon une loi qu'il se donnerait également lui-même, serait plus réelle que celle qu'il s'imprimerait selon une loi déterminée par sa nature, c'est-à-dire indépendamment de son fait. Mais l'être qui se donne à lui-même la loi de son activité, l'être qui décide lui-même comment il doit agir et ce qu'il veut être, est l'être absolument libre ; l'être absolument libre est donc l'être actif par excellence, l'être absolument libre est l'être réel par excellence. L'absolue liberté est le trait caractéristique de la parfaite réalité. Nécessité, passivité, immobilité, négation, — réalité, activité, spontanéité, liberté, il est plus facile d'apercevoir les liens étroits qui unissent ces deux classes d'idées que de trouver les intermédiaires requis pour démontrer mathématiquement leur solidarité. Tous les chemins conduisent à cette idée de la liberté pure, qui semble revêtir une évidence immédiate. Une fois produite, on sent qu'il n'y a rien au-dessus d'elle, et c'est là notre argument décisif.

Cependant la doctrine que nous essayons de rajeunir, étant contraire aux traditions de la théologie comme à celle du rationalisme, ne s'établira pas sans opposition. Il importe donc de lever, s'il est possible, tous les doutes, de prévenir

LE PRINCIPE DE L'ÊTRE EST ABSOLUE LIBERTÉ. 525

toutes les difficultés et d'établir que notre résultat, tout insaisissable qu'il est, n'en doit pas moins être accepté sur l'autorité de la méthode et sur l'autorité de sa propre évidence.

Nous avons recherché la nature de l'absolu; la conclusion de notre analyse est celle-ci : l'absolu n'a point de nature; toute nature est *née*, dérivée, secondaire. La nature est ce qui est déterminé; le principe de toute détermination n'en comporte lui-même aucune. La conception où nous venons aboutir est en même temps la plus concrète des idées et l'idée du pur indéterminé. Ce résultat, à la fois très-positif et très-négatif, a quelque chose de surprenant. Il soulève d'abord une objection que j'essayerai de vous rendre sans l'émousser.

On me dira : « Votre dialectique est illusoire, vous tournez dans un cercle, et, croyant démontrer, vous affirmez; ou plutôt vous niez gratuitement. La base de toute votre théorie, c'est que l'être ne peut avoir de qualités que celles qu'il a reçues. Vous n'admettez pas de nature primitive ou de nécessité spontanée, de nécessité identique à l'essence même de l'être et par conséquent identique à la liberté. Ainsi vous excluez arbitrairement une idée fort importante, qui sert de base aux systèmes les plus accrédités et qui a ses racines au plus profond de l'esprit humain; car enfin l'idée de la perfection ne saurait être purement négative; l'Esprit absolu implique la Raison absolue, qui ne se conçoit pas sans des lois. L'être parfait est l'être immuable, il est nécessairement ce qu'il est. Faut-il placer au sommet de tout la nécessité de la perfection ou la liberté de choix? On peut hésiter entre ces deux alternatives, mais tout au moins devez-vous tenir compte de la première; elle est tout aussi légitime que l'autre et se conçoit plus aisément. » — Je suis loin, Messieurs, de méconnaître le poids de ces considérations. D'avance j'ai confessé que la Liberté et la Nécessité sont le dilemme suprême. D'avance j'ai dit que si je me prononçais pour la liberté divine, c'est essentiellement afin de rendre raison de la liberté humaine, dont la réalité se fonde, à mes yeux, sur l'autorité du devoir. Il y a entre la preuve métaphysique et la preuve morale une solidarité que je crois inutile de dissimuler; car il faut bien qu'une fois, au sommet, toutes les méthodes se rencontrent. Pour croire que la liberté humaine suppose la liberté divine, il faut considérer la liberté comme la perfection de l'âme humaine, et c'est sans doute parce que la liberté de l'esprit fini me paraît en être la perfection que j'ai cherché la perfection absolue dans la pure essence de la liberté. Ainsi tout reposerait en définitive sur la preuve morale ou sur l'évidence morale. Mais si la volonté morale donne à la pensée son impulsion, celle-ci, mise une fois sur la voie, ne doit plus en appeler qu'à ses propres forces, afin d'apporter aux anticipations du cœur une confirmation sérieuse. Il faut donc chercher à répondre par la raison pure à l'objection qu'on vient de soulever. Eh bien! la difficulté n'est pas insoluble pour la raison bien orientée. La réponse se trouvera dans un examen scrupuleux des conditions du problème :

Il s'agit de concevoir l'être absolu, l'être qui réunit en lui-même toutes les conditions nécessaires pour exister. C'est le commencement de la science; dès lors si la science est possible, l'idée de cet être doit apporter avec elle les preuves de sa vérité.

L'absolu n'est donc pas simplement un être qui puisse être conçu comme existant par lui-même. S'il suffisait de cela, il pourrait y avoir plusieurs conceptions différentes remplissant cette condition, et le choix entre elles serait arbitraire ou dicté par des raisons étrangères à l'intimité du sujet. Ainsi s'explique la diversité des systèmes : elle naît d'une imperfection de la méthode. L'idée de l'absolu est celle d'un être qui non-seulement peut être conçu comme existant par lui-même, mais encore et surtout, qui ne peut pas être conçu autrement. L'idée de l'absolu est donc nécessairement telle que l'expérience ne saurait nous fournir aucune analogie pour l'éclaircir ; elle est, de sa nature, paradoxale, insaisissable. Mais la justesse de la règle que nous venons d'énoncer tout à l'heure ne peut pas être contestée. Et si, l'ayant acceptée, on consent à l'appliquer, on reconnaîtra que la pure liberté répond seule à cette exigence du problème. Nous concevons la substance infinie par l'analogie des substances finies, la vie universelle par celle des êtres organisés, l'esprit libre par le nôtre : en passant du fini à l'infini, du créé à l'incréé, ces idées ne changent pas essentiellement. Si l'on peut concevoir une nature, une loi quelconque comme primitive et absolue, on peut la concevoir également comme donnée et dérivée ; au contraire, compréhensible ou non, l'être qui n'est que liberté, l'être qui se donne à lui-même la liberté, ne peut être que l'absolu.

Que si donc le scepticisme a tort (et le scepticisme sur les vérités suprêmes implique, pensez-y bien, le scepticisme universel), si la raison peut arriver à la vérité sur le principe des choses, et si, après avoir découvert la vérité, elle peut acquérir la certitude qu'elle la possède en effet, il faut chercher cette vérité dans notre formule : Je suis ce que je veux. L'idée qu'elle exprime ne s'applique pas à l'absolu par extension ou par analogie ; elle n'a de sens que relativement à l'absolu.

SEIZIÈME LEÇON.

III. *L'absolue liberté est incompréhensible.* Nous en constatons la place, nous n'en possédons pas l'idée, car nous n'avons pas d'intuition qui lui corresponde. Toute intuition est au fond intuition de nous-même. Les systèmes de philosophie sont d'autant plus clairs que leur idée fondamentale est plus intuitive. Le nôtre a son point de départ au delà de l'intuition.

IV. *La volonté est l'essence universelle.* Les différents ordres de l'être sont les degrés de la volonté. Exister, c'est être voulu. Etre substance, c'est vouloir ; vivre, c'est se vouloir ; être esprit, c'est produire sa propre volonté, vouloir son vouloir.

Messieurs,

Dans notre dernier entretien, j'ai développé avec vous l'idée du principe de l'être et j'ai essayé d'établir *a priori*, par la pure pensée, que ce principe est l'absolue liberté, comme nous avions déjà dû le reconnaître en partant de la liberté humaine.

Je rappelle les traits principaux de notre démonstration, en en modifiant un peu les termes, pour les présenter sous un aspect nouveau.

L'existence en général a nécessairement un principe. Que ce principe existe lui-même indépendamment des choses particulières ou qu'il existe seulement dans les choses particulières, dans le Monde, peu importe ; mais ce qui est certain, c'est qu'il n'a pas la cause de son être hors de lui; sans cela il ne serait pas le principe. Il y a donc un être cause de son propre être et de toute existence. L'idée de cet être doit devenir le principe de la science : de la possibilité de concevoir cette idée dépend la possibilité de la science. Comprendre implique la certitude d'avoir compris. L'idée du principe de l'être doit donc être déterminée de telle sorte qu'elle ne puisse absolument s'appliquer qu'à lui, c'est-à-dire qu'il soit impossible à la pensée de remonter au delà.

La simple idée de substance ou de cause de l'existence ne remplit pas cette condition. L'activité qui produit l'existence pourrait avoir sa cause en dehors d'elle. Il faut qu'elle ait sa cause en elle-même, il faut qu'elle se produise elle-même comme activité, c'est-à-dire qu'elle soit une vie.

Ceci n'est pas encore assez, car la loi de la vie pourrait venir d'ailleurs; pour que l'idée même de cette vie implique en elle qu'il n'en est pas ainsi, il ne suffit pas qu'elle soit l'idée d'une vie, mais l'idée d'une vie qui se donne elle-même ses lois. Ceci n'est plus simplement la vie, c'est l'esprit, c'est la libre volonté.

Enfin l'être pourrait avoir reçu sa liberté; il ne faut pas se contenter de dire qu'étant l'être infini et le principe, il ne l'a pas reçue; il faut que le contraire soit positivement renfermé dans l'idée que nous nous en formons, sans quoi nous n'avons pas cette idée. L'idée de l'être infini n'est donc pas seulement celle d'un esprit libre, mais celle d'un être qui se fait libre, qui se pose lui-même comme libre et qui n'est absolument que ce qu'il se fait. Il est impossible de remonter davantage. La question constamment reproduite jusqu'ici n'aurait plus aucun sens si nous la posions au sujet de l'être libre parce qu'il le veut, et Celui que nous définissons ainsi sans le comprendre ne peut être que l'absolu et le premier.

Les trois premiers degrés de l'être répondent aux différents ordres de réalités finies : la nature inorganique, l'organisme, l'âme humaine. Le quatrième, l'Absolu, échappe à toute analogie et surpasse notre intelligence dont il semble forcer les ressorts ; mais il est naturel, il est convenable qu'il en aille ainsi : lorsqu'il s'agit de l'infini, tout ce que nous pouvons espérer, c'est de voir clairement la raison de notre ignorance. Cette raison ne se trouve point dans la nature de notre esprit, mais dans la nature de l'objet, qui se voile dans sa propre lumière. L'absolu est ce qu'il veut être. Lorsque nous savons ce qui le rend incompréhensible, nous l'avons compris.

Il faut donc l'avouer, Messieurs, toute notre dialectique ne nous donne aucune intuition de l'absolu. Une nécessité logique nous oblige à proclamer que l'Être universel est la liberté absolue, sans que nous sachions en quoi cette liberté consiste. Certains qu'elle doit être, nous ignorons encore comment elle peut être ; car nous ne comprenons réellement comme possibles que les choses dont nous avons l'intuition. Mais, encore une fois, nous n'avions aucune raison de nous flatter que nous arriverions à l'intuition de l'absolu. Nul objet infini ne peut être saisi dans son infinité d'une manière intuitive. Le monde sensible est le seul champ de l'imagination comme de la perception ; le moi dans son existence ou dans la série de ses actes particuliers, est le seul objet de l'intuition proprement dite ; et si nous apercevons son essence immuable, c'est toujours dans les actes particuliers qui la manifestent. Aussi, Messieurs, la lueur d'intuition qui semble nous accompagner dans la discussion de cette matière, ne vient-elle pas de l'absolu en tant qu'absolu, mais de l'absolu se manifestant en nous. Plus simplement, pour ne pas anticiper ni prêter aux malentendus, nous dirons qu'elle vient de nous.

Nous avons l'intuition de nous-même, et cette intuition nous sert à pénétrer la nature intime de l'être dans notre degré. Nous saisissons dans notre esprit ce qu'il y a de commun à tous les esprits, mais l'intuition ne monte pas plus haut et ne descend pas plus bas. Ainsi, des quatre degrés de l'être que la logique nous a permis de distinguer, nous n'en comprenons qu'un seul : le troisième, et cela fort incomplétement. Notre esprit est activité, c'est une activité complexe et réfléchie ; par cette réflexion, qu'on nomme la conscience, nous ramenons à l'unité la pluralité des fonctions. Nous avons le sentiment de ce qu'est un tel esprit, quoiqu'il soit bien difficile d'en parler comme il faut. Mais l'activité simple, monotone, sans réflexion de la simple substance, nous n'en avons point d'intuition, sinon peut-être une très-faible, due à ce que dans certains cas nous pouvons observer en nous-même quelque chose qui lui ressemble.

Par l'effet d'une illusion naturelle, les efforts que nous coûte l'idée de la substance la font paraître très-profonde, très-admirable et très-parfaite. On s'explique par une telle illusion comment de grands philosophes ont cru posséder l'idée de l'absolu dans la définition de la substance, sans s'apercevoir qu'ils mettaient ainsi l'absolu beaucoup au-dessous de notre propre nature.

Les systèmes du panthéisme moderne occupent les degrés intermédiaires entre notre catégorie de la *substance* et notre catégorie de l'*esprit*. Ils se groupent autour de la notion du *but*. L'Idée absolue que Hegel place au sommet de sa philosophie, ne diffère pas essentiellement du *but*, tel que nous l'avons défini. Au fond, le système de Hegel est plus clair, plus intuitif que ceux de ses devanciers, parce qu'il repose sur une idée plus voisine de celle que l'homme réalise et qu'il comprend. Mais s'il est plus clair que le spinosisme, par exemple, il n'est pas encore bien clair, ce système illustre, attendu qu'il se meut encore dans l'abstrait, et qui dit abstrait, dit impossible. Toutes les conditions de l'être ne sont pas encore réunies dans l'absolu de Hegel. Hegel ne s'est pas aperçu ou n'a pas voulu s'apercevoir qu'un but suppose une intelligence qui le conçoit et une volonté qui le pose. L'Idée dont il fait son Dieu produit incessamment les moyens, les milieux de sa propre réalisation. Elle vit dans la Nature et s'accomplit dans l'Histoire. — C'est bien, mais la pensée ne demande pas moins impérieusement à savoir ce qu'elle est en elle-même, avant la nature, avant l'histoire, c'est-à-dire indépendamment de la nature et de l'histoire. — A cette question il faut répondre, ou que l'Idée prise en elle-même n'est rien, ce qui est absurde, ou bien, avec nous, que l'Idée prise en elle-même, l'Idée *en soi* est une véritable idée, c'est-à-dire le produit d'une intelligence réelle, l'acte d'un esprit qui la pense. Ainsi l'Esprit précéderait l'Idée et le panthéisme se transformerait en théisme.

La philosophie devient beaucoup plus compréhensible, beaucoup plus intuitive, elle arrive à la lumière du jour lorsqu'on a poussé l'idée de l'Être jusqu'à pouvoir dire : L'Être est esprit. Cela vient, Messieurs, je le répète, de ce que nous sommes nous-mêmes esprit. Cette philosophie n'est pas seulement plus claire, elle est plus vraie, elle est la vraie. Seulement il ne faut pas oublier qu'il y a deux sortes d'esprit : l'esprit fini et l'esprit infini, l'esprit créé et l'esprit incréé. Je veux dire qu'il y a entre l'esprit créé et l'esprit incréé une différence de degré et de qualité, une différence spécifique, dont il est essentiel de tenir compte, parce qu'elle transforme le fond même de nos conceptions.

Nous sommes esprit — nous sommes libres : ces deux propositions sont identiques ; il est impossible de concevoir un être libre qui ne soit pas un esprit, il est impossible de concevoir un esprit qui ne soit pas libre. L'esprit, nous l'avons dit, et cette définition repose sur l'évidence, l'esprit n'est autre chose qu'un être qui détermine lui-même son activité, l'activité produisant l'activité, la seconde puissance de l'activité, ou de la substance.

La pesanteur, la résistance des corps, l'électricité, le magnétisme, la chaleur, la lumière, sont de simples manifestations de la substance, ou de simples énergies, des actes simples, déploiement d'une puissance simple.

L'irritabilité musculaire, que des physiologistes considérables ont rapprochée de l'électricité, lui ressemble en ceci du moins qu'elle est du même degré, du même ordre ; c'est aussi une simple énergie, un simple effet de la substance. Elle se montre telle dans les convulsions. Mais dans le mouvement volontaire, cette force est déterminée, diri-

gée, réglée, possédée par une autre force que j'appelle esprit. L'esprit est donc une force qui agit sur des forces, une activité dont les effets sont eux-mêmes des activités. L'analyse du mouvement volontaire en fournit la preuve.
— Même redoublement dans la perception. La sensation est une production, une imagination, l'effet d'une activité spontanée, et ce que l'esprit perçoit c'est proprement cette activité. Ainsi la vision est un acte de l'esprit auquel l'acte du nerf optique sert d'objet et de matière.

Voilà pour les rapports de l'âme et du corps, où les deux forces se distinguent assez facilement. Mais dans les phénomènes purement spirituels nous trouvons la même dualité ou plutôt la même réduplication. Nous ne pouvons en exprimer le caractère qu'en disant : L'esprit est la puissance de lui-même. Etre esprit consiste à se posséder soi-même. Tout acte réel de l'esprit ou de l'âme naît du concours de deux forces bien distinctes quoique identiques dans leur principe, et dont l'une se subordonne à l'autre. La première varie, la plus élevée est toujours identique : elle s'appelle la volonté. Ainsi comprendre n'est pas la même chose que vouloir comprendre ; mais il n'y a pas d'intelligence sans attention, c'est-à-dire sans une volonté qui dirige et possède l'intelligence. Aimer est un vouloir, et cependant nous n'aimons pas véritablement toutes les fois que nous voulons aimer. L'amour réel est en nous l'harmonie d'une double volonté : quand nous voulons aimer sans y parvenir, la subordination tentée ne s'effectue pas, à cause de la résistance du principe inférieur, qui dans ce cas est évidemment une volonté, lui aussi, comme il l'est, au fond, dans tous les cas possibles. En somme, nous ne faisons rien, nous ne sommes rien sans la volonté, et ce que nous faisons sans le vouloir ce n'est pas nous qui le faisons. La volonté est donc le caractère éminent de l'esprit, la volonté est la puissance qui régit nos puissances diverses et dont ces puissances sont elles-mêmes les états inférieurs ou les transformations. C'est la volonté qui fait l'unité de notre être, c'est elle qui fait que nos facultés sont réellement les facultés du même être. Vient-elle à défaillir dans un esprit; les facultés de cet esprit ne sont plus des facultés, des instruments qu'il emploie, mais des puissances indépendantes et hostiles, qui le dominent et qui le déchirent. Plus il y a de volonté dans un esprit, plus il est, et plus il est un.

Une puissance qui détermine l'activité, qui la suscite et qui l'engendre, s'appelle volonté; or comme il est impossible de concevoir une volonté qui ne soit pas libre, du moins dans son principe, nous sommes contraints d'avouer à la fois que la volonté est la racine, l'unité, la substance de l'esprit, et que tout esprit est libre parce qu'il est esprit.

Nous savons tout cela, grâce à la connaissance que nous avons de nous-mêmes. Du moment où nous avons reconnu, sur la foi d'une démonstration méthodique, que l'Être absolu doit être comme nous une activité source d'activité, ou un esprit, nous sommes autorisés à lui appliquer ces données de l'intuition. La notion intuitive de l'absolu ne peut être qu'anthropomorphique, du moins s'il s'agit de l'intuition de la seule intelligence; mais cet anthropomorphisme inévitable est, jusqu'à un certain point, légitime. Il est entièrement dans son droit vis-à-vis des principes panthéistes que nous avons trouvés sur notre chemin; il les domine et, partant, les réfute. Au reste, Messieurs, on aurait mauvaise grâce à se montrer trop sévère envers l'anthropomorphisme, lorsque l'on croit avec le christianisme que l'homme est l'image de Dieu, ou seulement lorsque, avec les métaphysiciens, on estime que l'homme peut connaître Dieu. « Tu es pareil à l'esprit que tu comprends[1], » dit le spirituel compagnon du docteur Faust, qui nous pardonnera cette citation. Le rusé démon parle ici comme l'École, où l'on répète depuis quelques mille ans, que l'intelligence repose sur l'identité de ce qui connaît et de ce qui est connu.—Cette sentence est vraie, à peu près comme toutes les sentences, à condition de la bien entendre.

On arrive, dit encore l'École, à la conception de l'infini en affranchissant de leurs limites les qualités positives du fini.

Eh bien, l'idée de l'esprit que nous obtenons en nous considérant nous-même, est pleine de restrictions qui la contredisent et qui ne sauraient se concilier avec le caractère de l'Être absolu. Nous produisons notre propre activité, nous faisons jaillir la source des actes qui composent notre existence, nous sommes cause de cette existence, nous sommes cause de ses causes et nous en déterminons la loi, c'est pourquoi nous sommes véritablement libres, de vrais esprits, des créateurs. En effet nous donnons naissance à nos sentiments, à nos passions, à nos convictions, et, féconds à leur tour, ces sentiments, ces passions, ces convictions produisent nos actes particuliers. La véritable création est la production de forces vivantes.

---

[1] *Du gleichst dem Geist den du begreifst.*

Mais si l'on peut affirmer avec raison que nous produisons ces forces, on peut dire avec non moins de vérité que nous ne les produisons point, car nous en trouvons en nous les germes préexistants à toute action de notre part. Qu'est-ce qu'un germe? Messieurs, c'est un être en puissance, c'est une puissance. Nous nous faisons donc nous-mêmes ce que nous sommes, nous nous rendons nous-mêmes capables de produire ce que nous produisons, dans ce sens que par notre liberté nous accordons ou refusons, en un mot, que nous mesurons l'essor, le développement ou l'*existence* à ces puissances préexistantes et par là même inexpliquées. Nous laissons nos facultés en friche, dans le non-être, ou bien nous les déployons, nous les réalisons, nous leur donnons l'être. — Mais leur être dans le non-être ou dans la puissance, nous ne le produisons pas nous-mêmes, il faut bien l'avouer, et notre liberté se trouve primitivement déterminée, limitée par le nombre et par la nature de ces puissances qui ne viennent pas de nous-mêmes.

Ainsi nous sommes les auteurs de nous-mêmes dans un sens borné; nous sommes libres, sans être complétement libres. Tel est notre esprit. Tel est le seul esprit dont nous ayons l'intuition. Une philosophie qui prétend à l'intuition de son premier principe ne peut guère s'élever au-dessus de cette catégorie.

La nouvelle philosophie de M. de Schelling, qui tire sa substance de l'intuition psychologique, comme je crois vous l'avoir dit, s'est arrêtée à ce degré. Sous l'apparence de l'abstraction, c'est un véritable anthropomorphisme spéculatif. Dieu est libre, selon ce système, dans des conditions qui résultent de la nature de ses puissances. Il crée par le moyen de ses puissances ; mais, quoi qu'en dise M. de Schelling, qui voudrait sans y réussir, parce que le problème est insoluble même aux efforts du plus beau génie, concilier l'absolu logique et l'intimité de l'intuition, Dieu ne crée pas ses puissances. Seulement il est libre, précisément comme nous, de les réaliser ou de ne pas les réaliser, libre d'en faire les puissances créatrices du Monde ou de les laisser dormir dans son sein.

L'esprit fini tel qu'il est connu par l'expérience, l'esprit absolu tel que le conçoivent M. de Schelling et toute philosophie anthropomorphique, se rend donc lui-même créateur d'une manière déterminée par sa nature préexistante ; la liberté créatrice rentre elle-même dans cette nature. Nous pouvons avoir l'intuition de cet esprit là, parce que nous sommes esprit dans ce sens là. Mais l'esprit conçu de cette manière ne renferme pas toutes les conditions requises pour qu'il soit par lui-même ; du moins n'est-il pas tellement défini qu'il ne puisse être que par lui-même ; seul critère de nos résultats. La nécessité logique, la fidélité à la raison, si vous aimez mieux que je dise ainsi, nous pousse donc au delà de cette idée, dussions-nous abandonner l'intuition. Nous ne marchons plus, nous nageons, nous nageons dans la nuit, mais le courant nous guide et nous amènera.

Du moment où l'on parle d'une nature préexistante, de puissances préexistantes, de facultés créatrices préexistantes et même d'une liberté préexistante, nous devons nous demander d'où viennent ces puissances, d'où vient cette liberté. Et si l'on a le droit de décliner la réponse en disant : elles sont ; c'est un fait ; il faut bien commencer par un commencement, il faut bien reconnaître un premier être, une première réalité déterminée qui n'a point de cause, alors tout le mal que nous nous sommes donné était bien inutile. Pourquoi chercher la cause des existences particulières et l'unité du multiple? Les choses sont, et voilà tout. Pourquoi la matière ne serait-elle pas l'absolu? Pourquoi ne sommes-nous pas matérialistes et fétichistes? Pourquoi remontons-nous à ce principe d'activité que nous appelons substance? Pourquoi passons-nous de la substance, qui est l'activité naturellement fixée, déterminée de fait, à la vie, qui est l'activité déterminée par sa fin et se produisant elle-même en vue de cette fin? pourquoi du but se réalisant dans la vie tel qu'il est donné, à l'esprit qui pose librement les buts? Du moment où la fatigue est une raison de s'arrêter, il ne faut pas se mettre en route. Répétons-le, Messieurs : la loi de l'esprit qui nous fait chercher la cause des choses n'est satisfaite que par la conception d'une réalité dont il soit impossible de demander la cause. L'Être absolu est celui qui ne peut être qu'absolu. Il se donne à lui-même sa nature, ses puissances et sa liberté. Il n'est pas esprit, il se fait esprit. Sa volonté n'est pas, comme la nôtre, un élément de sa nature qui se meut dans des conditions qu'elle n'a point tracées. Ce n'est pas *une* volonté, c'est *la* volonté, la volonté pure, inconditionnelle, qui se donne à elle-même ses conditions. Ici, Messieurs, oui! nous perdons pied, l'intuition nous abandonne, et si, pour savoir, il faut l'intuition, comme je l'accorde, nous ne savons pas ce qu'est la pure volonté, mais ce que nous savons, et ce qu'on ne saurait trop répéter, c'est qu'il n'est pas raisonnable de prétendre atteindre à l'intuition de l'absolu. Si nous trouvons Dieu par l'intuition, ce n'est pas Dieu comme absolu, mais Dieu révélé, Dieu tel qu'il veut se révéler à nous.

Pour le moment, nous renonçons donc à l'intuition, et c'est les yeux bandés, sans le comprendre, parce qu'il le faut, que, sur la foi de la logique, nous prononçons : L'Être existant de lui-même est pure volonté.

Nous sommes arrivés à ce résultat en partant de la notion abstraite de l'être en général, telle qu'elle se trouve chez tout le monde; nous avons nommé les degrés de l'être à mesure que nous les rencontrions, conduits par la nécessité de la pensée qui nous oblige à chercher la cause de tout ce qui est susceptible d'en avoir une. Nous n'avons prononcé le mot de volonté qu'assez tard, alors seulement que l'idée qu'il exprime était venue d'elle-même prendre sa place dans notre esprit.

La conclusion de ce travail purement analytique sur la plus universelle des idées, a nécessairement une portée universelle. Elle éclaire d'un jour nouveau tout le chemin que nous avons parcouru.

Si l'essence de l'Être existant par lui-même est la libre volonté, il est manifeste que la volonté est le principe de tout être, ou l'unique substance; ces deux propositions sont trop étroitement liées pour qu'une démonstration semble ici nécessaire. Nier leur solidarité serait prétendre qu'un être qui a son principe hors de lui peut le trouver ailleurs que dans l'Être existant par lui-même, ce qui ne saurait se penser. Peut-être ceci sera-t-il soupçonné de panthéisme? — On se tromperait. La question du panthéisme n'est point là. Nous la trouverons en son lieu et nous ferons voir aisément, s'il en est besoin, qu'un système reposant sur l'absolue liberté divine est l'antipode du panthéisme. Mais l'accusation fût-elle fondée, encore vaudrait-il mieux être panthéiste que de méconnaître une chose évidente. Nous l'énonçons donc en termes exprès : L'Être parfait étant la volonté parfaite, tout être est volonté dans son essence ; les degrés de l'être sont les degrés de la volonté. Exister, c'est être voulu. Être substance, c'est vouloir ; vivre, c'est se vouloir ; être libre, c'est vouloir son vouloir, se faire vouloir. Ces définitions vous font sans doute un effet étrange ; cependant, Messieurs, elles vous paraîtront bientôt naturelles ; elles vous paraîtront évidentes si vous consentez à vous placer dans mon point de vue, c'est-à-dire à considérer les choses non du dehors, mais du dedans, telles qu'on peut supposer qu'elles sont en elles-mêmes et non pas seulement dans l'effet qu'elles produisent sur nous. Permettez-moi de défendre mes assertions en quelques mots, et de reprendre ainsi, une dernière fois, l'enchaînement des idées ontologiques sur lesquelles je m'appuie. Dieu merci! cette ontologie commence à sortir de l'abstraction.

Il semble ridicule, j'en conviens de bonne grâce, de prétendre que les mots : « cette pierre existe, » soient synonymes de ceux-ci : « Cette pierre est voulue. » Cela est ridicule parce qu'effectivement cela n'est pas vrai. Mais dans le discours ordinaire, que signifie donc : cette pierre existe? — Cela signifie : cette pierre frappe mes sens, c'est-à-dire, en dernière analyse : je suis modifié de telle ou telle façon. C'est un jugement dont, au point de vue de la raison, le sujet véritable est moi, non la pierre. Mais pour la pierre elle-même, que signifie l'affirmation qu'elle existe, sinon qu'elle est produite, qu'elle est posée? et si l'on veut donner à ces mots un sens intelligible, il faut bien ajouter : qu'elle est voulue. — Repousser cette proposition, c'est confesser que l'affirmation de l'existence est une affirmation vide relativement à son objet ; c'est ouvrir la porte à l'idéalisme d'un côté, de l'autre à la négation de la science.

Exister est donc être voulu, et produire l'existence, être cause de l'existence, c'est vouloir.

Ici encore il faut s'entendre : il est clair que les causes sensibles ne sont pas des volontés. La chaleur et l'humidité ne font pas pousser les plantes par le fait de leur volonté. Mais les causes sensibles ne sont pas des causes pour la raison ; les causes sensibles ne sont que des effets intermédiaires entre l'effet dont on s'occupe et l'action de la vraie cause. Une cause véritable l'est en elle-même, par sa nature, et non par accident ; c'est donc une force réelle qui produit certains effets par une action ou par un mouvement dont le principe est en elle-même : définition qui revient entièrement à celle de la substance. Il s'agit donc de savoir ce que c'est que produire un effet de soi-même, en se plaçant au point de vue de la force ou du sujet qui le produit. — Nous répondons : C'est vouloir. La force veut son effet ou elle ne le produit pas d'elle-même. Vouloir suppose toujours la possibilité métaphysique de ne pas vouloir, mais non la possibilité de fait. En fait ce vouloir, qui constitue la substance, peut être un vouloir nécessaire, c'est-à-dire un vouloir déterminé, un vouloir fixé, un vouloir posé, un vouloir voulu. Il est voulu tel qu'il est, ou tel qu'il veut, et par conséquent il ne peut pas vouloir autrement.

L'expérience de la vie nous offre des exemples très-propres à faire comprendre comment une activité libre à son origine, peut devenir nécessaire. Ainsi nos passions sont des directions déterminées de la volonté, des volontés durcies, immobilisées, s'il est permis d'employer ce langage; elles produisent des effets qui ont toujours le même caractère; arrivées à un certain degré, elles deviennent des puissances fatales comme les puissances de la nature; ce sont des volontés qui, par le fait, ne peuvent pas vouloir autrement qu'elles ne veulent. Soustraites à l'empire de la liberté, elles se dérobent également au regard de la conscience qui les pénétrait dans le principe. En se roidissant, elles deviennent opaques; l'un des changements est inséparable de l'autre. Mais les passions qui nous offrent de tels traits n'ont pas leur origine en elles-mêmes; primitivement elles procèdent de notre liberté, qui s'est déterminée dans ce sens : elles sont une transformation, une aliénation de notre liberté; et pourtant la liberté ne se perd pas tout entière dans les passions; elle se maintient avec plus ou moins de succès dans sa fluidité vis-à-vis de ces volontés fixées auxquelles elle a donné naissance. Ainsi, même au sein d'une individualité finie, le multiple sort de l'unité; l'inconscient, du conscient; la nature, de l'esprit; la nécessité, de la liberté. Les volontés particulières se séparent de leur tige, elles acquièrent une sorte d'individualité distincte, et l'âme devient le théâtre d'une lutte qui finit, quand la passion se change en folie, par déchirer la conscience et briser la personnalité. La passion, force fatale et aveugle, est donc un vouloir issu de la liberté, que la liberté possédait dans l'origine et qu'elle ne possède plus. C'est une volonté abandonnée, sortie d'elle-même et qui ne peut plus y rentrer.

L'observation de ces faits ouvre quelque jour sur deux grands problèmes : celui de savoir ce que sont dans leur principe les forces de la nature, et celui de la pluralité des êtres en général. Mais l'abus de l'analogie aurait ici de grands dangers. Pour y parer il faut observer que, dans l'être fini, dans l'esprit créé, les développements dont nous parlons ici sont irréguliers, maladifs[1], précisément parce qu'il est créé, constitué dans son unité par un acte supérieur à lui, tandis que l'absolu se donne son unité à lui-même et ne saurait la compromettre en distinguant de lui les degrés inférieurs de l'être.

Nous pouvons donc concevoir la simple substance comme une volonté particulière, primitivement déterminée dans sa direction par l'esprit, mais qui, s'étant détachée de sa source, a perdu toute liberté par le fait même de son émancipation. L'esprit, en revanche, est la volonté concentrée sur elle-même, se réalisant sans cesser d'être puissance, parce qu'elle se réalise dans les volontés multiples qu'elle relie et qu'elle possède. Ces volontés multiples, déterminées, et néanmoins déterminables, distinctes, mais non séparées de l'unité du moi, sont les facultés, les puissances de l'esprit. La réduplication par laquelle l'unité permanente se distingue de ses actes et de ses états successifs, s'appelle l'intelligence ou la conscience. Toute intelligence est conscience, et toute conscience, réflexion. Ainsi l'esprit est intelligence parce qu'il est libre, c'est-à-dire parce qu'il se

[1] La maladie corporelle est aussi une tentative d'une puissance ou d'une fonction particulière pour se constituer en organisme indépendant et pour se créer un corps au dépens du corps dans lequel elle s'engendre. Toute dynamique au début, elle se matérialise de plus en plus.

possède lui-même. Ce n'est que dans ce degré supérieur que la volonté mérite proprement son nom, parce qu'alors seulement elle devient pénétrable à la conscience qu'elle produit. Si nous avons désigné les simples forces par le même terme, c'est pour marquer l'identité de leur origine et de leur essence. Où les espèces sont des degrés, la meilleure donne son nom au genre.

La volonté spirituelle, la volonté vraie est donc celle qui produit et possède la volonté ; mais l'esprit fini est à son tour produit et pénétré par une volonté suprême, dont il doit être la matière, comme l'organisme vivant lui sert de matière à lui-même. C'est l'Être absolu, qui comprend en lui tout être et toutes les puissances de l'être.

Tout se résout donc en volonté. C'est la gloire de M. de Schelling d'avoir proclamé cette vérité féconde. Il a concilié par là les prétentions du réalisme et de l'idéalisme, il a jeté les bases du spiritualisme véritable, dont l'idéalisme n'a que l'apparence.

Incontestablement, Messieurs, il y a quelque chose de sérieux dans l'identité de la pensée et de l'être, qu'on a si souvent et si bruyamment proclamée. Le fait d'une connaissance quelconque implique nécessairement une telle identité, sauf à savoir comment il faut l'entendre. Mais on ne concilie jamais les deux termes d'une opposition sans subordonner plus ou moins l'un à l'autre. Ainsi fait l'idéalisme : pour lui, l'élément principal est la pensée ; le réel est à ses yeux une forme de l'idéal ; le fond des choses est pensée. Cela ne saurait être vrai, car il est impossible que la pensée soit quelque chose par elle-même. La conscience, la réflexion, la pensée sont nécessairement quelque chose de dérivé, d'accessoire, l'accident ou la forme de l'être, non pas le fond. En effet toute idée est l'idée de quelque chose ; il y a dans la pensée un dualisme inévitable : la pensée et son objet. Dans la conscience du moi nous apercevons manifestement l'identité de la pensée et de l'objet, aussi devons-nous ramener toute connaissance à la conscience du moi. Dans la théorie de la connaissance, tout ce que nous appelons des réalités sont les modifications du moi pensé, comme toutes les idées sont des modifications du moi pensant. Mais l'identité du moi n'efface pas la distinction. Le moi qui pense n'est pas le moi pensé, et le plus intime, le plus profond des deux n'est évidemment pas le premier, c'est le second, car la réflexion n'épuise jamais la richesse de l'être. Nous ne nous connaissons nous-mêmes que très-superficiellement et très-mal.

Maintenant, si l'on appelle *intelligence* le moi qui pense ou le côté du moi qui pense, comment nommerons-nous la face réfléchie, le moi pensé? C'est la conscience elle-même qui nous commande de l'appeler *volonté*. Nous sentir vivre, c'est nous sentir vouloir. Et la logique est ici d'accord avec l'expérience. L'acte primitif par lequel l'Être se pose lui-même ne peut pas être une réflexion : c'est nécessairement une énergie pure et directe, un vouloir. Descartes en avait le sentiment lorsqu'il faisait de l'affirmation et de la négation des actes de la volonté. Cette théorie psychologique ne peut pas être approuvée sans restriction, mais, comme la plupart des théories incomplètes du cartésianisme, elle part d'une idée juste et profonde ; l'affirmation constante et fondamentale, l'affirmation par excellence qui constitue le moi est la volonté. Ainsi l'intelligence est la forme du moi, dont la pure énergie de la volonté est le fond. — Dès lors, s'il est vrai que les principes de la science doivent être puisés dans la conscience du moi, ce qui est un lieu commun de philosophie, il faut dire aussi que la volonté est le fond de l'être en général.

DIX-SEPTIÈME LEÇON.

V. *L'essence de l'absolu est insondable.* Il est ce qu'il veut. La question de son essence *a priori* est épuisée par l'idée d'absolue liberté.

VI. Cependant *les attributs métaphysiques de Dieu, tels que la toute présence, la toute science, la toute puissance, sont tous compris dans l'idée d'absolue liberté et ne reçoivent qu'en elle leur véritable caractère. Il en est de même des attributs moraux considérés comme appartenant à l'essence divine.*

VII. *Chaque acte de volonté de l'être absolument libre doit être conçu comme infini, et comme constituant par lui-même un absolu.* Preuve : Toutes les limites qu'on pourrait supposer à un tel acte étant comprises et voulues avec lui, tomberaient dans l'acte lui-même.

VIII. *La question de savoir si l'absolu se manifeste effectivement ne peut être résolue que par l'expérience.* On ne saurait passer, par la logique seule, de l'idée d'absolue liberté à celle d'une manifestation quelconque. La liberté est incalculable.

Messieurs,

Nos recherches nous ont conduits à un résultat que l'on ne saurait trop méditer. Nous avons trouvé que l'Être est au fond volonté, et que la perfection de l'Être est la perfection de la volonté, la liberté absolue.

Cette idée paraît d'abord tout à fait négative. Nous ne savon spas ce que c'est que l'absolue liberté, non-seulement parce que nous ne sommes pas faits de manière à en obtenir l'intuition, mais plutôt parce que l'absolue liberté exclut toute intuition. Elle est ce qu'elle veut, elle n'est que ce qu'elle veut; il est impossible à quelque intelligence que ce soit d'en savoir davantage *a priori.* Dire que l'Être absolu est pure liberté, c'est à la fois indiquer son essence et marquer l'impossibilité de la connaître. A vrai dire, la liberté est la négation de toute essence. Nous ne pouvons donc pas apprendre ce qu'est l'absolu en lui-même, indépendamment des déterminations qu'il se donne; nous ne pouvons pas l'apprendre, dis-je, parce que dès l'entrée nous le savons : l'absolu est ce qu'il veut être. Voilà tout. Il n'y a plus rien à demander, plus rien à chercher lorsqu'on sait tout. L'absolu est liberté, il est ce qu'il se fait, il n'est rien que ce qu'il se fait. Proprement la notion de l'absolu n'est pas une idée, ce n'est pas une connaissance, c'est une limite, l'extrême limite de nos pensées. Nous allons jusqu'à la liberté absolue, nous pouvons l'atteindre, non l'embrasser.

Cependant, Messieurs, si l'on peut dire avec raison que la liberté est tout ce qu'il y a de plus négatif et de plus indéterminé, puisque c'est la négation de toute détermination; si ce point de vue domine même absolument la science dont il fixe la valeur, comme nous l'expliquerons; il n'est pas moins vrai, quoique d'une vérité peut-être inférieure à la précédente, que la liberté, envisagée autrement, se présente comme la conception la plus déterminée, la plus positive et la plus concrète.

Examinons-la sous cet angle, essayons d'ouvrir cette idée de la liberté absolue et de mettre au jour quelques-unes des richesses qu'elle renferme.

Nous sommes arrivés à la liberté par une méthode *a priori*, en partant de l'idée d'être; mais, à le bien prendre, l'idée d'être elle-même n'est pas *a priori;* il n'y a point d'idées *a priori*. C'est l'expérience qui nous fournit primitivement l'idée de l'être et de tous ses attributs. L'expérience nous donne les attributs de l'être limités par leur contraire. Il appartient à la raison de les dégager de cette limite pour les concevoir dans leur infinité, c'est-à-dire dans leur vérité. Ainsi notre première idée de la liberté vient de la connaissance que nous avons de nous-mêmes. La raison nous obligeant à concevoir l'Être existant de lui-même comme libre, nous lui appliquons l'idée de notre liberté; mais nous savons que notre liberté est bornée, tandis que la sienne ne l'est pas; nous l'appelons donc liberté absolue, et par ce mot nous nous imposons la tâche d'affranchir l'idée de liberté des restrictions sous lesquelles nous la possédons d'abord, afin de comprendre véritablement ce que c'est que la liberté absolue.

Les formes de l'existence finie, le temps et l'espace, sont les limites immuables, et pourtant élastiques, de notre liberté. Nous ne sommes qu'en un lieu à la fois; pour accomplir les desseins que nous formons, il faudrait en occuper plusieurs; or l'impossibilité de l'exécution empêche jusqu'à un certain point le vouloir lui-même; on ne veut pas ce qu'on sait être absolument impossible. Le présent s'envole incessamment, le présent n'est rien, et le présent seul est à nous. Nous ne pouvons rien changer au passé; nous ne pouvons rien faire dans l'avenir; la vie nous est mesurée goutte à goutte. Quand nous avons acquis la prudence de l'âge mûr, nous avons perdu l'énergie de la jeunesse et la grâce de l'adolescence. Nous ne sommes jamais simultanément, une bonne fois, tout ce que nous sommes.

Cependant, Messieurs, l'esprit, libre par son essence, se fatigue à reculer les limites de l'espace et du temps; il les recule imperceptiblement, mais il ne peut s'en affranchir. Il lutte contre l'espace idéalement par la vue, par l'imagination, par le calcul ; réellement par la vitesse, c'est-à-dire par le temps. Il lutte contre le temps par la mémoire et par la prévision. Si le fond de l'être est Volonté, le fond de l'intelligence est Mémoire.

Tout acte de la pensée est une synthèse, et la synthèse fondamentale, qui se retrouve dans toutes les autres et qui les rend possibles, c'est l'acte élémentaire de mémoire, synthèse immédiate du temps. Maintenir dans le présent l'instant écoulé, saisir déjà comme présent celui qui n'est point encore, telle est la première affaire de l'esprit. Si nous n'avions pas cette faculté, si tout ce qui est passé dans le sens abstrait du mot passé, était passé véritablement, passé pour l'âme ; si l'avenir, lui aussi, ne cédait une parcelle au présent, notre vie n'aurait aucune largeur, aucune profondeur, aucun contenu. Heureusement il n'en est pas ainsi. Vous connaissez ces cercles lumineux que les enfants tracent dans l'air en faisant mouvoir rapidement un charbon allumé. L'impression reçue par chaque point de la rétine met plus de temps à s'effacer que le charbon à parcourir le cercle entier dans l'espace. Ainsi le charbon, quoiqu'il n'occupe qu'une place à la fois, produit cependant une impression simultanée sur plusieurs points de la rétine et nous laisse l'image d'une ligne continue. Quelque chose de pareil se passe dans tous les actes de la vie spirituelle. L'âme arrive ainsi à posséder plusieurs choses à la fois, le successif devient simultané, l'instant n'est plus un point, mais une sphère où il y a place pour quelque chose ; le présent n'est pas une abstraction, il est réel, et c'est l'esprit qui le crée, faisant ainsi sa tâche d'esprit[1]. C'est l'essence de l'esprit de vaincre le temps, je dirais, si je ne craignais votre gravité, de tuer le temps, et si l'esprit n'y réussissait pas jusqu'à un certain point, il ne serait pas esprit, il ne serait pas libre, car il ne ferait rien et ne serait rien.

Mais l'esprit que nous connaissons n'est pas l'esprit véritable, dans la plénitude de sa réalité, c'est-à-dire de sa liberté. Si l'esprit réalisait son idéal, rien ne passerait, rien ne mourrait pour lui. Pour un tel esprit il n'y aurait pas de succession, dans ce sens du moins que la succession n'amènerait en lui aucune perte. Tout serait présent pour lui, parce que tout lui serait présent. C'est ainsi qu'il manifesterait sa liberté vis-à-vis du temps comme vis-à-vis de l'espace.

L'idée d'absolue liberté conduit plus loin encore, plus loin que notre intelligence ne saurait aller. L'absolue liberté ne triomphe pas du temps et de l'espace, car le temps et l'espace, conditions métaphysiques de l'existence finie, trame et chaîne du monde où nous vivons, ne sont ni son milieu, ni son point de départ. L'absolue liberté ne les a pas devant elle; le temps et l'espace n'existent pas indépendamment de Dieu; ils sont parce que Dieu les veut, tels qu'il les veut, autant qu'il les veut; il en dispose absolument, il les produit et les mesure, mais il n'est point limité par eux.

[1] Dans chacun des instants successifs de la vie réelle, une succession est ramenée à la simultanéité, comme la mélodie se compose de notes dont chacune est déterminée par la durée de ses vibrations. Il y a succession abrégée dans les éléments de la succession réelle. L'instant abstrait est un atome, c'est-à-dire rien; l'instant réel, une molécule, c'est-à-dire un infini.

Liberté, parfaite liberté vis-à-vis du temps et de l'espace, telle est l'idée positive contenue dans les attributs de la Toute-présence et sans doute aussi de la Toute-science, car le réel et l'idéal se pénètrent dans le véritable absolu mieux que dans l'absolu des panthéistes. Dieu est présent par la pensée et par la volonté qui forme son être ; il est présent partout, mais non pas partout au même titre ; il est présent où il veut, et il se retire d'où il veut. Ce qu'il y a de plus grand, ce n'est pas l'illimité qui est nécessairement illimité, c'est Celui qui, naturellement sans limites, est capable toutefois de s'imposer des limites à lui-même, c'est la puissance égale du fini et de l'infini. Il est infini s'il le veut, et fini s'il le veut ; c'est alors peut-être que son infinitude éclatera plus magnifique.

Ces considérations nous ouvrent des jours sur la Création, laquelle implique la réalité distincte de la créature, c'est-à-dire quelque chose que Dieu ne soit pas. Nous apercevons déjà le moyen d'expliquer la liberté humaine et de la concilier soit avec la Toute-puissance, soit avec la Toute-science de Dieu ; mais il ne faut pas nous hâter de courir aux explications, nous risquerions d'en compromettre l'exactitude.

Il n'est pas besoin d'un nouveau travail d'analyse pour faire voir que la liberté implique l'intelligence, ou que l'être libre se rend compte de ce qu'il veut ; la chose est assez évidente par elle-même ; il importe plutôt d'établir nettement, s'il se peut, en quoi consiste la perfection de l'intelligence ou la Toute-science.

L'idée de l'absolu appliquée aux rapports du temps et de la pensée (ces deux grands adversaires) semble nous conduire d'abord à la complète simultanéité. L'idéal et le réel se confondent comme la sphère et le point, comme le *maximum* et le *minimum* : tous les rayons de l'être se réunissent en un seul foyer ; le passé et l'avenir ne se distinguent point, car tout est présent à l'œil divin, tout est absolument concentré dans cette unité idéale de toutes choses, et cette unité idéale de toutes choses est leur véritable réalité. La succession n'est donc qu'une apparence, tout est simultanément réel, et si tout est simultanément réel, il faut ajouter : tout est nécessaire ; car il n'y a pas de différence appréciable entre ces deux idées. La Toute-science, prise abstraitement, nous ramène donc au spinosisme et au delà du spinosisme, à la négation du changement, à la complète immobilité. Ces conséquences s'imposent à la pensée et l'accablent.

Il n'y a qu'un moyen de leur échapper : c'est de ne pas isoler l'idée de l'intelligence, mais de la mettre à sa place dans l'ensemble, de l'envisager comme un corollaire, disons mieux, comme un aspect de la liberté. De cette manière, sans doute, nous n'arriverons pas à résoudre *a priori* les questions suprêmes, mais du moins nous laisserons le champ libre aux solutions et nous ne créerons pas d'avance un obstacle insurmontable à l'intelligence de l'univers. Nous pourrons admettre des distinctions dans la science divine ; nous comprendrons qu'elle devienne prescience, s'il plaît à Dieu d'entrer en rapport avec la succession qu'il établit ; nous comprendrons même que cette prescience puisse ne pas s'étendre à tout, s'il plaît à Dieu, pour l'accomplissement de quelque dessein, de ménager une sphère où son regard ne plonge pas. Il n'est pas plus difficile d'admettre quelque chose que Dieu ne sache pas que d'admettre quelque chose qu'il ne fasse pas ; car s'il pénètre tout par son intelligence, il doit également tout pénétrer par sa force et par sa volonté. Naturellement, il en serait bien ainsi ; mais Dieu est surnaturel, et ce serait le borner que de l'obliger à être sans bornes. En un mot, si la liberté et la nécessité sont la grande antithèse dont il est impossible de neutraliser les termes, par sa propre dignité, la liberté domine et l'emporte. La Toute-puissance, la Toute-science semblent conduire directement à la nécessité, mais elles se retrouvent dans la liberté sous une forme inattendue et supérieure à toutes les prévisions.

La Toute-science est donc la parfaite intelligence de ce que l'absolu veut être et de ce qu'il veut produire, dans les conditions posées par cette volonté. Le réel et le possible ne sont point nécessaires pour elle, mais elle conçoit le réel comme réel et le possible comme possible. L'infinité des possibilités diverses qui se présentent à la pensée de Dieu et qui n'attendent que son vouloir pour être, ne s'excluent point les unes les autres. Le choix, forme nécessaire de notre liberté, n'est donc pas la forme nécessaire de la liberté absolue; Dieu choisit peut-être, mais s'il choisit, c'est qu'il le veut. Dieu n'est jamais dans l'alternative de faire ceci ou cela, il peut toujours, à son gré, faire tous les deux. Pour nous, à la rigueur, nous ne pouvons faire qu'une chose à la fois, et si nous nous proposons simultanément plusieurs buts, l'un nous fait négliger les autres ou nous n'en atteignons aucun. Il n'en va pas ainsi de Dieu : pour lui la réalisation d'un dessein ne saurait être un obstacle à la réalisation d'un autre ; car tout est possible, même les contraires, à l'absolue liberté.

Les contraires! il semble que ce soit la barrière immuable qui nous oblige à rétrograder en abandonnant l'idée que nous avons poursuivie jusqu'ici. La liberté ne peut pas aller jusqu'à faire qu'une chose soit et ne soit pas en même temps; elle est donc assujettie à une loi, savoir à la loi de la raison. Il y a ici une objection en apparence insurmontable. Cependant, Messieurs, ce n'est qu'une apparence ; une réflexion attentive la dissipera. La liberté absolue n'est pas soumise à la raison, elle est le principe de la raison. Dieu est l'auteur de notre raison ; c'est nous, et non pas lui, qui sommes soumis à l'empire de la raison ; mais si nous ne pouvons pas nous soustraire à ses lois, nous pouvons les assouplir et les étendre tellement qu'elles n'apportent aucune restriction réelle à la manière dont nous concevons l'absolu. C'est ainsi qu'il faut en user pour leur être fidèle.

Nous ne concevons pas sans doute que Dieu veuille et ne veuille pas la même chose par le même acte et sous le même point de vue. Une telle volonté se neutraliserait et se détruirait elle-même. Lorsque nous reconnaissons que Dieu a voulu quelque chose, nous avons donc le droit d'affirmer comme vrai tout ce qui est compris dans l'idée de cette volonté. Nous pouvons constater par la pure analyse, par la nécessité de la pensée, ce qu'un tel acte renferme, et admettre sur la foi de cette nécessité ce que l'analyse nous fait découvrir en lui. Il y a donc toujours une nécessité, mais une nécessité qui procède de la liberté et qui en relève. Cette nécessité n'est que la réalité, le sérieux de notre affirmation. C'est la nécessité *pour nous* de penser ce que nous pensons ; ce n'est point une nécessité pour Dieu, ce n'est point une loi imposée à Dieu. En effet si nous ne concevons pas la coexistence des contraires dans l'abstrait, nous la concevons fort bien dans le concret, tellement que le concret n'existe que par les contraires. Dire que Dieu peut vouloir les contraires par sa liberté, c'est donc tout simplement dire que sa volonté est concrète.

Il est important, Messieurs, de se rendre bien compte de la distinction précédente et de ne pas confondre la contradiction dans les propositions avec la contradiction dans les choses. Dans le langage, dans l'abstraction, la contradiction est inadmissible, car les deux termes contradictoires s'annulent réciproquement. Mais dans le réel rien n'empêche que les contraires ne se développent, soit dans des sujets différents, soit dans le même sujet. Ainsi la beauté exclut la laideur dans la pensée, et il est impossible que le beau soit laid; mais il n'est pas impossible que le même être soit à la fois beau et laid, beau à certains égards, par certains traits, laid par d'autres. Dans le fini les contraires ne s'excluent point les uns les autres, ils s'appellent. Le fini n'est fini que par la présence des contraires, par le mélange de l'être et du non-être, du *même* et de l'*autre*, comme dit Platon. Le fini est une moyenne proportionnelle entre l'Être et le néant. Il est, si vous le comparez au néant; il n'est pas, si vous le mettez en regard de l'Être. La contradiction logique n'implique donc pas impossibilité réelle, car tout ce que nous connaissons repose sur la contradiction logique. Le monde est et n'est pas. Cette vérité générale est susceptible d'un développement infini; on peut dire de toutes les qualités des êtres multiples qu'elles sont et ne sont pas; elles sont, mais limitées par leur contraire. Ainsi les contraires se limitent sans s'exclure au sein du fini, et par cette limitation le constituent. La jeunesse est le contraire de la vieillesse, le sourire est le contraire des pleurs ; cependant l'*homme* unit en lui le jeune homme et le vieillard, et il y a des pleurs dans tous nos sourires. Un caractère n'est vraiment individuel que par la présence de qualités qui logiquement s'excluent. Dans l'être fini le temps et l'espace forment le milieu qui permet la réalisation des contraires. La vie est une succession d'états opposés dont le germe, placé en nous dès l'origine, forme la substance de notre être. Les contraires s'excluent en acte, non pas en puissance ; la vie est le passage continu de la puissance à l'acte. L'invincible répugnance de la pensée à concevoir l'existence de la contradiction est confondue incessamment par la vie.

Voilà ce que l'expérience nous enseigne au sujet des êtres particuliers, et nous concevons qu'il en soit ainsi, parce qu'ils sont des êtres particuliers, fixés, déterminés, voulus d'une certaine manière. Mais si les contraires se limitent réciproquement et se manifestent successivement dans les êtres finis, si la mesure de cette limitation réciproque et la loi de cette manifestation successive constituent la nature particulière de chacun d'eux, il en est autrement de l'Être universel, source de toute nature et lui-même sans nature. En lui, par lui, les contraires peuvent exister simultanément sans se limiter, sans se heurter ; il y a place ! L'idée de la liberté nous conduirait à cette proposition lors même que nous ne l'entendrions point ; or il n'est pas absolument impossible de l'entendre.

Dire que l'absolu peut réaliser les contraires absolument, c'est reconnaître dans la liberté la possibilité de plusieurs vouloirs distincts, et voilà tout, puisque des volontés qui se limiteraient les unes les autres ne formeraient en réalité qu'une seule volonté. Ceci est une vérité de pure analyse que l'esprit aperçoit immédiatement dans l'idée de l'absolu. Nous pouvons donc l'admettre sans scrupule. Ce que Dieu veut, il le veut pleinement et sans restriction, dans ce sens que les restrictions dont son vouloir pourrait être accompagné feraient partie elles-mêmes de ce vouloir ; elles tomberaient dans l'acte de volonté lui-même et non pas en dehors. La volonté de l'absolu ne rencontre aucune limite dans la nature des choses ; elle est donc par elle-même sans restriction et sans limites ; et comme la liberté implique la possibilité de plusieurs volontés, ou plutôt d'un nombre infini de volontés distinctes, nous devons dire que chaque volonté de l'absolu est elle-même absolue et constitue, dans un sens nouveau, un absolu. Le temps et l'espace, les rapports, les moyens requis pour atteindre le but, sont compris dans le vouloir qui le pose. La pluralité, la succession, même infinie, qu'un tel but peut embrasser, sont renfermées dans l'unité simultanée de ce vouloir. Dieu a tout vu, il a tout prévu ; sans cela il n'aurait pas tout voulu.

Une détermination de notre volonté amène aussi une infinité de conséquences, mais nous ne voulons pas, nous, toutes ces conséquences, et nous ne saurions les prévoir, parce que, agissant dans un milieu qui ne dépend pas de nous, nos actes ne sont pas la cause unique de leurs soi-disant effets, mais seulement une cause qui concourt avec plusieurs autres. Ainsi nous ne possédons plus notre volonté une fois qu'elle est déployée. Il n'en est pas de même de l'absolu : il se possède absolument et possède tout en lui-même ; sa volonté est une cause pleine et entière ; ainsi toutes les conséquences de sa volonté sont voulues dans un seul et même acte. La simplicité et la pluralité infinies se recouvrent et se pénètrent dans l'unité concrète d'une volonté absolue. Un tel acte forme donc un tout, un univers, une éternité ; c'est la pensée et la substance d'un univers, c'est la loi d'une éternité.

Remarquez-le bien, Messieurs, ces développements n'ont pas pour tendance d'assujettir la liberté à telle ou telle forme. Nous ne prétendons point enlever à Dieu la faculté de se restreindre, de vouloir conditionnellement et pour un temps. Mais ce n'est pas à une volonté pareille qu'on arrive d'abord en partant de la liberté absolue ; on arrive d'abord au vouloir absolu, éternel, embrassant dans son unité toutes les conditions de sa réalisation infinie. Il ne faut, pour s'élever à cette notion, que prendre le mot *vouloir* dans la plénitude de son sens, en le dégageant des restrictions qui l'accompagnent chez nous. Si nous concevons en Dieu une volonté conditionnelle, nous la trouverons comprise dans un acte absolu de volonté.

Il serait aisé de pousser plus loin ces réflexions, mais difficile de les conduire avec l'ordre et la méthode qui leur donneraient seuls un caractère scientifique, difficile surtout de tempérer la sublimité fatigante du sujet. Je renonce donc à le traiter entièrement. Je vous ai mis sur la voie : à défaut de preuves, je vous ai fourni les moyens de trouver vous-mêmes les preuves. Vous me permettrez, avant de poursuivre, de compléter mes conclusions en les résumant.

La liberté étant le véritable inconditionnel, son idée contient ce que les modernes ont cherché sous le nom d'absolu et les scolastiques sous le nom de Dieu. Les attributs métaphysiques de Dieu, l'unité, la simplicité, l'infinité, la Toute-présence, la Toute-puissance, se ramènent tous à la Liberté, où ils viennent pour ainsi dire se dissoudre. Il en est de même des attributs moraux, autant du moins qu'il est permis de les considérer comme désignant la nature de l'Être ou son essence, et non la forme qu'il revêt par sa libre action.

Nous l'avons vu de la sagesse, on l'établirait également de la bonté. Les qualités de l'être n'existent pas indépendamment de Dieu; ainsi la différence du bien ou du mal n'est pas antérieure à lui, et ne forme pas une condition dans laquelle son activité se déploie; mais elle naît du fait de Dieu, et doit trouver en Dieu son explication. Dieu n'est donc pas obligé par sa bonté à faire le bien, mais ce qu'il fait est le bien par cela même qu'il le fait, et sa bonté essentielle n'est autre chose que sa liberté. C'était l'opinion de Descartes, que Leibnitz contredit sans la réfuter.

Une telle analyse semble faire perdre aux attributs divins toute signification positive. — Je l'accorde; il faut qu'il en soit ainsi; rien n'est positif que le fait. D'autre part cette négativité elle-même donne aux attributs de l'Être une force imprévue et souveraine. Au-dessus de toute infinité naturelle, nous voyons planer la liberté. N'est point infini qui l'est nécessairement; mais Celui qui peut à son gré se poser comme fini ou comme infini, celui-là seul possède l'infinité véritable. Toute la science *a priori* se résume dans le mot *liberté*.

L'Être libre ne réalise pas des possibilités préexistantes, mais il crée le possible comme le réel. Il n'est point obligé de choisir entre ces possibilités celles qu'il préfère réaliser, car il peut, s'il lui plaît, les réaliser toutes, comme il peut n'en réaliser aucune. On ne saurait déterminer *a priori* s'il agit ou s'il n'agit pas, s'il agit d'une seule manière ou de plusieurs ; mais il peut agir de plusieurs, il peut avoir plusieurs volontés distinctes, opposées même, sans que ces volontés se restreignent mutuellement. Chacune d'elles peut occuper une immensité, une éternité.

Les limitations d'un vouloir divin tombent dans ce vouloir lui-même, ainsi nous pouvons dire que les volontés de l'absolu sont absolues. Nous distinguons donc l'absolu dans son essence ou dans sa puissance de l'absolu en acte, de l'absolu existant. Nous appelons le premier négatif, parce qu'il est la négation de toute nature ; c'est l'abîme insondable de la pure liberté. L'absolu positif est un fait, une volonté immuable, éternelle et parfaite, embrassant dans un seul acte tout ce qui est et sera ; c'est à cet absolu positif que convient proprement le nom de Dieu. Ce qu'il est, l'expérience seule peut nous l'apprendre.

Cette idée d'un acte absolu de volonté est pour nous de la plus haute importance. Elle prépare l'intelligence du Monde ; elle fait droit à un besoin de la pensée que nous avons refoulé trop longtemps peut-être, le besoin de la nécessité. Il y a aussi quelque chose en nous qui, sous les noms d'Ordre, de Raison, de Destin, de Nature ou de Providence, nous parle de nécessité. C'est l'intelligence, qui ne peut renoncer à chercher les effets dans les causes ; c'est l'expérience, qui nous enseigne l'immutabilité des lois de l'univers ; c'est peut-être un instinct plus profond. Je reconnais tout cela ; mais il me semble que la voix qui nous parle de nécessité nous dit, quand on l'écoute bien, de remonter plus haut encore. Il y a une nécessité des choses, mais une nécessité voulue ; il y a d'immuables statuts, mais ils ont été posés. Toute nécessité s'explique, toute nécessité est dérivée, toute nécessité est un fait. Le sentiment intime semble témoigner en faveur de cette manière de voir. Nous l'avons appuyée, dans les leçons précédentes, par une considération assez forte : c'est qu'il est toujours possible à la pensée de supposer quelque chose au-dessus de la nécessité, tandis qu'il est impossible de supposer quoi que ce soit au-dessus de la liberté ; mais enfin cet argument ne tranche pas tout. Je ne suis pas assez inconséquent pour vouloir que le système d'après lequel il n'y a nulle part de nécessité absolue, se fonde lui-même sur une nécessité absolue. Dès l'entrée, il vous en souvient, je l'ai fait reposer sur l'obligation morale, c'est-à-dire sur une libre adhésion. Ma principale raison est toujours celle-ci : Il faut admettre la liberté absolue pour croire à la réalité de la nôtre ; il faut croire à la nôtre pour croire au devoir, ce qui est un devoir. Je sens donc que la nécessité peut élever des prétentions légitimes au point de vue de l'intelligence.

Les systèmes de nécessité expliquent la liberté comme une pure apparence, et renversent ainsi l'ordre moral. Le système de la liberté doit aussi expliquer l'apparence de la nécessité ; il peut le faire sans courir des dangers aussi graves : la nécessité c'est, comme nous venons de le voir, le caractère absolu de la volonté divine. Nous dirons bientôt son nom auguste et doux.

FIN DU PREMIER VOLUME.

Ouvrage du même auteur :

LA PHILOSOPHIE DE LEIBNITZ.

Fragment d'un cours d'histoire de la métaphysique, fait à l'Académi de Lausanne. 1840. 1 vol. in-8° de 184 pages : 3 fr.

On trouve à la même librairie :

OUVRAGES DE A. VINET.

ARGENT DE FRANCE

Etudes sur Blaise Pascal. 1 vol. in-8°, . . . 4 fr.

Essais de philosophie morale et de morale religieuse. 1 vol. in-8°, ... 6 fr.

Essai sur la manifestation des convictions religieuses, et sur la séparation de l'Eglise et de l'Etat, envisagée comme conséquence nécessaire et comme garantie du principe. 1 fort vol. in-8°, ... 6 fr. 50 c

Etudes sur la littérature française au XIXme siècle. Tome : 1er Mme de Staël et Châteaubriand. 1 fort vol. in-8°, ... 7 fr. 50 c

Discours sur quelques sujets religieux. 1 vol. in-8°, ... 5 fr.

Nouveaux discours sur quelques sujets religieux. 1 vol. in-8°, ... 3 fr.

Etudes évangéliques. 1 vol. in-8°, ... 6 fr.

Deux conseils de la sagesse. Essai en deux discours sur Luc XII, 35 ; brochure in-8°, . . . 75 c

www.ingramcontent.com/pod-product-compliance
Lightning Source LLC
Chambersburg PA
CBHW070445170426
43201CB00010B/1225